基于价值补偿和储备的稀土产业可持续发展

杨丽梅　著

北　京
冶 金 工 业 出 版 社
2018

内容提要

本书利用系统动力学方法，从价值补偿和储备角度研究如何提高内蒙古稀土资源的经济效益，并使用承载力模型对白云鄂博矿的铌、钪和铀的开发进行了评估。

本书可供稀土产业、国土资源管理相关领域的管理人员和科研人员阅读，也可供高等学校相关专业师生参考。

图书在版编目(CIP)数据

基于价值补偿和储备的稀土产业可持续发展/杨丽梅著．—北京：冶金工业出版社，2018.8
ISBN 978-7-5024-7835-3

Ⅰ.①基… Ⅱ.①杨… Ⅲ.①稀土金属—有色金属冶金—工业经济—产业发展—可持续性发展—研究—中国
Ⅳ.①F426.32

中国版本图书馆 CIP 数据核字（2018）第 181852 号

出 版 人　谭学余
地　　址　北京市东城区嵩祝院北巷 39 号　邮编　100009　电话　(010)64027926
网　　址　www.cnmip.com.cn　电子信箱　yjcbs@cnmip.com.cn
责任编辑　宋　良　美术编辑　吕欣童　版式设计　孙跃红
责任校对　郭惠兰　责任印制　牛晓波
ISBN 978-7-5024-7835-3
冶金工业出版社出版发行；各地新华书店经销；三河市双峰印刷装订有限公司印刷
2018 年 8 月第 1 版，2018 年 8 月第 1 次印刷
169mm×239mm；12.5 印张；243 千字；188 页
42.00 元

冶金工业出版社　投稿电话　(010)64027932　投稿信箱　tougao@cnmip.com.cn
冶金工业出版社营销中心　电话　(010)64044283　传真　(010)64027893
冶金书店　地址　北京市东四西大街 46 号(100010)　电话　(010)65289081(兼传真)
冶金工业出版社天猫旗舰店　yjgycbs.tmall.com

（本书如有印装质量问题，本社营销中心负责退换）

前　言

稀土资源是支持经济发展与进步的重要战略物资，更是高新技术和国防科技发展不可或缺的助推剂，被誉为“工业味精”。内蒙古拥有丰厚的稀土资源，其已探明的工业储量约占全国的84%，在国内外市场上都具有较大的资源优势。但随着市场需求的不断扩大，稀土资源恶意开采等问题日益突出，不仅造成了严重的环境污染，还导致稀土市场价格远低于其应该具有的价值，稀土资源效益持续下滑。基于可持续发展的理念，需要对内蒙古稀土资源的开发利用问题进行深入的研究，应使用科学创新的眼光开发和利用稀土资源，优化配置稀土资源，避免损失与浪费，平衡资源、人口与环境三者之间的关系，实现稀土资源在可持续利用与资源效益最大化的同时促进社会经济发展与进步和生态环境的改善。

本书内容分为两篇，第Ⅰ篇为理论研究篇，包括第1～第9章，其中第1章～第4章，是对研究背景、研究意义和研究方法等进行介绍，然后对相关理论和国内外学者的文献进行整理学习与研究，并分析内蒙古稀土资源的价值补偿现状和储备现状；第5章和第6章，构建价值补偿视角下内蒙古稀土资源效益研究的模型并进行仿真模拟分析；第7章和第8章，构建稀土储备规模系统动力学模型并进行仿真模拟分析；第9章，根据分析的结果提出提高内蒙古稀土资源效益的相关对策建议。第Ⅱ篇为实例篇，包括第10章～第13章，运用资源承载力模型和可耗竭模型建立了白云鄂博矿区稀有金属矿产资源开发利用的可持续发展数学模型。

作者一直以来特别关注资源型产业的发展动态，一方面源于个人的兴趣偏好和知识结构。我本科专业是钢铁冶金，毕业后从事过企业管理教学及国际贸易实务工作，对钢铁和稀土行业的发展比较关注，硕士阶段学的是产业经济学专业，这期间我进一步学习和研究了经济学理论，并在博士论文的基础上通过进一步充实和完善，出版了专著《铁矿石资源约束下的中国钢铁产业可持续发展研究》；另一方面，本人工作和生活所在地就是“草原钢城”和“稀土之都”，对于研究稀土产业的可持续发展问题具有地利之便。本人指导的三位研究生才凌惠、马倩和何媛媛均参与了我的课题研究，为课题研究做了大量的基础工作，在此深表感谢。希望此项研究能为所在地区的经济发展有所启迪和裨益。课题研究得到了内蒙古哲学社会科学基金的支持，在此向有关单位和人员致谢。

杨丽梅

2018. 3. 26

目　录

Ⅰ　理论研究篇

Ⅱ 案例篇 白云鄂博矿稀有金属钪、铌和钍的可持续利用研究

Ⅰ 理论研究篇

LILUN YANJIU PIAN

1 绪　　论

1.1 研究背景和意义

1.1.1 研究背景

稀土享有“工业味精”之美誉，是一种不可再生的战略资源。稀土广泛应用于传统产业——冶金、电子、机械制造等产业，以及核工业、新能源、航空航天等战略新兴产业。2012 年 6 月 20 日，国务院新闻办公室发表首部《中国的稀土状况与政策》白皮书指出：我国以 23% 的稀土资源承担了世界 90% 以上的市场供应，满足了世界各国特别是发达国家高技术产业发展的需求。经过半个多世纪的超强度开采，中国稀土资源保有储量及保障年限不断下降，主要矿区资源加速衰减，原有矿山资源大多枯竭。包头白云鄂博主要矿区稀土资源仅剩三分之一，南方离子型稀土矿储采比已由 20 年前的 50 降至目前的 15。同时，开发所造成的污染事件频发，触目惊心。对稀土资源的无序开采可以获得经济效益，但与此同时也会给稀土资源的生态价值、社会价值和国家安全价值带来损失，并最终引发一系列的生态环境和社会问题。在内蒙古白云鄂博矿，稀土开采利用率仅为 10%，在开采的过程中，大量尾矿浆排入洼地，形成 11 平方千米的矿湖，堆放尾矿浆 1.35 亿吨，其中约含有 7 万吨的放射性金属钍。在洼地的正西 2 千米处，就有一个远近闻名的“癌症村”[1]。

《中国的稀土状况与政策》白皮书写到，我国稀土污染触目惊心：离子型中重稀土矿采用堆浸、池浸工艺，每生产 1t 稀土氧化物，约产生 2000t 尾砂，目前虽已采用原地浸矿工艺，但仍不可避免地产生了大量的氨氮、重金属等污染物，破坏植被，严重污染地表水、地下水和农田。针对离子型稀土矿床特征、地质条件、工艺基本原理及优缺点，开采离子型稀土矿应因地制宜，优化各工艺，减少污染。轻稀土矿多为多金属共伴生矿，在冶炼、分离过程中会产生大量有毒有害气体、高浓度氨氮废水、放射性废渣等污染物。中国稀土开采付出的代价触目惊心，据初步测算，仅赣州一地因为稀土开采造成的环境污染，矿山环境恢复性治理费用就高达 380 亿元，全国的稀土污染治理费用不会低于 1000 亿元[2]。

作为战略资源的稀土资源开发的可持续性、安全性将关系到国家、相关上下游产业的可持续发展。稀土资源开发能否顺利得到相应的价值补偿和合理的储备，是保证其可持续利用的关键。为此，需要具备清晰完整的稀土资源产权安排及利益分配模式，其价值补偿的合理设定是必须解决的首要问题，而稀土开发中的价值构成将是构建合理价值补偿模式的基础与关键；其次，探讨影响稀土资源储备的要素与因果分析与储备机理的界定以及稀土储备运行机制与激励机制的设计，来制定中国稀土资源储备规制政策，并建立动态的完整储备体系。

随着稀土元素应用范围的日益广泛，稀土产品对改造和提升传统产业潜力巨大，且在当今世界先导型、知识型产业中充当着关键的角色。稀土作为十分重要的稀缺性战略资源，其开发利用问题一直受到世界各国尤其是发达国家的关注。稀土，尤其是轻稀土，作为内蒙地区的优势资源，在国内及世界的地位更加突出，同时也使得学者从诸多方面进行探索。现阶段，稀土资源已被广泛应用于战略新兴产业。内蒙古作为我国拥有丰厚稀土资源的地区，已探明工业储量占全国的84%，在国内乃至世界稀土市场上都有较大资源优势，内蒙古稀土资源对国内外稀土产业的发展都有很大影响[3]。

在国际市场上，中国稀土正在以“白菜”价格满足着世界各国特别是发达国家高技术产业发展的需求，没有体现出稀土应有的价值。针对这样的市场乱象，中国政府通过提高出口关税和出口配额限额的方式对稀土出口进行了干预和限制，又引发了国际贸易争端。2012 年 3 月 13 日，由美国主导和日本、欧盟等积极参与的发达国家集团先后向 WTO 提起贸易争端诉讼请求，认为稀土储量占全球三分之一的中国对稀土资源限制出口势必会对其高端产业的发展产生消极的影响，有必要通过 WTO 进行解决。针对日美欧向 WTO 起诉中国限制稀土出口的贸易争端，WTO 争端解决机构的专家组于 2013 年 10 月在中期报告中指出中国限制稀土出口违反世贸规则，并于 2014 年 8 月 7 日在美国等西方发达国家诉中国稀土等资源相关产品出口管理措施案的上诉机构报告中，公布了中国败诉的决议。通过这起没有硝烟的贸易争端，中国政府认识到无法通过限制出口量来达到提升稀土价格以至提升稀土资源效益的目的，因此，重新对稀土资源进行合理评估并增加市场实力，成为提高稀土价格与增加稀土资源效益的重要选择。

事实上，无论是对于稀土产品生产对环境的损害方面，还是从稀土资源保护层面考虑，抑或是国际竞争战略层面的稀土作为“工业味精”的战略意义，都需要业界设计开发储备模式与行业规制政策。一方面，可以立足于国家竞争战略，提升国家核心竞争力；另一方面，对于 WTO 组织框架下，中国在一定时段内依然是世贸规则遵循者的角度下，对稀土价值的认定与储备方面理论以及规制政策的有效性和正当性的研究，可为未来潜在的稀土资源国际争端提供合理、有效的分析框架，有助于在国际争端解决中居于有利地位。

稀土作为一种不可再生性的战略资源，稀土资源战略储备的主要目标是保证中国相关产业的可持续发展，保障国家经济的可持续发展。稀土资源的战略储备是为了防止和应对国家政治、经济等的紧急状况，为平抑市场价格和市场的稳定健康发展而进行储备。近年来，由于我国缺乏在国际贸易市场中的定价能力，使得一些国家按着他们自己定的较低价格来获取我国稀土并且进行储备，同时将这些稀土资源通过深加工制成成品高价出售给我国，来获取高额利润；同时，这些国家通过成立工厂以及兼并我国稀土企业等方式，将其自身的稀土产业转移到我国，从而使得我国的稀土资源被进一步控制。针对目前出现的一系列问题，国际金融危机以后，地方政府也陆续出台了一些储备政策，短期内稳定了处于大幅下跌态势的稀土价格，但这些储备政策仅仅是为了短期内使价格回复到合理范围内，都不是长久之策。稀土市场日益凸显的问题足以使我国开始关注稀土储备，并且已经充分认识到要对稀土资源进行战略储备的必要性和紧迫性，相关专家已经展开了一系列针对稀土储备的研究。

内蒙古稀土资源经历了长时间的勘探与开发，形成了一条具有内蒙古特色的稀土资源开采与生产的生产链，其中包头已成为我国最主要的轻稀土资源开发利用一体化的产业基地。尽管内蒙古拥有丰厚的稀土资源与便利的开采条件，但内蒙古稀土资源的整体效益不容乐观，其中企业的利润状况可以在一定程度上反映出内蒙古稀土资源效益的问题。在稀土企业较为集中的内蒙古包头市，全市规模以上的稀土企业销售利润率2004～2007年分别只有2.85%、1.60%、4.19%、4.98%；亏损面分别为9%、21.2%、5.6%、10.3%。此外，相关数据还没有对环境成本进行核算，如果把环境成本计算在内，则相关企业的亏损面无疑还会大幅度增加。2007年，内蒙古的稀土产业开始了整体的合并与重新组合，其中包钢稀土作为上市企业，其2008～2014年销售利润率分别为8.25%、6.69%、35.03%、63.11%、22.68%、14.26%、7.31%。由以上数据可知，自2008年始，包钢稀土的销售利润率逐年上升，稀土产业发展有所好转，但在2011年后呈下降的趋势，并于2014年又恢复到了2008年前的销售利润率水平。2009年，国家工信部公布的《稀土工业发展的专项规划（2009～2015）》和《稀土工业产业发展政策》中要求，从2009年8月起，我国对大、中、小型稀土企业进行整合重组，最终变为只有20家相对大型的稀土企业。相关规划和政策旨在于解决我国稀土产业集中度低的问题，以进一步提升稀土资源的价值及产品价格，强化稀土资源效益，最大限度地保护稀土资源。目前我国稀土产业逐渐形成了“5+1”的区域分布模式，南方有5大稀土集团，北方则只有内蒙古的包钢稀土一个大的稀土集团（包钢稀土2014年更名为北方稀土）。从2008年起，稀土产业开始朝着好的方向发展，但由于稀土市场需求低迷，又出现了结构性产能过剩问题。整体而言，目前内蒙古稀土资源效益不容乐观。

1.1.2 研究意义

2014年WTO的稀土败诉案，让大众将目光聚焦于“白菜价”的中国稀土上，由于内蒙古稀土资源是中国稀土的代表，内蒙古稀土资源的效益问题也开始更受到学界的关注。稀土资源在战略新兴产业中的应用体现了其较高的战略价值，这与“白菜价”的市场现状十分不协调。由此可见，价值问题和效益问题是内蒙古稀土资源开发所面临的重要挑战。党的十八大以后，《稀土产业调整升级专项资金管理办法》中提出，由中央财政预算安排专项资金用于监管与解决稀土资源勘探与开采中存在的问题，并通过奖励和资金投入等方式，促进稀土资源绿色发展与可持续发展的建设。

政府高度重视稀土产业的发展，其中稀土资源的价值以及效益问题更是人们关注的首要内容。国内外关于矿产资源价值补偿研究的文献较多，但专门针对稀土这一特殊战略资源的研究还较少，而将稀土的价值补偿与某一地区稀土资源效益问题相结合的研究还基本属于空白。因此，本书以内蒙古自治区为研究对象，在价值补偿的视角下研究其效益问题，以期相关研究成果能对优化内蒙古稀土资源的开发利用以及丰富资源补偿方式起到一定的政策参考和借鉴作用。

2011 年，国务院《关于促进稀土行业持续健康发展的若干意见》文件中第一次正式提出国家战略储备内涵。国务院明确表示，稀土战略储备体系的构建和实施要包括两种战略储备方式，一种是实物储备和资源（地）储备，另一种是国家储备与企业（商业）储备相结合的储备。这就体现出国家对稀土储备已经有了明确的战略思想，这种思想的形成无论从国家安全、环境可持续发展还是从经济利益角度讲，都是很有必要的。

因此，从市场角度和战略角度出发，利用系统动力学构建模型研究最优储备量的确定，是关系稀土行业可持续发展的问题，相关理论研究缺失，值得从理论基础角度进行深入研究。稀土应用在发展高科技领域起着非凡的作用，同时可以推动和培育技术的改革和创新。我国的稀土资源优势被逐渐弱化，处于即将枯竭警戒态势，稀土产业面临着日趋变化的国际形势和竞争激烈的市场环境，要想坚持可持续发展和改善稀土产业发展面临的各种问题，展开国家层面的稀土收储工作已是当务之急。同时，从国家安全的角度来讲，稀土资源广泛应用于军事方面；从环境角度讲，稀土开采对环境的破坏是极其严重的，而且恢复代价极高，基于可持续发展的目的，也要对稀土进行储备，并且要控制开采；从经济角度考虑，稀土收储主要是为了平抑稀土市场价格，使其回归到合理的价位区间，同时促进稀土产业整合，增强国家定价话语权和经济竞争力。

1.2　主要研究内容和方法

1.2.1　研究内容

本书基于价值补偿和储备视角，对内蒙古稀土资源的效益问题进行分析，进而对白云鄂博矿的铌、钪和钍资源的开发进行了理论上的可行性分析。研究内容如下：

第 1 章：绪论，介绍本书的研究背景和意义。

第 2 章：相关理论和文献综述。首先对矿产资源的可持续开发、价值构成、补偿方式和稀土储备进行分析，其次对资源效益的内容和系统动力学在矿产资源方面的应用进行研究，再次对包头白云鄂博矿的铌、钪和铀资源的可持续利用问题进行研究，通过查阅大量文献，明确构成稀土资源价值的要素即成本构成要素，以及补偿和储备的方法手段。

第 3 章：稀土资源及产业发展概况，首先介绍了稀土资源的分布和稀土的应用，然后介绍了中外稀土产业的发展。

第 4 章：内蒙古稀土资源价值补偿及储备机制现状，首先梳理内蒙古稀土资源的现状和稀土产业的发展历程；其次回顾了内蒙古稀土资源补偿方式并总结了补偿方式的现状及存在的问题；然后分析了稀土储备的现状和意义。

第 5 章 ~ 第 8 章：搜集数据并整理，在分别应用使用者成本法、贴现现金流量法和替代法来确定稀土资源总成本的基础上，构建内蒙古稀土资源效益系统，并基于价值补偿视角对内蒙古稀土资源效益模型进行仿真模拟。最后对比补偿前后的内蒙古稀土资源效益的大小和价值补偿对效益的影响，分析从 2007 ~ 2020 年间内蒙古稀土效益的变化趋势；应用所构建的我国稀土储备规模系统动力学模型，预测了 2015 ~ 2030 年间稀土资源的储备量。

第 9 章：基于价值补偿和储备机制的内蒙古稀土资源效益优化对策建议，根据实证部分的研究结果，提出改善对策及建议，以期在增加价值补偿的同时，提高稀土资源效益；通过建立合理规模的稀土储备促进经济的发展和科技的进步。

第 10 章 ~ 第 13 章：对白云鄂博矿稀有金属钪、铌和钍的可持续利用进行研究，首先介绍了金属钪、铌和钍资源的国内外分布状况，分析白云鄂博稀有金属资源状况及可持续利用面临的问题；构建了承载力与最适耗竭模型，对白云鄂博矿区稀有金属矿产资源可持续利用进行实证研究并根据模型结果给出白云鄂博稀有金属可持续利用对策。

最后，本研究结论。

1.2.2 研究方法

（1）规范分析与实证分析相结合。

首先对与矿产资源价值补偿和稀土储备相关的国内外文献做了综述，为本研究提供理论支持；在实证分析方面，建立了多个系统动力学模型。

（2）系统动力学研究方法。

采用系统动力学的方法将定量分析和定性分析相结合。为了全面地分析问题，通常会考虑到众多的变量，它们之间有一定的相关性，应用 Vensim 软件对复杂的变量关系进行整理，绘制因果关系图和流程图，并将搜集的数据和变量方程式输入流程图，以得到综合处理后的数据。

（3）承载力模型法。

在对白云鄂博矿区的稀有金属矿产资源的承载力评价中，建立了矿产资源承载力分析指标为2009~2029年两个系列评价指标包含：现有稀有金属矿产资源经济平衡与现有稀有金属矿产资源的经济承载力。

2 相关理论研究及文献综述

2.1 相关理论研究

2.1.1 可持续发展理论

按联合国世界环境与发展委员会（WCED）的概括，“可持续发展”（Sustainable Development，SD）是指一种“既满足当代人的需要，又不对后代人满足其需要的能力构成危害的发展”。

2.1.1.1 国外可持续发展理论研究

国外可持续发展理论最有影响的是1987年挪威首相布伦特兰夫人在她任主席的联合国世界环境与发展委员会（World Commission on Environment and Development，WCED）1987年出版的《我们共同的未来》(Our Common Future，1989年出版了中译本）中提出，并在1992年联合国环境与发展大会（UNCED）上取得共识的可持续发展概念，是正统的原汁原味的可持续发展概念：“既满足当代的需求，又不危及后代满足需求能力的发展”即是可持续发展[4]。英文原文是“Sustainable Development, that meets the needs of the present without compromising the ability of future generations to meet their own needs.”（The World Commission on Environment and Development，1987[4]）。但在国际上，人们从不同角度对可持续发展这个新概念进行表达，据不完全统计达百余种之多。来自不同学科的学者，分别从本学科的角度出发，提出了一些有关可持续发展的定义：一是从自然属性方面定义可持续发展，如可持续发展是寻求一种最佳的生态系统，以支持生态的完整性和人类愿望的实现，使人类的生存环境得以持续（Forman，1990[5]）。二是从社会属性方面定义可持续发展，如可持续发展就是改进人类的生活质量，同时不要超过支持发展的生态系统的负荷能力（IUCN-UNEP-WWF，1991[6]）。三是着重从发展的经济学属性定义可持续发展。这方面的定义也是多种的，其共同点是认为可持续发展的核心是经济发展。E. B. Barbier在其著作《经济、自然资源、稀缺和发展》(Economics，Natural Resources，Scarcity and Development: Conventional and Alternative Views，1985[7]）中，把可持续发展定义为“在保持自然资源的质量和其所提供的服务的前提下，使经济发展的净利益增加到最大限度”；D. W. Pearce认为可持续发展是“今天的资源使用不应减少未来的实际收入”；英国环境经济学家皮尔斯等用经济学语言表达为“在发展能够保证当代人的福利增加的同时，也不会使后代人的福利减少”。经济学方面的关于可持续发展的定义中的经济发展，已明显不再是传统的以牺牲资源与环境为代价的经济发展，而是“不降低环境质量和不破坏世界自然资源基础的经济发展”（The World Resources Institute，World Resources，1992—1993）。四是从科技属性方面定义可持续发展，J. G. Spath（1989[8]）从科学技术的角度扩展了可持续发展的定义，认为“可持续发展就是转向更清洁、更有效的技术——尽可能接近‘零排放’或‘密闭式’工艺方法——尽可能减少能源和其他自然资源的消耗”。五是从伦理方面定义可持续发展，如可持续发展的核心是目前的决策不应当损害后代人维持和改善其生活标准的能力（Pearson，1985[9]）。

20 世纪的 50、60 年代，人们在城市发展、人口增长、经济增长的多重压力的制约下，开始研究讨论关于增长与发展的关系。

美国女生物学家来且尔·卡逊（Rachel Carson）（1962）的一部著名的著作——《寂静的春天》产生了很大的轰动，作者描述了一个农药污染的可怕情景，并引发了世界范围内关于发展观念上的争论[10]。

杜博思和芭芭拉（1972）的著名著作《只有一个地球问世》，研究了人类的一个新的可持续发展方向，并由此对这个方向有了新的引导[11]。

福斯特（Forster）和罗马俱乐部的米多斯（1975）是代表新马尔萨斯未来学家，他们认为：地球就像是一个有限的“馅饼”，存在于地球上的资源正在逐年被耗竭[12]。

阿萨帕吉克（2004）提出了一个新的概念——可持续发展程度，矿产资源的开发及其概念模型在系统科学和可持续发展的观点下说明发展，对矿产资源进行可持续发展能力评估。可持续发展能力的测定应该有相应的指标体系作为依托，将可维护性问题纳入量化的措施，经济、环境和社会表现其最终目的是帮助解决关键问题。一个利益相关者分析应有助于突出的一般类型问题，但确定具体的问题，深入分析各产业的活动是必须的[13]。

2. 1. 1. 2　国内可持续发展理论研究

近十年来，在我国实施可持续发展战略过程中，国内专家学者对可持续发展问题进行了广泛而深入的研究，并问世了大量有价值的著作和论文。

著名经济学家厉以宁教授 1995 年出版的《环境经济学》一书，在这部著作中，在经济能否可持续发展的道路问题上，厉以宁教授提出三种可能的解决方式。他通过对比分析“低收入低污染——高收入高污染——高收入低污染”发展模式的代价，“边发展经济，边治理环境”的可行性和局限性，明确提出走以生态农业和环保产业为主导的经济发展道路。这是一条符合中国国情的较为理想的兼顾经济发展与生态环境的经济发展道路。

前全国政协副主席宋健在《走可持续发展道路是中国的必然选择》一文中

提出可持续发展的基本内涵应包括四个方面：（1）发展的内涵既包括经济发展，也包括社会的发展和保持、建设良好的生态环境。经济发展和社会进步的持续性与维持良好的生态环境密切相连。经济发展应包含数量的增长和质量的提高两部分。数量的增长是有限度的，而依靠科学技术进步去提高发展的经济、社会、生态效益才是可以持续的。（2）自然资源的永续利用是保障社会经济可持续发展的物质基础，可持续发展主要依赖于可再生资源特别是生物资源的永续性。必须努力保持自然生态环境，维护地球的生命支持体系，保护生物的多样性。（3）自然生态环境是人类生存和社会经济发展的物质基础，有如空气和水一样，是人类生存和进步须臾不能离开的东西。可持续发展就是谋求实现社会经济与环境的协调发展和维持新的平衡。（4）控制人口增长与消除贫困，是与保护生态环境密切相关的重大问题。我国著名生态学家马世骏与王如松在提出社会－经济－自然复合生态系统概念的基础上，把这种发展的原则归纳为“总体、协调、再生”六个字[15]。北京大学中国可持续发展研究中心叶文虎教授和中科院科技政策研究所牛文元教授等，分别从三维结构复合系统和环境承载力论、环境价值论与协同发展论方面，对可持续发展的空间公平性进行描述，形成了可持续发展的系统学研究方向[16,17]。

综上所述，有关可持续发展的概念和内涵探索不仅阐述了可持续发展的目标，也勾勒了相应的实践路径，从而形成各自的理论和指导社会实践的思想体系。

2.1.2 价值补偿理论

自然资源价值补偿的理论基础包括马克思的再生产理论、自然资源价值理论、产权理论。马克思的再生产理论定义了最初的价值补偿概念；之后，随着自然资源在生产中作用的不断扩大，自然资源是否存在价值的讨论成为焦点，在肯定了自然资源的价值后，逐渐形成了自然资源价值补偿的理论；产权理论也是自然资源价值补偿的理论基础，可以想象，在没有自然资源产权的情况下，自然资源可以随意攫取而不支付任何报酬，价值补偿根本无法实现。

2.1.2.1 马克思的再生产理论

价值补偿的概念来源于马克思的再生产理论。马克思的再生产理论告诉我们，只要是社会生产，就存在着物质补偿和价值补偿的双重关系。价值补偿是指对商品生产消耗的物化劳动价值和活劳动价值，通过商品的出售以货币形式收回，用以弥补生产中预付的不变资本和可变资本并获得剩余价值。在马克思价值补偿理论的基础上，首先需要肯定自然资源的价值。关于自然资源的价值，存在两大流派：

（1）马克思主义政治经济学的劳动价值论。劳动价值论是马克思主义政治经济学的基础，其“价值”指的是“凝结在商品中的一般的、无差别的人类劳动”。马克思认为，生产过程中投入的劳动是价值的唯一决定因素，处于自然状态的自然资源，是自然界赋予的天然产物，不是人类劳动的产品，没有凝结着人类社会劳动，因而不具有价值。价值的衡量尺度是劳动时间。

（2）西方经济学的效用价值论。效用价值论认为，价值是物质对人的功能或功效。既然自然资源对人类的生产、生活和人类社会的发展有重要作用，因而自然资源就是有价值的，其价值的大小可以用效用（满足人们需要的程度）加以计量。现今大部分人肯定了自然资源的价值，接受劳动价值论和效用价值论的统一，认为自然资源在有用性、稀缺性和产权明晰的条件下是有价值的[18]。

其次，将自然资源这一劳动资料计入生产成本中。在传统的经济理论支配下，资源这一重要的生产要素排斥于社会再生产价值运动过程之外，造成商品价值构成不全，社会简单再生产失去应有的保障，诸如对土地、草原、森林、水流、矿产、油田等自然资源长期进行掠夺式的开采使用。在计算生产成本和价格形成以及国民经济核算体系中，对自然资源既不标价，也不核算。资源的存量和用量不计，很少考虑对其耗用、保护与管理、再生产重置和寻找新的替代物等进行物质与价值形态的必要补偿，资源价值及其耗用和损失，在国民收入或国民生产总值中没有必要的反映。随着经济的发展，自然资源越来越成为生产和发展的约束条件，人们不得不开始重视自然资源价值补偿问题，将自然资源的价值逐渐反映在商品价格中，逐步形成了自然资源价值补偿的概念。

自然资源的价值补偿就是对人类生产生活中所造成的资源耗费、生态破坏和环境污染等进行恢复、弥补或替换的价值表现。自然资源价值补偿的实现有四个步骤：首先要赋予有用自然物以价值，并以此为根据确定合理的价格；二是自然资源的价值包含在自然资源产品的价值之中，并通过自然资源产品的价格表现出来；三是经过市场交换，自然资源产品的价值通过其市场价格进入企业的生产成本，一次或多次转移到新产品的价值形态之中；四是企业生产的新产品在市场上以合理价格顺利出卖，收回货币，自然资源的价值补偿也顺利实现[19]。

2.1.2.2　自然资源价值理论

A　自然资源价值概念

传统的价值范畴主要在商品领域内出现，商品有三大特性：有效性、稀缺性和可重置性。只有商品才具有价值的观念一直统治和指导着人们的思想和行动，因而必然会产生生产上不计算消耗的自然资源成本，消费上过度浪费、污染环境，政策上忽视对生态环境的保护与投资等现象，从而导致自然资源匮乏，生态环境质量日益下降。不承认自然资源具有价值，可以说是造成当今世界性环境问题的一个主要根源。传统经济学的研究对象是商品，自然资源无价值，是传统经济学和传统价值观的一个重要缺陷[20]。

事实上，任何理论都有一定的前提与假设条件，马克思价值论的出发点是商品经济，这里的“价值”，可以说是一个与商品经济相伴随的经济学概念，它反映了人与人之间交换劳动的经济关系，价值量构成交换比例的基础。对于既非劳动产品又无法进行交换的自然资源是否有价值的问题，并不在劳动价值论研究的视野之内。当我们去研究自然资源价值的问题时，更多的是要面对人与自然之间的关系，我们不能要求反映人与人之间经济关系的价值理论也一定适用于自然资源价值的研究。效用价值论肯定了效用是价值的源泉，但价值量的大小却因人的不同而不同，价值量是主观存在的。如果直接把效用价值论应用到自然资源中，资源的价值不固定，具有任意性，甚至无价值[21]。

马克思主义哲学把价值定义为揭示外部客观世界对于满足人的需要的意义关系的范畴，是指具有特定属性的客体对于主体需要的意义。因此，我们可以从哲学角度出发，把劳动价值论和效用价值论结合起来，对自然资源价值的观念、理论和方法进行探讨。自然资源的效用范围广泛，包括直接经济效用和间接的效用（社会效用、生态效用等）。人们对自然资源效用的认识有一个过程，自然资源的部分效用目前不被人们所认识，但我们不能忽视其价值的存在。而自然资源的社会效用和生态效用需要资源数量维持在一定的数量之上，否则不能持续发挥其生态效用和社会效用。因此，在定义价值量时首先要考虑自然资源的数量。有的自然资源可以人工近似重置，这样自然资源的价值可通过重置生产再体现，其重置成本大小直接体现其价值量大小，重置成本表现价值量，体现劳动价值论思想。不同地区自然资源的效用体现也不同，有的不能直接体现，需要进行开发利用，因此同样的自然资源价值的不同存在形式，其价值量也有所不同。据此，我们认为，自然资源价值是自然资源满足人们需要，其价值的大小则决定于它的稀缺性、开发利用条件和重置成本的大小。可以用公式表示为：

$$V=f(Q,E,C) \tag{2.1}$$

为了说明自然资源价值大小的影响因素，我们把式（2.1）写为：

$$V=k(Q_{-1}C-E) \tag{2.2}$$

式中，V 为自然资源的价值；Q_{-1}为数量；E 为开发成本；C 为补偿成本；k 为系数（其他影响因素）。

由上述式（2.2），可体现不同时空、不同地区、不同质量、不同数量和不同开发难度的自然资源价值的差异[22]。

B 自然资源价值的源泉与表现

自然资源的价值的源泉是什么？自然资源价值是指它同人的需要之间的关系，或指其能够满足人的需要的属性和能力。自然资源的价值表现应归结为两个方面：一是普遍认同的商品价值，体现的是直接价值（经济价值、物质价值）；二是间接价值（服务价值），包括生态价值、社会价值等。用公式可简单表示为：

$$自然资源价值(V) = 经济价值(E) + 服务价值(S) \tag{2.3}$$

第一类价值是可以简单计算并易于用货币来体现的，而第二类价值则不能用简单的方法进行计算，且难以简单用货币的形式体现。自然资源具有经济价值。自然资源的经济价值是指自然资源可以作为生产要素进入人类的生产活动，自然资源产品也可以直接作为商品在市场上进行交换，体现的是直接使用价值和交换价值[23]。

生态价值是潜在的价值体现，是间接使用价值。生态学相互联系原理认为，每一事物无不与其他事物相互联系和相互交融。某一个自然资源存在为自然界其他资源提供支持，维护自然界生态结构平衡，改善自然环境和生物生存适宜度。自然资源的社会价值是能满足人类精神文化和道德需求的资源价值。由马斯洛的需求层次理论需求可知，随着人类社会的发展，人们的需求层次也不断提高，人们对自然资源的文化价值需求也日益凸显；同时，大自然的神秘莫测、自然资源的丰富多彩还是科学研究与探索的不竭源泉，奇妙的自然现象经常可以激发科学家的灵感，引致重大的科学发明创造。因此，自然资源具有不可替代的科学价值。通常，我们把生态价值和社会价值合称为自然资源的“潜在价值”。自然资源的整体性，决定了三种资源价值的不可分割性，取走任何一种价值的同时，必然造成其他价值的流失和毁灭。例如，大量采伐森林可获得巨大的经济效益，但同时却导致森林的生态效益、社会效益的损失甚至毁灭，引发不可估量的生态、环境和社会问题，反过来又制约了经济的发展。

2.1.2.3　产权理论

产权理论认为，私有企业的产权人享有剩余利润占有权，产权人有较强的激励动机去不断提高企业的效益。所以，在利润激励上，私有企业比传统的国有企业做得好。

A　产权理论的概念

现代西方产权理论认为，产权问题是资源配置问题的核心，主要研究如何通过合适的产权安排，来改变产权主体（个人或企业）的行为规则和对环境的反应规则，从而最终降低社会交易成本，提高资源配置水平和效率，达到促进社会福利增长的目的。在我国，人们较多关注了生产过程、经营过程和经营活动中的产权，而对矿产资源的产权重视不足，导致对矿产资源的浪费和私挖滥采，出现了类似经济学中常见的“公地悲剧”问题。因此，有必要从理论的角度探究矿产资源的产权问题。

产权是一种使人受益或受损，以及互相之间如何进行补偿的权利。在市场经济活动中，产权确定了每个人相对于稀缺资源使用时的地位的经济和社会关系。因此，市场交易就是关于产权的交易，市场机制的核心是产权的界定。在市场经济体系中，产权关系决定了人们的行为方式，并最终影响到资源如何使用和配置，以及不同制度的经济绩效和收入分配等。

B 产权的概念和构成

a 产权的概念

根据《新帕尔格雷夫经济学大辞典》的解释，财产权或财产权利简称产权，在法学中，产权指人与人之间对物的法律关系的综合，在法学意义上，产权归结为权利与义务；在经济学中，产权是主体享有的对财产使用的一束权利，确定了不同主体之间的行为规范，是一些社会经济制度的集合，在经济学范畴内产权更加注重效率与利益。产权经济学的代表人物有 Aichian、Demsetz、Pejovich、Barzel、Kessel 以及 Furubotn 等，其中，Demsetz（1967）在其《产权理论探讨》一文中的主要观点为："产权是一种社会工具，其意义在于帮助产权主体形成合理的预期，以及在市场中如何与别的主体发生关系"，"尤为重要的是，产权是一种使自己或他人受益或受损的权利"，"很明显，产权规定了人们怎样受益和怎样受损，他们还必须调整他们的行动来补偿别人"。Furubotn 和 Pejovich（1972）认为：产权不是人与物之间的关系，而是指由于物体的存在和使用所引起的人与人之间的相互认可的行为关系，包括一个人使其他人受益或受损的权利。因此，产权具有能够激励人们实现外部性的内在化的功能[24]。

b 产权的构成

完整的产权都是一束权利的集合，而不是一项权利。尽管不同的产权经济学家对权利束的划分有不同的看法，但大致可以从已有的文献中将产权构成归结为四种权利：所有权、使用权、用益权和让渡权。其中，所有权是指在法律范围内，产权主体对产权客体（财产）最绝对、最充分、最完全的一种支配，是最重要的物权形式，是排斥他人违背其意志侵犯其利益的一种权利；使用权是指在法律许可范围内，不改变产权客体的本质而通过各种方式加以利用的权利；用益权也称"收益权"，是指在不损害他人的条件下，产权主体可以享有从产权客体的使用中所获得的各种收益的权利；让渡权则是指在产权交易中，按照产权主体同意的价格，把产权客体的所有或部分权利转让给其他主体的权利。不同的产权安排和产权结构，决定了不同的收益分配制度。

产权制度是在一定所有制范畴内既定的产权关系和产权规则的组合。在产权制度中，拥有或享有财产权或其他权能的个人、企业或其他组织称为产权主体，其作用的对象是产权客体。产权客体由产权主体控制、支配或享用，包括具有价值的物质资料或无形资产，例如土地资源、矿产资源、生产设备、资本、知识产权、发明权、商标权等等。在市场经济中，资源稀缺是普遍的，产权主体的各种自利行为都要受到资源的约束，因此，产权制度决定主体使用资源的决策动机和从资源中获益的预期，从而最终影响到人们的各种市场经济行为和资源配置效率。

产权理论深入研究包括上述几项权利在内的产权结构和产权制度的整体安排，研究产权约束中不同权利的执行边界和权力之间互相制约、互相影响的关系。在同一产权体系内，如果多种权利并存，单一权利的行使必须在规定的范围内；反之，另外一种或几种权利就要受到干扰。此外，权利束不同权利一般被分配给不同主体，例如，有些主体可能享有用益权却没有让渡权，而另一些权利可能由社会公众公共持有，所有主体都可享用[25]。

2.1.3 战略储备理论

2.1.3.1 战略储备的概念界定

对于矿产资源战略储备，国际上的提法通常有两种：一是矿产资源战略地区储备，或称矿产资源战略储备地区；二是战略矿产储备，也称矿产品战略储备。

国际上，矿产资源战略基地储备也称之为矿产资源战略储备地区，是指国家为满足紧急或非常情况下的需要，将某些已知蕴藏有、可能蕴藏有重要战略矿产的地区或某些已探明储量的矿地，作为战略保留基地，不准进行商业性勘察开发，仅供国家“非常时期”使用。具体做法是通过法令将战略矿产资源储备地区从普通矿产资源法的管辖范围内剥离出来或进行专门规定，在资源矿产战略储备地区内，由国家投资普查，有时也进行勘察。非经特别许可，不向公司、企业签发探矿许可证和采矿许可证，不允许从事商业性勘察开发活动。矿产资源战略基地的储备对象，是蕴藏有或可能蕴藏有重要战略矿产地区，本质上储备的是探明储量或者未探明的资源量。目前世界上只有美国在阿拉斯加北坡划出了大片含油土地作为国家石油储备地，其最初是为海军而建立的，目前由内政部负责管理。墨西哥、玻利维亚等国也曾经划出了本国的矿产资源战略储备地区加以保护，但为了满足国内经济发展的需要，在实行对外开放过程中，这些储备地区已经重新开放，允许勘察开采[26]。

战略矿产储备（也叫矿产品战略储备），国际上通常指的主要是针对那些对国家安全（包括国家主权安全和经济安全）有战略意义、国内又相对急缺的战略资源急缺矿产资源所建立的储备。目前，世界范围内有 10 个国家从国情、资源蕴含情况出发，针对本国国家安全或者经济安全具有战略意义的资源建立了储备制度。这十国分别是美国、日本、韩国、法国、瑞典、瑞士、挪威、德国、芬兰和英国，个数虽然不多，但这些国家在国际社会的影响力却有目共睹，特别是在经济总量上，在 20 世纪 90 年代，这 10 个国家的国民生产总值就已经占到全球国民生产总值的 60% 左右[27]。

2.1.3.2 目的和用途

国际通行的做法是根据目的和用途把矿产资源储备划分为三大类，一类是战略储备，另一类是市场安全储备，还有一类是国家经济安全保障储备。本书拟根据稀有矿产资源的定义，将战略储备的概念涵盖第一类和第三类，即指国家为了应付战争或其他紧急情况，保障国防需求和国民经济正常运行，有计划地建立一定数量的稀有矿产资源的储存[28]。

2.1.3.3 储备方式

根据国土资源部《国土资源“十一五”规划纲要》，战略储备的对象指的是稀有矿产品（商品），即储备的应该是那些针对国内急缺或相对急缺的、对国家安全有战略意义的稀有矿产资源。我们认为，战略储备的对象还应包括稀有矿地，即将某些经过勘探发现蕴藏有或可能蕴藏有重要稀有矿产的地区，作为战略保留基地，以满足国家紧急或非常情况需要时使用，除为国家利益与目的由国家出资勘察外，不准进行商业用途勘察开发，留待“紧急”时期开采。

通过摸索建立具有我国特色的稀有矿产资源战略储备，不是为了待价而沽，而是从我国国情、矿情实际出发，通过发挥稀有矿产资源战略储备制度的“蓄水池”作用，以实现保护我国稀有矿产资源的战略规划[29]。

2.1.4 资源最优耗竭理论

所谓的最优耗竭理论，就是关于可耗竭资源最优耗竭速度和条件的理论。早在20世纪初期，西方学者 Gray（1913[30]）和 Hotelling（1931[31]）研究如何用有限的矿产蕴藏保证未来持续性消费问题，尤以 Hotelling 对可耗竭自然资源的研究对后人的影响颇大。Hotelling 在《The economics of exhaustible resources》中提出可运用数学模型对可耗竭资源的最优利用进行研究，一是研究在开采技术和消费者偏好固定的情况下，如何才能更有效地开采利用可耗竭资源，在不同时期需求的相互竞争下，如何实现资源的最佳配置；二是研究在市场条件下，资源的可获得性、市场结构及政府的相关政策将会如何影响资源的跨期生产和消费。并将其分为两个方面：他认为基于资源存量不变的假设和完全竞争的情况，可耗竭资源的市场价格随着资源的耗竭呈指数增长，资源产品的价格增长率应该等于社会贴现率，将其代入时间路径模型即可得到社会价值现值的最大化。20世纪70年代中期，Solow（1974[32]）、Stiglitz（1974[33]）和 Dasgupta & Heal（1974[34]）等人在此基础上进一步对该问题进行了探讨，并在分析中融入了经济增长最优路径的方法。该理论已被后人广泛用于分析在不同的市场条件下资源的最优耗竭率的决定方式。达到资源最优利用状态要具备两个条件：一是随着时间推移，资源的稀缺性租金须以社会贴现率相同的速率增长，并被后人称为候太龄定律或可耗竭资源经济学的基本原理；二是资源品价格等于边际成本与资源影子价格的和。Dasgupta & Heal 创立了以资源消费效用最大化为目标函数的可耗竭能源资源最优开采模型，得出满足最优开采必要条件的消费路径，侧重点在可耗竭能源资源的最优利用上。

2.1.5 稀有矿产资源

对于稀有矿产资源的定义，从语法结构来看，稀有矿产资源就是指稀有的矿产资源。稀有的词语解释则为很少有的、极少见的。例如，稀有金属是指自然界中相对含量很少、分布稀散或难于提取的金属。稀有元素是指自然界中存在的数量少或很分散的元素。关于矿产资源的定义，《中华人民共和国矿产资源法实施细则》第二条明确指出，矿产资源是指由地质作用形成的，具有利用价值的，呈固态、液态、气态的自然资源。目前，国际上对稀有矿产资源的概念及其外延尚无准确定义，但是，关于矿产资源战略储备方面，国际上有三种主要提法：一是战略矿产；二是急缺矿产；三是保护性矿产[35]。

2.1.5.1 矿产资源的含义

矿产资源指经过地质成矿作用而形成的，天然赋存于地壳内部或地表埋藏于地下或出露于地表，呈固态、液态或气态的，并具有开发利用价值的矿物或有用元素的集合体。矿产资源属于非可再生资源，其储量是有限的。目前世界已知的矿产有160多种，其中80多种应用较广泛。按其特点和用途，通常分为四类：能源矿产11种；金属矿产59种；非金属矿产92种；水气矿产6种。共有168种矿种[36]。

矿产资源既包括在当前的技术经济条件下可以开发利用的物质，又包括在未来的条件下具有潜在价值的物质。矿产资源与生物资源的区别是其再生的速度很慢或不能再生，因而珍惜和保护矿产资源更为重要[37]。

2.1.5.2 稀有金属矿产

稀有金属矿产包括锂、铷、铯、铌、钽、铍、锆、铪等矿种，这部分矿产资源的共性是在地壳中的丰度低，各具不同的理化性质，铷无独立矿物存在，多与铯共生或在钾矿物的晶格中，铪除形成铪石外，多分散在锆矿物中。它们的分布也很分散，从矿石中提取的难度较大。

2.1.5.3 战略矿产

关于战略矿产的定义，在国际上目前尚无统一说法。20世纪60年代，美国矿业局对“战略矿产”下了如下定义：“国防必需的、战争期间全部或部分依赖国外供给，需要严格控制其储备和分配的矿产。”1979年，美国在修订战略矿产和急缺矿产储备法时，对该定义又重新进行了解释，认为，“在国家危急时刻，军事、工业和公众所必需的矿产，而在美国本土又没有找到或者没有足够的产量满足需要的矿产”即为“战略矿产”和“急缺矿产”。1994年，当时的美国总统克林顿签署了一份关于国防工业资源储备的行政命令，其中对“战略性矿产”又做了如下定义，认为“战略性矿产”是在国家安全紧急状态情况下供应美国军用、工业和民用所必需的原料，这些原料在美国本土不能以充足数量发现或生产，以满足全国紧急状态下的需要，并且其可供性或进口易受到中断或限制[38]。

中国理论界目前关于战略矿产的认识仍未统一。张新安等人认为战略矿产应指国家安全所必需的，国内供应无法满足需求，国外供应较为脆弱，达到了急缺危险点的矿产。中国工程院院士陈毓川则认为战略性矿产资源，是指对国防安全、国家经济和社会发展而言必不可少的，但国内不能保证需求或者对国际市场具有战略影响的矿产资源[37]。国土资源部在2000年发布的《国土资源“十五”计划和2015年长远规划》中提出了具有战略意义的矿产资源的观点，指出目前中国在世界上具有优势、对他国或者中国具有战略意义的矿产资源，主要是钨、锡、铝、汞、钒、锑以及石墨萤石等多种矿产。2003年12月，国务院发表了矿产资源政策白皮书，其中提到了“战略矿产资源”和“重要战略资源”，遗憾的是没有明确指出“战略矿产资源”和“重要战略资源”所应包含的种类，但是指出国家将根据矿产资源供需现状及现有国力，对重要战略资源分期、分批纳入储备序列，提出我国要逐步建立战略矿产资源储备制度。2010年7月，国土资源部发文要求各地编制省级稀土等矿产勘察专项规划，对稀土等稀有矿产资源的勘察做出规划。文件称此举是为了“保护和合理利用稀土、钨、锡、锑、铝、高铝黏土、萤石等稀有矿产资源，保障可持续发展”，但是对稀有矿产资源同样没有下定义[39]。国务院于2016年11月2日批复通过的《全国矿产资源规划(2016～2020年)》首次将石油、天然气等24种矿产列入战略性矿产目录。列入战略性矿产目录的24种矿产是：能源矿产石油、天然气、页岩气、煤炭、煤层气、铀；金属矿产铁、铬、铜、铝、金、镍、钨、锡、钼、锑、钴、锂、稀土、锆；非金属矿产磷、钾盐、晶质石墨、萤石[40]。

前面提到的美国关于“战略矿产”的定义虽未得到国际公认，但产生的影响却是深远的。各国关于战略矿产确定标准的具体规定虽然不尽相同，但都是根据各自国家的矿产资源的实际和国家发展现状来确定各自的战略矿产的概念和范围。

经过比对不难发现，战略矿产具有如下普遍性特征：一是稀缺性，资源的有限性特征决定了此类资源相对于不断增长的经济社会需求而言，始终是不能满足需要的，属于稀缺资源；二是必需性，具有重要战略意义，在军事工业关键领域用途广泛，是国防工业必需的关键矿产；三是不可替代性，几个月的供应中断，将会严重影响经济安全，甚至国家安全，目前认知水平下的已知领域缺乏替代品；四是脆弱性，进口来源地单一性产生的直接后果是供应的不可靠性；五是依赖性，由于资源分布不均，依赖进口的程度可能将逐年增加。

2.1.5.4 急缺矿产

美国对于急缺矿产的定义，认为是国防所必需，在战争时期其获得虽然存在一定困难，但不如战略矿产紧缺的矿产，可以在国内生产或买到较充足数量，或者是必需程度较战略矿产低。对这类矿产，只需要“一定程度的储存和分配控制”。美国学者斯拉施提出的关于急缺矿产的定义与此大致相同，认为急缺矿产基本上“是战争时期国防所必需的。但是，获得这种矿产的困难程度要比战略矿产少得多。急缺矿产或者可以从国内获得，或者是国外有可靠的、保证足够数量的供应来源。对这类矿产采取一些必要的保护措施，限制非国防应用，也是应该的”。

美国在1979年修订战略矿产和急缺矿产储备法时，将急缺矿产与战略矿产画了等号。国际上普遍认为急缺矿产应符合以下标准：一是具有广泛的终端用途，并且缺乏已知的替代品；二是国内无法满足经济发展需求或者预期需求；三是进口依赖性达到一定程度并且很可能将逐年增加。

2.1.5.5 保护性矿产

保护性矿产也称为保护矿产或优势矿产，通常指储量占世界储量的15%以上，占据了世界资源市场较大份额，甚至是占有绝对优势，属于别人短缺的战略矿产。中国相关法律法规中提出了保护性矿产的观点，认为未经国务院有关主管部门批准，任何单位或个人不得私自开采，必须实行有计划开采的特定矿种，称之为保护性矿种。同时，国务院根据《矿产资源法》第15条的规定，将钨、锡、锑、离子型稀土矿产列为国家实行保护性开采的特定矿种。并指出，被列入国家实行保护性开采的特定矿种由国家实行统一的计划管理，包括特定矿产的开采、选冶、加工及市场销售、出口等，严禁自由买卖。杨子健等人提出了优势矿产的概念，认为我国优势矿产包括钨、铝、稀土、钒、秘、锑、铅、锡等12种。

通过借鉴国际上的相关定义，袁国华（2010）将稀有矿产资源的概念界定为地壳中含量少、分布较散、提炼较困难但对国家安全包括国家主权安全和经济安全具有巨大战略作用及可影响国际市场的矿产。其主要有以下几方面特点：一是不可替代性，短时间的供应中断将会严重影响国防安全和经济安全，在已知领域缺乏代替品；二是必需性，具有重要战略意义，在军事、工业关键领域具有广泛用途，属于保障国防安全和经济发展所必需的；三是本国储量相对别国具有一定优势，但全球储量相对稀少，系别国战略急需；四是供给稀缺性，发现重大矿藏储量前景不明、国内产量无法满足需求或者预期需求，进口依赖程度很可能逐年增加[41]。

2.2 矿产资源价值补偿的研究现状

国内外学术界对矿产资源的价值补偿问题研究大多是从使用者成本、矿业权价值和生态环境价值三部分进行的，其中生态环境价值的补偿问题是矿产资源价值补偿的重要部分。

2.2.1 国外矿产资源价值补偿的研究现状

2.2.1.1 关于使用者成本的研究

使用者成本的概念最早由马歇尔（Marshall）提出，使用者成本存在的前提是自然资源的稀缺性，而矿产资源是可耗竭的自然资源，即具有稀缺性。后来凯恩斯（Keynes）将它定义为由于使用设备而造成设备价值的减少，现代常常利用使用者成本分析可耗竭资源的代际生产流问题，即在环境与自然资源经济学中指现在使用一单位资源对未来使用者造成的机会成本[42]。而这一理论又是以 Hotelling（1931）的“经济租”理论和 Hicks（1946）的“可持续收入”理论为基础的，指在不影响未来福利水平的前提下可以用于消费的最大收入量。这一意义上的使用者成本是资源动态有效配置和代际补偿的基础，使用者成本的最终取向是用以补偿资源的正常损耗，比如开发替代资源、发现新资源[31,43]。史密斯（Smith，1998）认为使用者成本所依据的基本理念是“将自然资源和环境均作为有价资产”，并考虑其折旧[44]。

使用者成本的充分有效补偿，是非再生资源可持续利用的关键。要实现矿业可持续发展，就需要从采矿收入中提取一部分折旧，用于后备资源和相应替代资源的开发。只有这一补偿得到实现，才能保证矿产资源存量不变，后代享有公平的资源使用权利，在价值上相当于补偿了矿产价值的损耗。对使用者成本的核算方法最早是由埃尔·塞拉菲（EI Serafy，1989）提出的，他明确提出不可再生资源价值折耗的核算与租金的问题[45]。

有很多学者用使用者成本法对一些国家和地区矿产资源开采领域的使用者成本或租金进行了测算，包括：阿德尔曼（Adelman，1991）等计算了大的油气公司的使用者成本，并将其与权利金比较[46]；Young 和 Motta（1995）计算了巴西几个主要矿种的使用者成本[47]。

2.2.1.2 关于矿业权价值的研究

从国外研究现状来看，各种资料和文献对矿业权价值内涵的理解并不一致，学界在矿业权价值内涵方面仍有很多不同意见。对矿业权价值的评估，在国外一般有两类提法，一是矿业权的评估，二是矿产资产的评估。这两类提法没有本质区别，它们只是矿业权法律属性和经济属性的两个不同侧面而已。根据评估对象的形态，矿业权评估分为矿产勘查地评估和矿产资源评估，分别与国内所谓的探矿权评估和采矿权评估相对应[48]。国外关于矿业权评估的方法主要有贴现现金流量法、可比销售法、勘察费用倍数法等方法。

H. D. Hoskold（1877）最先使用贴现现金流为基础的双利率方法，针对已经探明储量的矿产资产，对矿业权价值进行评估。美国数量经济学家 Hotelling 教授研究了耗竭性资源在储量和成本确定的情况下的跨期最优配置和定价问题，提出了 Hotelling 定律，并为贴现现金流量法的计算奠定了基础，从而有利于矿产资源矿业权价值的评估[49]。

Moyen 和 Slade 等人利用期权定价理论研究了采矿工程投资风险和管理灵活性的股价问题，基于期权定价理论，提出了采矿工程矿业权价值评估模型。该模型考虑了有关矿山关闭和开启两种灵活性，但未考虑矿山本身内在的价值的评估[50]。

2.2.1.3 关于生态环境价值的研究

矿产资源的生态价值来源于开发过程中的负外部性。开发矿产资源会影响并破坏生态环境、损害居民的身体健康，从而使人们获得的效用减少，因此，环境的破坏者应进行相应的生态补偿。最早提及“外部经济”（External Economy）概念的是马歇尔（Marshall，1989），庇古（Pigou A C，1920）在此基础上进行了深入研究，并在《福利经济学》中对社会成本和私人成本之间的差异进行分析，指出必须通过政府干预来解决市场失灵问题，对于正的外部效应，政府应予以补贴；对于负的外部效应，应处以罚款，以使外部性生产的私人成本等于社会成本，从而提高整个社会的福利水平[51]。

目前，国外提出的补偿理论主要有环境资源利用的不可逆性、产权理论、外部性理论、生态资本化理论和公共物品理论等，这些理论已经成为生态补偿政策的重要理论依据，得到了国内外理论界的普遍认可[52]。其中，不可逆性是资源开发中生态补偿的生态学理论，艾伦·科特雷尔（Alan Cottrell，1981）提出：“资源是会枯竭的，必须以这样或那样的形式给资源制定价格，以便限制消耗，给予保护和关心。”产权理论是开展补偿的法理基础，界定环境资源产权主要可以确定谁应该负有补偿的责任，谁应该具有被补偿的权利[53]。科斯（Coase，1937）则认为，外部性是由产权不清引起的，在交易成本为零的情况下，双方可以通过自愿协商、谈判与交易来自动达到帕累托最优[54]。科斯的这一思路被戴尔斯（Dales，1968）引入资源环境领域，以运用市场手段，通过污染权的交易，来提高环境资源的利用效率[55]。

国外提出的生态价值补偿途径主要有四大类：庇古税、补偿型交易、居民环境权的保障和开展跨区域补偿。庇古将外部性视为市场失灵的表现，并认为当边际私人收益（成本）与边际社会收益（成本）背离时，政府应该对外部效应的制造者征收庇古税。庇古税成为环境税的雏形，之后众多学者在此基础上对环境税展开了研究。Lans Bovenberg A（1997）等人提出环境税对促进可持续发展的作用，环境税是通过内生增长来保证可持续发展[56]。Bovenberg A 和 Heijdra B J（1998）讨论了环境税与代际分配的关系，并指出环境税就像计提折旧费一样，“生态环境”这种资产，其价值会因为固定资产磨损而逐步以生产费用形式进入产品成本和费用，构成产品成本和期间费用的一部分，并从实现的收益中得到补偿[57]。Bosquet B（2000）对环境税的征收所产生的作用进行了定量分析，并提出环境税所带来的双重红利，既可以促进经济的发展又可以改善环境[58]。关于跨区域补偿问题，一些区域经济学家和资源环境经济学家把国家区域经济关系模型和能源部门的能源、环境关系模型联系起来研究，提出了经济、能源、环境一体化模型，为研究矿产资源的跨区域补偿提供了方法[59]。

生态环境的价值补偿是对受到破坏的环境价值进行补偿，但由于环境的变化不能直接通过市场价格来度量又难以用其他价格来替代，就出现了条件价值评估法（CVM）。CVM 是应用较为广泛的一种陈述性偏好方法，是在假想的市场条件下，调查人们对改善环境效益的支付意愿（WTP）或者接受环境损失的赔偿意愿（WTA），以 WTP 或 WTA 来计量改善环境或破坏环境的经济价值[60]。对于矿区生态环境价值损失评估，较为著名的文献有：R. D. Rowe 等人（1985）运用 CVM 对美国科罗拉多州伊格尔矿危险废物的生态环境破坏价值损失进行评估，得出：恢复期内，全科罗拉多州因伊格尔矿危险废物造成的生态环境破坏价值损失为 4500 万美元[61]；D. Damigos 和 D. Kaliampakos（2003）运用 CVM 对希腊雅典附近采石场的生态环境破坏价值损失评估，得出因采石场开采每年造成的生态环境破坏的价值损失，还表明家庭收入和受教育程度对支付意愿有显著的正向影响[62]。

2.2.2 国内矿产资源价值补偿的研究现状

2.2.2.1 关于使用者成本的研究

所有权价值的补偿即使用者成本的补偿，使用者成本补偿是由采矿企业通过向国家（包括中央政府和地方政府）缴纳矿山地租，向矿区居民派发红利来实现的。对于矿租的收取，可以选择一次性收取也可以选择分期收取，向居民发放红利可以采取基金、提供就业岗位等多种形式[63]。

张云和李国平（2005）认为，要想实现矿产资源的可持续开采利用，核心问题是实现使用者成本的价值补偿和实物补偿，并且要着重解决好以下几个环节：良好界定的产权，是使用者成本顺利补偿的前提；矿山地租的合理征收，是使用者成本补偿的主要渠道；以经济激励型管理模式逐步取代命令控制型管理模式，来解决无证开采、采富弃贫等问题；培育矿业权交易市场，形成合理的矿业权价格与矿产品价格；对资源所在地进行耗竭补偿，解决使用者成本的空间异置问题[64]。

华晓龙和李国平（2008）提出以明晰产权、合理征收矿山地租、完善矿业权交易市场和形成竞争性市场价格的途径，实现非再生能源资源定价中使用者成本的充分补偿[65]。

杜真芝和谭旭红（2012）结合现行会计核算体系，从弥补漏项、增加缺失成本等方面有针对性地提出了改进措施，以期通过对煤炭成本缺失的研究，在理论上探索煤炭资源的可持续发展之路[66]。

对所有权价值的核算大多使用传统的使用者成本法，其中有很多人基于非再生资源的使用者成本法进行完善和修正。李国平和杨洋（2009）在不同折现率下计算了我国煤炭和石油天然气开发中的使用者成本，并将其与所征收的资源费和资源税进行比较，发现我国对煤炭开发征收的资源税费能补偿5%～10%折现率下的使用者成本，对石油天然气开发征收的资源税费只能部分补偿10%折现率下的使用者成本[67]。

李志学和张倩（2012）借鉴国内外关于矿产资源耗减的相关理论基础，从资源耗减成本的内涵及其表现形式出发，运用使用者成本法对煤炭和石油天然气开发利用中的使用者成本进行量化分析[68]。

曾先峰和李国平（2013）等最早采用传统 EI Serafy 使用者成本法对我国煤炭资源的使用者成本进行测算，其后续研究将研究对象扩展到石油和天然气资源。李国平等对传统的使用者成本法进行修正：修正一，考虑了通货膨胀的影响；修正二，考虑了资源耗损浪费情况[69]。

李国平和李恒炜（2013）认为，使用者成本法的应用关键是变量折现率的选取，应该使用社会折现率来消除目前使用者成本估算中对折现率选取的随意性[70]。

赖丹和吴雯雯（2013）利用使用者成本法估计离子型稀土资源耗竭成本，采用直接市场法估算稀土资源开采造成环境损失的经济价值。他们发现：中国离子型稀土资源开发利用存在较大的使用者成本和环境成本，而这两类成本仍未完全计入稀土供给成本，稀土价格依然偏离价值；国家行政干预稀土供给在短期内推高了稀土价格，企业获得巨额利润，却引发行业发展极不稳定等新问题。资源环境税收政策改革是纠正稀土资源生产负外部性效应、推动合理定价机制形成、调节企业利润空间的一种重要手段，对促进稀土行业健康、稳定发展具有重要意义[71]。

王俊（2015）系统梳理了 El Serafy 使用者成本法的思想渊源、基本原理和国内运用现状，在此基础上进一步讨论了 El 法中关键变量的合理取值，并提出改进其具体应用，除了考虑不可再生资源开采的总使用者成本，还应合理估算并足额补偿资源跨区域配置中产生的净使用者成本，从而全面补偿不可再生资源开采的价值折耗，做到代际和代内两个公平，促进实现不可再生资源的可持续利用[72]。

牟小刚和牟小军（2016）针对中国稀土无序过度开采、加上工艺落后等导致稀土价格背离价值、严重扭曲的状况，基于外部性理论，分析认为：稀土价格之所以出现扭曲，是因为稀土资源的稀缺性和生产开采造成的环境成本并未体现在产品成本中，由此造成稀土的私挖乱采和环境的严重破坏。解决中国稀土价格扭曲问题的关键在于将外部成本内部化，让市场价格充分体现稀土资源的真实价格[73]。

时乐乐和赵军（2016）指出适用税率的选择是煤炭资源税改革的核心问题。首先，采用使用者成本法测算新疆 2003～2012 年煤炭资源开采的使用者成本；其次，基于资源耗减补偿视角，研究如何选择从价计征方式下的煤炭资源税适用税率，认为新疆煤炭资源税从价税率定为 8% 更有利于资源在代际间公平配置，实现资源可持续利用；再次，综合考虑“清费立税”和企业承受能力，提出新疆煤炭资源税改革适用税率的三个方案及适用阶段；最后，结合新疆实际情况，提出保障煤炭资源税从价税率实施效果的政策建议[74]。

2.2.2.2 关于矿业权价值的研究

矿业权是一类特殊的资产，是社会经济发展的基础性资产。近年来，随着资源管理的逐步深化，矿业权的价值评估变得越来越重要。我国的矿业权价值补偿体系起步较晚，理论基础和各项基础数据都不太完善，现行的矿业权价值核算评估主要有市价途径、收益途径和成本途径。

李松青和王国顺（2009）提出矿业权评估师定量估算，把矿业权的各种特征通过数量化，按一定规律估算其价值，其中，参数值的大小对评估价值起到了决定性的作用；并且应用马尔科夫理论讨论了矿产品价格的确定方法[75]。

李春蕾和邬盛（2011）等人对矿业权交易市场进行分析，提出应该通过以下做法来对矿产权价值进行补偿：建立适应社会主义市场经济的租税费体系框架；完善中介组织服务体制；改善矿业权出让、转让的市场关系并强化规范化管理[76]。

刘勋涛和靳剑辉（2011）认为，现行的矿业权评估方法，对矿产资源的勘察显现性、对资源储量的变化认识不足，尤其是勘探权评估，把矿业权价款的拟定建立在不确定的资源储量数据上，无论是将来资源储量发生正变或负变，都可能使国家或矿业权人蒙受损失。并且收益途径中与资产评估中的无形资产评估存在重大差异；探矿权采用重置成本法评估时未考虑地勘工作的风险成本[77]。邓泽华（2012）指出，矿业权收益法评估模型对企业自由现金流的计算相对直接一些，可直接通过现金流入量减去现金流出量得到净现金流量[78]。

李焕培（2017）探索了共享经济下如何实现矿产资源价值，以最大限度地发挥其在经济发展、增进就业方面的作用。主张矿产资源价值构成由矿产资源的社会价值、经济价值和生态价值三部分组成，并从价值主体对价值目标的决定关系角度、矿产资源价值核算角度和可持续发展的角度，对矿产资源“三元”价值构成做了分析论证[79]。

李遐桢（2013）认为，应该将资源补偿费修改为资源出让金，并以此构建矿产资源有偿使用制度；矿业权使用费在本质上是矿地使用权出让金，不是矿业权有偿使用制度的内容；矿业权价款包括国家矿产资源勘探投入及收益和矿产资源出让金，是矿业权有偿使用制度的核心，并以此构建中国矿业权有偿使用制度[80]。

谢贵明（2016）认为，矿产资源国家所有者权益包括对矿产资源消耗的补偿权益和对矿产资源利用的权益；矿业权国家初始所有者权益就是国家对矿产资源利用权益，不包括对矿产资源消耗的补偿权益。矿业权价值构成包括矿业权国家初始所有者收益（权益）和矿业权投资者收益（权益）；矿业权价款是市场经济条件下国家以国家初始矿业权生产要素的所有者身份参与的社会产品价值分配，矿业权价款内涵就是国家初始矿业权的价值，是矿业权国家初始所有者权益（其中包含了矿业权国家投资者权益）[81]。

尹国平等（2017）以《物权法》和《矿产资源法》为依据，阐述了矿产资源所有权与使用权的关系。利用税费租理论分析了我国矿产资源勘查开发收益分配现状，并构建矿产资源定价模型和矿业权评估模型。针对矿产资源税、费、租名不符实，矿业权价款挤占矿产资源所有者权益的现实问题，提出三方面政策建议：一是以“权利金”的名义，来实现矿产资源所有者权益；二是与矿产资源权益金制度配套，加快推进矿业权出让制度改革；三是优化改进矿业权评估模型，促进级差矿租Ⅱ在矿业权转让人和受让人之间合理分配[82]。

2.2.2.3　关于生态环境价值的研究

生态环境价值的补偿即在非再生资源开发中对受损的外部环境成本的补偿。经济学界大多把环境成本补偿归结为外在性内部化或产权的界定问题，其补偿思路大体可以分为庇古税、补偿交易、法律上的赔偿、对“污染者付费”原则超越乃至跨区域的补偿[83]。

一些学者主张在非再生资源开发中，借鉴发达国家的经验，探索复垦保证金等新型成本补偿手段的运用。张德明和王荃（2004）详细论述了我国矿山环境治理资金的来源及影响因素，提出了从根本上解决我国矿山环保资金的三条途径：一是按照“谁破坏，谁治理”的原则，建立“矿山环境恢复及土地复垦保证金”制度；二是建立“废弃及老矿山环境治理基金”制度；三是广泛吸收社会资金，遵循“投资者受益”的原则，用于矿山保护[84]。

裴辉儒（2010）以陕北地区为例，指出能源富集区的生态环境恶化，引起资源过度消耗，致使当地居民环境福利水平下降等生态外部性问题，但是当时包括财政、市场调研、价值评估、企业自我管理等方面的补偿机制仍然存在诸多缺陷，需要从补偿原则、指标体系和制度路径等方面来完善[85]。

对受损的生态价值进行核算。丁岩林和李国平（2012）认为，矿产资源开发生态补偿的理想模式是保证金加基金的模式，这种点对点的模式市场导向更明确，激励机制更有效，与行政许可的结合也可以更好地达到事前预防的目的[86]。

李国平和郭江（2012）以榆林市为调研区域，以条件价值评估法对当地居民为改善当地生态环境每户每年平均的支付意愿为基础，对受损的环境价值进行核算，并得出影响支付意愿的关键因素是家庭人均年收入、受教育程度、年龄以及职业状况[87]。

彭武珍（2013）认为，对受损的生态环境价值进行评估主要有两种方法：一种是基于成本的估价方法；另一种是基于损害、受益的估价方法[88]。

谭旭红和张倩（2014）鉴于矿产资源在开发和利用过程中造成的环境问题突出，经济增长的环境约束强化、矿产资源开发中生态价值的计量和补偿研究就成为一项重要而紧迫的任务。文章在对国外文献进行综述的基础上，借鉴矿产资源生态价值补偿的国际经验，提出相应的计量方法，进而研究矿产资源生态价值的补偿机制，为矿产资源开发中生态价值补偿实践提供理论支持[52]。

徐辉和蒲志仲（2014）认为，矿产资源的大规模开发带来了生态环境危机，其负外部性已超过外部经济。因此，矿产资源开发利用必须补偿相应的负外部性成本，即将消耗的公共物品与公共资源价值纳入矿产资源价值。相比较而言，征收庇古税是一种较好的解决负外部性的方法。因此，建议小范围的短期负外部性由直接谈判进入生产者成本，具体通过地方政府征收相应的环保和生态保护基金或税进入生产者成本，或普遍对全部碳排放行为征收碳税，或者在消费环节征税。最普通的，也许是最有效的方法，是在消费环节或矿产品制成品的销售环节，以矿产品消费税形式征收与矿产资源消费相关的负外部性成本或所消耗的生态环境资源租[89]。

杨永均等（2014）利用意愿调查法（CVM）对矿区生态环境非使用价值受偿意愿进行调查评估，并通过预调查、问卷和投标设计对 CVM 方法进行了改进。徐州九里矿区实例调查和计量分析结果显示，矿区居民对于生态环境非使用价值损失有较强的受偿意愿，其平均受偿意愿为 1371.6 元/(年·人)，受偿意愿受到自我感受、收入水平等因素的综合影响。实证研究结果能为矿区生态补偿政策和标准的制定提供依据和参考[90]。

周一虹（2015）设计了一种新的生态环境价值计量方法。这种方法应充分考虑生态系统的生态功能，以生态功能为基础；计量要素确认具有可靠性和可操作性；包含所有生态环境治理保护中发生的全部实际成本和机会成本；计量结果具有可靠性和可解释性。基于此，他提出了环境重置成本法的概念和应用环境重置成本法对生态环境价值进行计量的设计思路、技术路线和模型构建；并应用环境重置成本法对兰州市大气污染治理的生态环境价值进行了实际计量[91]。

项波和严丽玉堂（2016）认为，现行物权法是立于工业文明背景下的产物，在强调生态文明的当下，对原有规则进行必要的变通是难以阻挡的趋势。生态物权是设立在生态物之上的一种新型他物权，是以对生态物生态价值的归属与利用为中心，其能与担保物权、用益物权恰于他物权体系。生态物权的构建不仅不会颠覆现行物权理论，还能破解当前公权力解决环境问题时的局限，也是对解决环境问题手段的一种丰富和尝试。如此制度安排，有利于排污权、生态补偿等制度在各自应有领域发挥其应有作用[92]。

史丹和王俊杰（2016）认为，生态环境的经济价值评估能够为生态环境保护提供有力支撑，将国外主流的价值评估方法与马克思主义级差地租理论相结合，有助于进行生态环境的总经济价值评估[93]。

郭江和李国平（2017）指出，学术界对条件价值评估法（CVM）方法存在争议：引导技术以及同一生态环境物品的支付意愿（WTP）和受偿意愿（WTA）两类关键技术。从主要引导技术的特征、引导技术的改进、不同引导技术评估结果的比较、引导技术的选用四个方面，综述了 CVM 引导技术的研究动态；从 WTP 与 WTA 的比较与选择，讨论了同一生态环境物品 WTP 与 WTA 的研究进展，并对已有研究进行了评述[94]。

2.3 稀土储备研究现状

2.3.1 国外稀土储备研究现状

国外学者对稀土产品的研究也较多，主要集中于稀土产品的实际应用和稀土资源储备，储备政策研究较多，其他方面相对较少。

美国众议员 Michael Kaufman（2008）呼吁要建立国家稀土储备法案，该法案要求美国国防部进口量至少能满足本国 5 年对稀土资源的需求，这一举措不仅对美国稀土业的发展起着举足轻重的作用，又可以满足美国市场对于稀土产业多元化的需要，包括加工、提炼、生产、制造等[95]。

美国研究员汉弗莱斯 2010 年发布一篇报告，严厉声明美国需要重新制定有效的合理的且科学的稀土储备政策，为了避免因中国稀土管制和其出台的保护政策对自身进口的不利影响，一方面美国需要重启一部分稀土矿进行开采，另一方面则通过 WTO 体系的不足来制衡中国出台的稀土出口政策[96]。

美国国防部在《国家战略安全储备重新配置报告》中明确规定了稀土的收储标准和措施，报告中分析了稀土原材料的来源，这些原材料对本土国防安全影响较大。同时提出一个风险评价指标，通过计算稀土原料来源风险指数，其结果与这个指标比较，如果没超过即可不用储备，如果超过则需要进行收储。这一措施体现了稀土收储的时机，目的是保证稀土产品市场合理健康的发展。另一方面，报告还提出美国政府也要对稀土的回收利用等工作予以重视。美国还计划重启一部分已封存的稀土矿，主要是为了防范完全依赖进口所带来的外部风险，并找寻新的矿山资源[97]。

美国能源部（2011）在报告中阐述了日本实施的各方面政策，目的是获得稀有材料的稳定供给。其中包括提供资金支持给跨国矿产勘探，提供担保贷款给高风险的矿产项目，对替代材料进行研发以及构建储备体系等[98]。

Leslie（2013）认为，稀土资源及产品的开发、利用和储备有利于科学技术的进步和经济的迅猛发展，目前，中国现存的稀土储备体系符合国家的基本国情和国内的发展形势，进一步完善稀土储备也是现阶段亟待解决的问题之一[99]。

日本学者村上进介（Shinseki Murakami）(2008）对日本稀土储备的现状进行了分析，得出了经济与科技的发展都需要稀土这种战略物资的结论，并且稀土的储备量要考虑未来的发展趋势与情况[100]。

Hurst（2010）指出，早在2008年开始，稀土出口逐渐被中国出台的相关政策限制并且稀土价格处于较低水平前，日本就已建立稀土储备体系，该储备体系的建立使得日本稀土足以维持消费20年之久[101]。

Marc Humphries（2010）提到首批列入日本国家储备的矿产有镍、钒、铬、锰、钨等，这些矿产主要由该国矿产资源机构（JOGMEC）掌管，主要是在全世界进行稀土产业项目投资，是日本资源储备和对外投资矿产的管理机构[102]。

Morrison（2012）则分析了中日的稀土储备现状，主要是探讨要采取对策使得中国对其进行长期的稀土出口，将采取技术合作、在中国设厂等方式[103]。

日本政府在美国之后颁布了有关保障稀有金属生产供应安全的政府报告，认为日本稀土需要减少对外依赖性，保障利用率和高替代率，维护本国的经济利益，同时降低获取风险，可以考虑研究提高资源回收利用率和可替代产品。日本建立了国内60天消费量的稀有金属储备，其中国家储备42天，民间储备18天。主要是镍、铬、钨、钴、钼、钒、锰等稀有金属，其进口依赖度超过90%[104]。

2.3.2 国内稀土储备研究现状

我国是稀土大国，稀土有很大的储量，其是新兴战略产业的必需品。现阶段，国内学者对稀土储备的研究大部分是从稀土储备内涵、功能、意义及储备制度、储备规模、储备方式等方面进行的。

2.3.2.1 对稀土储备内涵及意义研究

杨子健（2008）认为，按照稀土现在的生产能力，尤其是我国面临着中重型稀土资源（该资源在全世界的储量都比较小）将趋于枯竭状态，储备稀土显得尤为重要，因此需要对我国稀土资源进行较大规模的稀土储备[105]。

任忠宝（2011）从稀土储备的作用出发，认为稀土储备在稳定市场价格，提升国际稀土定价话语权，保护资源和生态环境方面有着重要意义[106]。

杨斌清（2011）认为，稀土储备对国家经济、军事、政治、外交等各方面影响重大，稀土资源在战略新兴产业中的应用要求国家必须进行稀土的储备，从而保障稀土的应用与供应[107]。

杨斌清和张贤平（2012）认为，稀土资源的战略储备通常有两种形式：稀土矿封存储备和稀土矿产品收储储备。稀土矿封存储备，要成为战略基地，禁止商业性勘查开采利用，仅当国家资源危机时期开采。稀土矿产品收储储备是为了平抑价格，稳定市场。该种储备方式的优点是可以及时满足市场，调节供需[108]。

胡海祥等（2016）认为，实施稀土储备是解决稀土资源消耗过快的迫切要求，是维持国家安全的必然选择，是确保稀土资源跨期分配的重要保障，是紧握稀土市场定价权的有力保障。从稀土的储备基地、储备矿种、储备规模及储备方式等四个方面探讨稀土储备的调控方向问题，研究稀土储备功能及调控的行为选择，提出稀土储备的政策建议，为国家进行稀土储备提供决策参考[109]。

张晶和杨子健（2016）提出在新形势下，国家储备对稀土市场的提振作用减弱，企业自发开展储备的意愿较低，稀土国家储备和企业储备的定义及关系模糊，作为优势资源进行最优储备的最优方式尚待研究。应进一步明确国家开展稀土储备的目的，通过立法解决国家稀土储备制度化问题，通过市场化方式促进企业开展自发性储备[110]。

2.3.2.2　对稀土储备规模的研究

稀土储备要确定合理科学的目标储备规模，就要采取分阶段实施方案，综合考虑国际国内市场形势，结合我国国情等相关因素，并根据这些形势的变化做出必要的调整，这样才能既保障国家的安全，又满足经济可持续发展的需要。

郑礼顺（2008）提出，应该在保证国内消费的前提下，对稀土地下原矿进行封存短期储备。在促进科技进步的同时，也要实现稀土资源的可持续发展[111]。

任忠宝（2011）等认为，国内外市场对稀土的需求量和供给量对我国稀土储备的数量与规模有很大的影响，同时还有很多其他因素对稀土储备量有着正相关或负相关的影响[106]。

杨斌清（2012）认为，根据稀土资源的分类不同，储备量也有所区别，尤其是中重型稀土这种属于世界稀缺但是有应用价值的资源，应该重点进行稀土原矿储备，加大储备规模[108]。

余良晖等（2012）认为，矿产地战略储备规模的确定是矿产地战略储备研究的重要内容。在确定储备思路及原则的基础上，对储备规模确定模型进行了具体分类。从优势与短缺资源出发，结合矿产资源管理理论与市场经济理论，分别提出优势资源保护储备模型和短缺资源储备模型，其中：优势资源保护储备模型包括基本保护储备和增量储备模型，基本保护储备是基础，重点考虑长期战略意图，增量储备重点保护中期利益，分低度、中度和高度 3 个层次；短缺资源储备模型包括预警储备模型、经济品位储备模型和综合回收率储备模型，其中预警储备分为红色预警储备、橙色预警储备和黄色预警储备[112]。

颉茂华（2014）采用动态规划法对我国稀土储备最佳规模进行了仿真预测模

拟，研究结果表明，稀土的储备量呈上涨趋势，且增幅的变化程度会受到供应中断比例、稀土需求弹性值的影响[113]。

2.3.2.3 对稀土储备方式和政策的研究

陈庆德（2007）提出，矿产品储备和产地储备是稀土储备的两大方式，其中，产品储备可以掌握稀土在国际贸易中的定价权，产地储备则与国家可持续发展息息相关。总而言之，稀土资源储备可以作为国家宏观经济调控的手段[114]。

鞠建华（2009）认为，在矿产资源原产地进行资源的储备费用低且更加便捷，在储备难度和管理方式上都存在着明显的优势，因此应该着重提高矿产地储备认知度[115]。

张忠（2011）分析了稀土资源的属性以及储备的必要性，认为稀土资源应该按照其产品的功能属性进行储备分类，这种方法既方便了稀土资源的使用，也有利于储备的增加[116]。

任忠宝（2011）通过学习西方发达国家在稀土储备方面的成功经验，提出了建立符合我国基本国情的稀土储备机制，建议采取收购矿产品的实物储备形式和封存矿山的矿产地储备形式[117]。

杨斌清（2013）分析了我国不同稀土产品的储备量以及现在的开采力度和使用情况，提出应对部分特定种类的稀土资源进行封存，从而保障国内稀土储备安全[118]。

袁博等（2015）从维护国家经济安全、推进生态文明建设、平衡资源代际分配、增强国际市场话语权、化解产能过剩等方面论述了我国实施稀土资源储备的必要性。同时结合我国稀土资源储备的现状和存在的主要问题，针对性提出了编制稀土资源储备专项规划，建立稀土矿产地储备和矿产品储备相结合的战略储备体系。认为：一是运用矿政管理手段，对积极开展储备工作并取得明显成效的省（区）、企业，国土资源部在增加稀土生产配额时予以倾斜；二是借助现行税费政策，对承担储备任务的企业适当减免矿产资源补偿费或给予税收优惠、贷款贴息等；三是争取财政资金支持，在中央财政设立资源储备专项资金，主要用于储备资源的收储、勘查、维护、管理及对储备所在地经济影响的补偿[119]。

胡海祥（2016）从稀土的储备基地、储备矿种、储备规模及储备方式等四个方面探讨稀土储备的调控方向问题，研究稀土储备功能及调控的行为选择，提出稀土储备的政策建议[120]。

2.4 系统动力学应用于资源的研究综述

系统动力学（System Dynamics，SD）是定性分析和定量研究相结合的系统分析方法，认为任何系统都具有一定的结构和由此结构表现出的一定的功能，并且系统内的一切事物普遍存在因果关系[121]。系统动力学的应用范围非常广泛，一切存在联系与发展并且存在内部结构的系统都可以应用系统动力学的方法来研究。矿产资源的价值补偿体系以及效益分析具备系统的特性，各个部分都相互关联，并且处于运动和发展之中。有很多学者也基于此进行了研究。

应用系统动力学理论对矿产资源的补偿体系进行分析，杨姝等（2012）运用系统动力学方法构建了具有动态性和系统性的矿产资源开发补偿体系，该体系由矿产资源价值补偿子系统、矿产资源生态补偿子系统和矿产资源代际补偿子系统构成，并应用 Vensim 软件进行流程图的绘制和分析[122]。李远和姬长生（2010）通过对矿产资源价值系统进行分析，认为矿产资源价值是指凝结在矿产资源中的人类劳动。矿产资源价值系统由自然价值子系统、认识价值子系统、勘察子系统三部分构成，使用 Vensim 软件对子系统进行建模并分析[123]。

还有许多学者对矿产资源的需求进行了系统的分析，宋杰鲲（2008）分析石油资源—社会经济系统因果关系，运用系统动力学理论和方法，建立了能在计算机模拟的经济模型。通过与实际数据进行对比分析，该经济模型与实际数据基本吻合，并对未来 10 年的环境污染量、环境污染治理投资、石油工业投资量等指标进行模拟分析[124]。

李君臣等（2010）基于系统动力学原理构建了预测我国天然气消费模型。该模型对天然气消费行业进行了分类，将其相关各行业分为子系统，综合考虑了影响各个子系统的主要因素，从而对模拟结果进行更真实的预测[125]。

陈海涛（2010）建立了基于系统动力学的我国石油需求模型，运用灰色系统中的 GM（1，1）模型，预测了我国 22 年的石油消费进口与石油需求量之间的关系。结果表明，基于 GM（1，1）模型的预测，我国的石油需求量与经济发展速度密切相关[126]。

王海宁（2010）运用系统动力学的原理和思想，建立了能源消费需求的动态分析模型，在能源消费需求这一子系统中，找出影响能源消费的影响因子，并对未来经济发展状况和大气污染排放量以及能源消费等因素进行预测[127]。

李玮（2010）运用系统工程的原理，对山西省能源消费系统进行分析，构建系统动力学模型，采用 5 种不同的发展模式分别对模型中二氧化硫排放系数、洗煤率、节能技术等关键变量进行取值，从而对中长期二氧化硫的排放量和单位 GDP 能耗进行预测[128]。

巩芳和石丽姣（2014）对内蒙古矿产资源的应用现状进行研究分析，构建了系统动力学耦合模型，从生态环境、矿产资源勘探、开发和利用效率等方面进行变量的选取，然后进行仿真模拟，并基于此提出相关的对策建议[129]。

李爽等（2015）基于我国已经进入工业化发展阶段，能源安全的维护与能源消费结构的优化，成为两个亟待解决的课题。应用系统动力学理论和方法，对我国能源安全和能源消费结构的关联机制进行了模拟和分析。得出结论：改善能源消费结构对能源消费量有决定性的影响，进而影响能源安全；从能源供给角度来降低能源缺口，提高能源安全度，同时影响能源强度进而对各种能源的消费量产生作用，以达到改善能源结构的目的[130]。

郭玲玲（2015）等运用系统动力学理论构建了中国能源安全系统动力学模型，通过对资源、人口、经济、环境各子系统参数的调控，对能源产量、能源耗费量、能源供需缺口与能源战略储备规模等变量进行预测，模拟的结果是预测出我国能源安全系统的三种发展模式[131]。

刘澄（2015）等利用系统动力学的工程理论预测出京津冀区域的相对经济资源承载力、相对土地承载力和相对综合资源承载力，结果表明该区域的相对经济资源承载力和相对土地承载力对综合承载力贡献程度分别约为2/3和1/3，区域的相对综合资源承载力已经处于超负荷状态[132]。

仙巍和邵怀勇（2016）针对矿产资源的开发利用所产生的污染物数量构建系统动力学模型，进行污染物生产、排放和处理情况的仿真模拟，得出到了未来将会产生的污染物数量的相对值，分析了不同因素的变化对污染物生产量及排放量的影响，得出减少污染物生产及排放量的对策及建议[133]。

2.5 资源效益的相关研究

矿产资源效益是指矿产资源的利用效果，即一个地区或一个部门，一个集团或一个企业开发矿产资源获得或预期获得的经济效益以及所产生的生态环境效益和社会效益。

刘波和杨桂和（1997）认为，矿产资源综合利用是综合找矿、综合勘探、综合评价、综合开发的自然延伸和归宿，是现代矿业系统工程的重要环节，其根本目的是最佳地发挥资源优势和矿业潜力。大量实际资料表明，矿产综合利用体现了全面提高资源效益、环境效益、经济效益和社会效益的辩证统一。它的基本功能是广开矿源、创价增值、物尽其用，其辅助功能是化害为利、净化环境。矿业系统工程与价值工程相辅并用，是大力提高矿产综合利用的社会经济效益的最佳对策。应按照系统工程原理，高效地组织与管理矿产综合利用工程。同时，应遵循价值工程原理，大力提高矿产综合利用系数和经济效果[134]。

经济效益是资金占用、成本支出与有用生产成果之间的比较。所谓经济效益好，就是资金占用少，成本支出少，有用成果多[135]。提高经济效益对于社会等具有十分重要的意义。矿产资源效益计算的基础是矿产储量，因此可靠的储量资料是进行矿产资源效益考核的前提条件。同时矿产开发企业的资源回收率必须在国家规定的范围之内。

社会效益是指最大限度地利用有限的资源满足社会上人们日益增长的物质文化需求。在社会主义市场经济和改革开放形势下，除国防和极少数特殊行业外，单纯为了追求社会效益的企业已经越来越少了。换言之，大部分以社会效益为主的企业也不能不注重经济效益。因此仅仅为了社会效益而组织生产的矿产资源开发企业的比例也越来越低。对于这部分企业除重点考核其资源回收率外，有时可以不受资源的经济效益的约束；对于那些经济效益主要体现在下游资源利用环节上，且没有其他获取渠道的矿产开发企业来说，其社会效益实际上等价于合并计算以后的经济效益，可以用经济效益指标合并考核[136]。

生态环境效益是指人们在生产中依据生态平衡规律，使自然界的生物系统对人类的生产、生活条件和环境条件产生的有益影响和有利效果，它关系到人类生存发展的根本利益和长远利益。Anja Brull，Hein van Bohemen，Robert Costanza（2011）认为，生态效益的含义就是环境资产表现出的有益于整个生态环境的那部分价值，其货币计量值就是实施生态工程等环境保护措施前、后环境质量指标或环境状况指标的差值[137]。

邵风雨和周进生（2013）从宏观和微观角度分析了综合利用的资源、经济、社会、环境效益，并结合湖南有色新田岭钨矿综合开发利用的实例，测算了矿山在增加可采储量、提高经济收入、保护生态环境、促进就业方面的具体效益。基于我国现实国情提出应建立“绿色矿业基金”，以加快推进矿产资源综合开发利用的政策性建议[138]。

侯晓靖和马悦（2015）针对我国当时矿产资源开发存在的问题，从五个方面构建了矿产资源开发项目的绩效审计评价指标体系，并利用层次分析方法赋予各个评价指标一定的权重，提供一套综合评价矿产资源开发项目经济效益、社会效益和环境效益的绩效审计评价体系[139]。

张亮等（2018）创建了基于资源储量、开采回采率、选矿回收率、产品规格等技术指标的经济效益估算模型，提出了资源价值产出比的概念，用于矿产资源基地开发经济效益评估。以青海祁漫塔格金属矿集区为实例，进行实证评估，并对评估模型的准确性和实用性进行了验证，得出模型准确可行的结论[140]。

本书研究的稀土资源效益是包括矿产资源经济效益、社会效益和生态环境效益在内的总效益，通过计算其货币计量值来对稀土资源效益进行分析。

2.6　矿产资源可持续利用的相关研究

矿产资源可持续利用是一种既能满足当代人的需求，又对后代满足其需求能力不会构成危害的矿产资源利用方式。矿产资源可持续利用关系到一地乃至一国经济的可持续发展。

Mikesell R F.（1994）将可持续发展理论运用于矿产资源，认为通过节省税收及每年再投入与矿产品年净收入现值等价的投资量来实现矿产资源的可持续性[141]。

Santos T M&Zaratan M L（1997）研究认为矿产资源的储备水平、价格、生产水平、利率是矿产资源可持续利用的重要影响因素[142]。

Clark A L&Clark J C.（1999）研究认为，矿产资源可持续发展还涉及社会和文化问题，它要求矿业发展成为工业、政府（国家和地方）、非政府组织（非政府组织的伙伴联盟；国家和国际）和土著居民，在国际条约和规范的更广泛的范围内工作，以确保对国家资源的利用有助于可持续发展。实现伙伴联盟和可持续发展的核心是要求传统的政府-产业联盟成为政府-产业-民间-非政府组织的未来联盟，这需要所有参与者的理念和行动的重大改变[143]。

Azapagic A.（2004）构建了矿业可持续发展力指标体系，该体系包括经济、环境和社会三类子指标[13]。

Krajnc D, Glavic P.（2005）也基于经济、环境和社会三个方面构建了可持续发展综合指标 ICSD 模型，并给出了运用 AHP 法计算 ICSD 的过程[144]。

Krajnc D, Glavic P.（2006）又从企业角度构建了一种可持续发展综合指数模型，从经济、环境和社会三个维度描述了公司的可持续性[145]。

Hilson G M.（2006）对 Whilst 基于矿产不可再生性认为矿业是不可持续的观点提出自己的看法，强调矿业是可持续的，并建议有富矿的贫困国家进行跨国矿业运作，并分析了这种运作的功效[146]。

张照伟（2006）指出，矿产资源的可持续利用是可持续发展的重要组成部分，单独依靠消耗资源去追求经济增长的经济模型已经不适应当今社会的发展。所以，能通过稍低的资源和社会代价来获取高效的经济发展水平，是全国乃至全世界共同的目标[147]。

于立宏（2007）认为，要实现最优增长，就要重视可耗竭资源的机会成本，但是其可行性是由许多内生和外生的原因决定的，主要有人工资源和自然资源之间的替代关系、人口增长、技术进步、代际间的收入分配制度、政府的作用和市场机制的完善程度等[148]。

魏晓平（2013）认为，矿产资源是有限性的、稀缺的和不可再生的，具有可耗竭性，其开采利用最终会导致其可采储量为零，从理论上讲，就是达不到持续利用；资源的最佳开采利用路径与实际开采路径经常是背离的；中国的矿产资源开发利用还处于向市场经济体制转轨时期，矿产资源价格形成机制、市场竞争机制、政府监管机制还不完善。长期以资源低价形成的“低成本竞争”的发展模式，已经使得中国经济在高速增长的同时，付出了极为沉重的资源环境代价[149]。

雷佑新等（2013）利用层次分析法并结合模型分析，对矿产资源可持续利用能力进行了深入讨论。研究结果表明：当前我国矿产资源可持续利用能力处于弱可持续与可持续发展水平之间；运用 logistic 函数进行预测的结果显示，矿产资源可持续利用能力从 2011 年开始进入可持续发展阶段，并且可持续度越来越高[150]。

黄寰等（2015）基于牛文元五大支持系统，先以层次分析法为基础，对我国矿产资源可持续发展水平综合值展开评估，然后辅以 logistic 模型回归进行预测，并结合主成分分析法实现对指标降维，以达到用较少变量解释大部分变异的作用。研究结果表明：总体来说，我国矿产资源可持续发展水平处于弱可持续发展阶段并呈现逐年缓慢上涨的趋势；对于综合水平的预测表明，2017 年后矿产资源可持续发展水平可达到强可持续发展阶段的中期；将全部指标进行降维后，得到三个主成分，可使政府的宏观政策调控更具可操作性[151]。

王国英（2016）以可持续发展为目标，将矿产资源的生产利用作为研究对象，利用建立的数学模型，分析了资源在不同时期条件下生产的产品的最大效益，实现了资源的优化配置，为资源的经济且可持续利用提供了科学依据[152]。

薛黎明等（2017）从资源、经济、环境（含人口）三方面构建矿产资源可持续力评价指标体系，基于正态云模型结合改进的层次分析法，不仅使得指标特点得以保真，而且各指标权重的计算量也大大减少，提高了评价方法的适用性。以湖南省 2010～2015 年间的矿产资源为研究对象，进行矿产资源可持续力定量测度。结果显示：6 年间，湖南省矿产资源可持续力状态虽然始终处于Ⅲ级（一般）状态，但可持续力综合值从 2.6000 上升到 3.0708，区域矿产资源可持续力水平有日趋增加态势；个别评价指标仍处于较弱状态，单位 GDP 能耗量、万元工业产值中矿业产值比率、人口密度单因子得分值均低于 2.5，表明这些指标相对较弱，有待进一步采取相关措施进行改善。该评价结果与实地调研基本吻合，表明该方法是可行的。该方法在定量评价中能兼顾随机性和模糊性，且计算过程简便，结果可靠，能为矿产资源定量评价提供参考[153]。

在矿产资源的可持续利用问题上发展起来的稀有金属矿产资源的可持续发展问题，是从不同区域的角度出发进行深入的研究。他们的共同之处在于，稀有金属矿产资源的可持续利用问题一定要同经济、技术、环境和社会的可持续发展相协调，只有这样才能实现稀有金属矿产资源的可持续利用。

2.7　矿产资源的经济承载力和最优耗竭

2.7.1　矿产资源的经济承载力

矿产资源承载力研究起步较晚，随着矿产资源供需不平衡现象的日益严重，国外学者则主要把矿产资源承载力作为可持续评价的组成部分，国内学者从 20 世纪 90 年代开始研究矿产资源承载力问题。

徐强（1996）首次提出“矿产资源经济承载能力”的概念，是指矿产资源对经济发展速度的支持能力。它通过测算经济发展速度对资源的需求，来确定未来可利用资源条件下的经济发展速度，从而间接地反映矿产资源所能持续供养的人口量。矿产资源的质和量决定了经济的发展速度，在一定的经济发展速度下，要保证正常的物质和文化生活水平不降低，人口的数量是有限制的[154]。

王玉平和卜善祥（1998）提出，矿产资源经济承载力是指：在一个可预见的时期内，在当时的科学技术、自然环境和社会经济条件下，矿产资源可支持的经济总量。矿产资源承载力与其他自然资源相比，具有时限性、科学技术的限制性、直接性、持久性、复杂性与不可逆性和动态性等特点[155]。

徐大富和渠丽萍（2004）提出，“矿产资源承载力是指在一个可预见的时期内，在当时的科学技术、自然环境和社会经济条件下，矿产资源的经济可采储量（或其生产能力）对社会经济发展的承载能力。”矿产资源对社会经济发展的承载力也就是对社会物质生产、人民生活的支持程度[156]。

严也舟和成金华（2014）从矿产资源经济承载力和矿产资源保证年限的角度对我国鄂东南、鄂尔多斯盆地、河南、辽宁鞍山、黑龙江大庆等地的 5 个重点矿业经济区的矿产资源承载力进行了评价。评价结果表明：这 5 个矿业经济区的矿产资源承载力都不强，而且随着资源开发规模的不断扩大，每个矿业经济区的矿产资源承载力都在快速下降[157]。

熊英等（2014）选取河南五种主要矿产资源作为样本，从资源储量和保有储量两个角度进行了分析，并据此对河南矿产资源保障和可持续发展提出了相关建议[158]。

安琪儿和王朗（2016）以系统动力学为基础，构建了包含矿产资源开发子系统、生态环境子系统和社会经济发展子系统的模型。以 2001 ~ 2014 年的唐山市数据为基础，预测唐山市的矿产资源承载力会先降后增[159]。

皮庆等（2015）计算出鞍山铁矿业经济区 2012 年水资源对人口、工业、矿产资源开发和污水容纳的承载力，以及 2002 ~ 2012 年该矿业经济区水资源所能承载的最大经济规模和人口规模，并与实际值进行比较。研究结果表明：（1）辽宁鞍山铁矿业经济区水资源对工业和矿产资源开发的承载力已处于超载状态，对人口和污水容纳量仍在可承载的范围内；（2）水资源经济承载指数和人口承载指数变化趋势基本一致，但在 2002 年和 2003 年水资源人口承载指数略高于经济承载指数，同时也表明转型中的鞍山铁矿业经济区经济增长和人口规模发展趋于协调[160]。

许明军和杨子生（2016）以云南省德宏州为例，对德宏州所辖 5 个县（市）资源环境承载力进行评价，并对资源环境承载力 9 个子系统的作用机制和协调发展状况进行评价分析[161]。

2.7.2 矿产资源的最优耗竭

20 世纪 70 年代的石油危机使得可耗竭能源资源备受关注，西方越来越多的经济学家将 Hotelling 的研究得以拓展并取得了一些重要结果。这些研究讨论了垄断、后备技术、资源储量不确定、技术进步不确定等对最优消耗路径的影响。这些模型求解的一个基本思路大致为：（1）从模型最优解应满足的条件中可以解出最优开采计划，以及终止时间；（2）把最优开采计划和终止时间代入存量的微分方程，解出存量变动轨迹；（3）将动态存量值代入生产技术条件决定的成本函数，得到成本函数的时间轨迹；（4）将计划开采量和动态存量带入价格函数，得出长期价格变动轨迹；（5）价格与成本之差就是单位矿产的租变化轨迹[162]。

相比较而言，国内学者的研究从 20 世纪 90 年代开始活跃起来。学者们从技术进步、环境成本、市场结构、税收、储量、市场需求等方面对可耗竭资源最优耗竭及资源利用进行了研究。

何贤杰和周进生（1992）认为，矿产资源的跨代间管理问题，是当今世界资源经济领域研究的一个新问题。矿产资源耗竭及其补偿是涉及矿产资源的跨代间的管理配置和资源永续利用的重大理论问题和政策问题[163]。

魏晓平和王立杰（1997）认为，矿产资源的价值不仅与资源的总储量、资源的赋存条件有关，而且与矿产资源的开采寿命期及其耗竭速度有直接的关系。建立了矿产资源价值动态模型，研究了资源价值与耗竭速度的关系，推出了最佳耗竭速度与最佳寿命期[164]。

魏晓平和谢钰敏（2001）运用数学模型对资源的替代问题进行了定量分析，从经济角度推导出了矿产资源耗竭及替代发生的条件及特殊情况下矿产资源的最佳配置，为进一步研究矿产资源的代际间公平配置奠定了理论基础，对矿产资源的保护利用具有重要的实践意义[165]。

张照伟和李文渊（2007）在矿产资源的最适耗竭与可持续发展中利用最适耗竭模型的分析确定最佳开采速度是影响矿产资源最适耗竭能否实现的关键因素，以此来对可持续利用能力进行分析[166]。

张艺和郁义鸿（2009）以 Hotelling 的社会福利最大化的可耗竭资源价格路径作为评价基准，分析说明通过合理设定基准价格和税率水平，能保证在不同市场结构中实现社会福利最大化，据此作为我国原油特别收益金政策效果的理论依据[167]。

葛世龙和周德群（2009）建立了政策预期下资源开采的动态优化模型，并得到最优开采路径。结果表明：（1）资源税征收过程既不服从几何过程，也不服从泊松过程，在一定条件下，资源税征收预期可以退化为征收资源税与不征收资源税；（2）资源开采速度与资源税的关系，还与初始资源储量的大小有关[168]。

周伟和武康平（2011）尝试在双曲线贴现的可变时间偏好下，对一个可耗竭资源的纯消耗问题进行分析，讨论在不同承诺能力下资源的最优消耗速度及对资源的保护效果。模型结果证明，在双曲线贴现的时间偏好下，资源消耗的最优速度依赖于承诺能力，承诺能力的提高会导致更低的有效时间偏好率，从而导致更低的资源消耗速度和初始资源消耗。承诺技术纠正了人们的不耐心程度与短视行为，从而达到保护可耗竭资源的目的[169]。

闫晓霞等（2016）假设在完全竞争市场条件下，运用最优控制理论，以社会福利最大化为目标，将污染因素充分体现在效用函数及约束条件中，构建了污染约束下可耗竭资源最优消费模型并给出具体解析解。研究结论：污染的初始值较高会使得消费减少，遏制经济的增长，这说明从居民消费角度看，经济增长与治理污染并不相悖，而是相辅相成的[170]。

2.8 白云鄂博矿区稀有金属综合利用文献综述

自从 1927 年 7 月地质学家丁道衡随中国西北科学考察团考察途中，首次发现白云鄂博主峰铁矿体以后，白云鄂博开始为世人瞩目。其矿产资源十分丰富，是中国最大的铁 - 氟 - 稀土综合矿床，含有丰富的铁、萤石、稀土及稀有金属铌、钪、钍等资源。稀土矿和铌矿资源居全国之首，具有工业开采价值的还有石英、磷矿、铜矿、金矿，富钾板岩和石灰石矿等。受到众多学者从地质学、矿物学、冶金学等专业技术的角度进行广泛研究，从资源可持续利用的研究相对要晚些。

梁有彬（1986）分析了白云鄂博矿钪的分布特征和综合利用问题，认为白云鄂博矿床各类型矿石普遍含钪且钪的丰度高于地壳平均值的 4 ~ 8 倍。由于钪普遍分散于各种矿物中，要想有效地综合回收伴生的钪金属，在技术上可能有一定困难，但可从矿石工艺流程的产品中回收部分钪金属，特别是在提取铌和稀土金属的过程中，钪可以作为副产品加以回收[171]。

由中国地质学会矿产资源保护综合利用专业委员会、中国稀土学会地质矿山选矿专业委员会、攀枝花冶金矿山公司、包头钢铁公司矿山办四单位，经多次协商和近两年的组织筹备工作，于 1988 年 11 月 13 ~ 17 日在成都召开攀枝花与白云鄂博矿产资源综合利用学术讨论会。会议论文作者多为来自矿山、科研、高校等单位长期从事两矿综合利用研究工作的科技人员[172]。

徐惠久（1989）总结白云鄂博矿综合利用的内容包括了资源的合理使用和开发、回收技术和工艺的研究、相应的产业诞生和发展、相应的工业废渣的利用和促进综合利用政策的制订，以及它们的相互关系等等方面，着重分析了包钢的稀土产业和铌资源的开发利用[173]。

肖国望和邢光霞（2003）指出，白云鄂博矿随着铁矿石的大量开采，稀土资源储量急剧减少。如 1976 年，主矿保有高稀土矿石 8300 万吨，1996 年底，主矿保有高稀土矿石 4700 万吨，二十多年生产的 6300 万吨氧化矿中，有 3600 万吨高稀土矿石。认为随着矿山开采规模的扩大和选冶技术的发展，对矿体中产出的矿产资源进行综合利用已成为可能，这样不仅能充分利用产出的矿产资源、减少浪费，而且可以大幅度提高矿山经济效益[174]。

徐光宪等（2005）呼吁保护我国白云鄂博矿钍稀土资源，避免黄河和包头受放射性污染，由于多年来铁矿的大量开采，尾矿坝存量已达1.5亿吨，其中稀土约930万吨，钍约9万吨。实际上这是我们留给子孙后代的一个新的稀土和钍矿，应设法予以保护[175]。

林东鲁（2007）阐述了包钢资源综合利用及环境保护的发展目标，提出要注重科技进步和环境保护，提高资源综合利用的质量和效益，加快高新技术领域内的创新，进一步提高国际竞争力，保证白云鄂博资源的综合利用和可持续发展。2010年实现了包头稀土精矿浓硫酸低温焙烧清洁生产工艺，钍、氟得到回收，使包钢每年新增产值10亿元，铁、稀土资源的利用率得到进一步提高，铌、钍、氟资源得到回收利用[176]。

余永富（2007）分析世界及白云鄂博矿铌资源概况，并对白云鄂博矿铁、稀土、铌矿物综合回收的看法：建议对强磁粗精矿进行闪速磁化焙烧，以加大铁矿物与含铁脉石之间的比磁化系数差距，从而用弱磁选达到有效分离的目的。这样，稀土和铌也就会集中富集在弱磁尾矿中，减少稀土在铁精矿中的损失，从而增加稀土和铌的回收率[177]。

程建忠等（2007）从生产工艺视角指出对包头白云鄂博稀土资源进行有效保护的必要性，讨论了稀土资源今后的合理开发及综合利用的可能性，即降低成本、提高品位、提高回收率、提高资源利用率和保护好稀土二次资源（尾矿坝），就是稀土矿选矿的发展方向，实现的途径主要有新工艺、新药剂、新设备的研制，有效回收伴生元素（如钍的综合回收利用）[178]。

赵增祺（2011）认为，对白云鄂博主东稀土矿停止开采，或者按照稀土的用量来开采主东矿，虽然能够实现保护稀土资源，但这种保护是一种被动式的保护。如果采取积极主动的措施，在开采过程中实现保护，让稀土等资源更好地造福于人类，实现经济发展与生态保护的共赢，这样做同样可以实现保护资源的目的[179]。

李春龙等（2015）介绍了白云鄂博氧化矿综合回收选矿工艺、铌钛铁合金冶炼工艺、高纯氧化钪萃取工艺、自产萤石精矿制备无水氢氟酸工艺、富钾板岩综合利用工艺、钍资源综合回收工艺等一系列新工艺，阐述了综合利用铌、钪、氟、钾、钍、钛等重要元素的关键技术。项目的产业化对尾矿减排、环境保护、拓宽企业发展方向大幅度增加企业经济效益以及国家资源、能源安全等方面都具有重大意义[180]。

马莹等（2016）认为，为了白云鄂博矿资源的更好利用，从工艺角度建议重点研究开发白云鄂博稀土资源选冶联合工艺，分选高品位稀土精矿，降低稀土冶炼过程能源消耗，从源头减少三废，提高稀土资源综合利用率。同时，提取有用矿物，实现资源的综合利用[181]。

李保卫（2016）围绕白云鄂博多金属矿产资源的开采与保护及清洁、综合、高值化利用做了大量工作，充分利用白云鄂博矿废料资源，对其进行产业化尝试[182]。

杨占峰（2017）提出对稀土产业发展应树立“创新、协调、绿色、开放、共享”的新理念。提出稀土发展新思路、新任务，结合当前面临的实际问题，对稀土产业链的“资源、科研、生产、应用、市场”等各个方面进行重新审视[183]。

3 稀土资源及产业发展概况

3.1 世界稀土资源的分布

稀土不是某一种金属的名称，而是17种金属元素的简称。它包括化学元素周期表中57至71的15个镧系元素—镧（La）、铈（Ce）、镨（Pr）、钕（Nd）、钷（Pm）、钐（Sm）、铕（Eu）、钆（Gd）、铽（Tb）、镝（Dy）、钬（Ho）、铒（Er）、铥（Tm）、镱（Yb）、镥（Lu）和与镧系元素电子结构、化学性质相近的钪（Sc）、钇（Y）两元素，如图3.1所示。根据稀土元素的电子结构、化学性质以及它们在矿物中的共生情况可以将其分为两类，第一类是包括镧、铈、镨、钕、钷、钐、铕在内的轻稀土；第二类是包括钆、铽、镝、钬、铒、铥、镱、镥、钪、钇在内的重稀土。

3.1.1 稀土元素的由来

稀土元素的全部发现经历了一个多世纪的时间。1789年，瑞典矿物学家、陆军中尉卡尔·阿累尼乌斯（C. A. Arrhenius）在一个名叫伊特比的小村中拾到一块乌黑发亮的矿石，阿累尼乌斯查阅了现有的资料并没有发现类似的品种，于是便把此类矿石命名为伊特比矿石，这也是首次发现与稀土有关的矿石原石，并对此进行命名。随后，1794年芬兰化学家约翰·加多林（J. Gadolin）分析了这种伊特必矿样品。发现其中除铍、硅、铁的氧化物外，还含有38%的未知元素的氧化物，这种氧化物不溶于水且具有金属光泽。1797年，瑞典化学家埃克贝格（Anders Gustaf Ekeberg）确认了这种未知元素的氧化物，命名为“钇土”（Yttria，钇的氧化物之意）。

1842年，在加多林认为这种矿石原石中只含有钇（Y）这一种金属后的40多年，瑞典化学家莫桑德尔（C. Mosander）在对此原石再次进行分析时，发现此类矿样品中不仅包含钇（Y）一种金属元素，还包括铒（Er）和铽（Tb）两种元素；1878年，瑞士化学家马利格纳克（Marignac）又从该原石中发现了第四种元素镱（Yb）；1880年，瑞典化学家尼尔逊（L. Nilson）发现了钪（Sc）；此后，化学家们在经历了多次的重结晶和分离后，又分离出了钬（Ho）和铥（Tm）两种元素；1886年，法国化学家布瓦博法郎从氧化铥中又分离出了一种新的稀土元素镝（Dy）；1905年，法国化学家乌尔宾（Urban）又从氧化镱中分离出了镥（Lu）。至此，经历了100多年的努力，化学家们从单一的钇（Y）元素中，又分

元素周期表

原子序数 — 92 U — 元素符号
元素名称 — 铀
注 * 的是人造元素
$5f^36d^17s^2$ — 外围电子层排布，括号指可能的电子层排布
238.0 — 相对原子质量（加括号的数据为该放射性元素半衰期最长同位素的质量数）

非金属元素　金属元素　过渡元素

周期＼族	1A (1)	ⅡA (2)	ⅢB (3)	ⅣB (4)	ⅤB (5)	ⅥB (6)	ⅦB (7)	Ⅷ (8)	Ⅷ (9)	Ⅷ (10)	ⅠB (11)	ⅡB (12)	ⅢA (13)	ⅣA (14)	ⅤA (15)	ⅥA (16)	ⅦA (17)	0 (18)	电子层	0族电子数
1	1 H 氢 $1s^1$ 1.008																	2 He 氦 $1s^2$ 4.003	K	2
2	3 Li 锂 $2s^1$ 6.941	4 Be 铍 $2s^2$ 9.012											5 B 硼 $2s^22p^1$ 10.81	6 C 碳 $2s^22p^2$ 12.01	7 N 氮 $2s^22p^3$ 14.01	8 O 氧 $2s^22p^4$ 16.00	9 F 氟 $2s^22p^5$ 19.00	10 Ne 氖 $2s^22p^6$ 20.18	L K	8 2
3	11 Na 钠 $3s^1$ 22.99	12 Mg 镁 $3s^2$ 24.31											13 Al 铝 $3s^23p^1$ 26.98	14 Si 硅 $3s^23p^2$ 28.09	15 P 磷 $3s^23p^3$ 30.97	16 S 硫 $3s^23p^4$ 32.06	17 Cl 氯 $3s^23p^5$ 35.45	18 Ar 氩 $3s^23p^6$ 39.95	M L K	8 8 2
4	19 K 钾 $4s^1$ 39.10	20 Ca 钙 $4s^2$ 40.08	21 Sc 钪 $3d^14s^2$ 44.96	22 Ti 钛 $3d^24s^2$ 47.87	23 V 钒 $3d^34s^2$ 50.94	24 Cr 铬 $3d^54s^2$ 52.00	25 Mn 锰 $3d^54s^2$ 54.94	26 Fe 铁 $3d^64s^2$ 55.85	27 Co 钴 $3d^74s^2$ 58.93	28 Ni 镍 $3d^84s^2$ 58.69	29 Cu 铜 $3d^{10}4s^1$ 63.55	30 Zn 锌 $3d^{10}4s^2$ 65.41	31 Ga 镓 $4s^24p^1$ 69.72	32 Ge 锗 $4s^24p^2$ 72.64	33 As 砷 $4s^24p^3$ 74.92	34 Se 硒 $4s^24p^4$ 78.96	35 Br 溴 $4s^24p^5$ 79.90	36 Kr 氪 $4s^24p^6$ 83.80	N M L K	8 18 8 2
5	37 Rb 铷 $5s^1$ 85.47	38 Sr 锶 $5s^2$ 87.62	39 Y 钇 $4d^15s^2$ 88.91	40 Zr 锆 $4d^25s^2$ 91.22	41 Nb 铌 $4d^45s^1$ 92.91	42 Mo 钼 $4d^55s^1$ 95.94	43 Tc 锝 $4d^55s^2$ [98]	44 Ru 钌 $4d^75s^1$ 101.1	45 Rh 铑 $4d^85s^1$ 102.9	46 Pd 钯 $4d^{10}$ 106.4	47 Ag 银 $4d^{10}5s^1$ 107.9	48 Cd 镉 $4d^{10}5s^2$ 112.4	49 In 铟 $5s^25p^1$ 114.8	50 Sn 锡 $5s^25p^2$ 118.7	51 Sb 锑 $5s^25p^3$ 121.8	52 Te 碲 $5s^25p^4$ 127.6	53 I 碘 $5s^25p^5$ 126.9	54 Xe 氙 $5s^25p^6$ 131.3	O N M L K	8 18 18 8 2
6	55 Cs 铯 $6s^1$ 132.9	56 Ba 钡 $6s^2$ 137.3	57~71 La~Lu 镧系	72 Hf 铪 $5d^26s^2$ 178.5	73 Ta 钽 $5d^36s^2$ 180.9	74 W 钨 $5d^46s^2$ 183.8	75 Re 铼 $5d^56s^2$ 186.2	76 Os 锇 $5d^66s^2$ 190.2	77 Ir 铱 $5d^76s^2$ 192.2	78 Pt 铂 $5d^96s^1$ 195.1	79 Au 金 $5d^{10}6s^1$ 197.0	80 Hg 汞 $5d^{10}6s^2$ 200.6	81 Tl 铊 $6s^26p^1$ 204.4	82 Pb 铅 $6s^26p^2$ 207.2	83 Bi 铋 $6s^26p^3$ 209.0	84 Po 钋 $6s^26p^4$ [209]	85 At 砹 $6s^26p^5$ [210]	86 Rn 氡 $6s^26p^6$ [222]	P O N M L K	8 18 32 18 8 2
7	87 Fr 钫 $7s^1$ [223]	88 Ra 镭 $7s^2$ [226]	89~103 Ac~Lr 锕系	104 Rf 𬬻 * $5d^27s^2$ [261]	105 Db 𬭊 * $6d^37s^2$ [262]	106 Sg 𬭳 * [266]	107 Bh 𬭛 * [264]	108 Hs 𬭶 * [277]	109 Mt 鿏 * [268]	110 Ds 𫟼 * [281]	111 Rg 𬬭 * [272]	112 Uub * [285]								

注：相对原子质量录自2001年国际原子量表，并全部取4位有效数字。

系															
镧系	57 La 镧 $5d^16s^2$ 138.9	58 Ce 铈 $4f^15d^16s^2$ 140.1	59 Pr 镨 $4f^36s^2$ 140.9	60 Nd 钕 $4f^46s^2$ 144.2	61 Pm 钷 $4f^56s^2$ [145]	62 Sm 钐 $4f^66s^2$ 150.4	63 Eu 铕 $4f^76s^2$ 152.0	64 Gd 钆 $4f^75d^16s^2$ 157.3	65 Tb 铽 $4f^96s^2$ 158.9	66 Dy 镝 $4f^{10}6s^2$ 162.5	67 Ho 钬 $4f^{11}6s^2$ 164.9	68 Er 铒 $4f^{12}6s^2$ 167.3	69 Tm 铥 $4f^{13}6s^2$ 168.9	70 Yb 镱 $4f^{14}6s^2$ 173.0	71 Lu 镥 $4f^{14}5d^16s^2$ 175.0
锕系	89 Ac 锕 $6d^17s^2$ [227]	90 Th 钍 $6d^27s^2$ 232.0	91 Pa 镤 $5f^26d^17s^2$ 231.0	92 U 铀 $5f^36d^17s^2$ 238.0	93 Np 镎 $5f^46d^17s^2$ [237]	94 Pu 钚 $5f^67s^2$ [244]	95 Am 镅 * $5f^77s^2$ [243]	96 Cm 锔 * $5f^76d^17s^2$ [247]	97 Bk 锫 * $5f^97s^2$ [247]	98 Cf 锎 * $5f^{10}7s^2$ [251]	99 Es 锿 * $5f^{11}7s^2$ [252]	100 Fm 镄 * $5f^{12}7s^2$ [257]	101 Md 钔 * $(5f^{13}7s^2)$ [258]	102 No 锘 * $(5f^{14}7s^2)$ [259]	103 Lr 铹 * $(5f^{14}6d^17s^2)$ [262]

图 3.1　稀土元素在元素周期表中的位置

离得到了铒（Er）、铽（Tb）、镱（Yb）、钬（Ho）、铥（Tm）、镝（Dy）、镥（Lu）和钪（Sc）8 种元素。

以上 9 个稀土元素都是在阿累乌尼斯拾到的伊特比矿石中分离出来的，剩下的 8 个稀土元素的发现过程如下：1803 年，瑞典化学家伯采利乌斯（J. J. Berzelius）等人发现了“铈土”，铈（Ce）元素；1839 年，莫桑德尔（C. Mosander）在“铈土”中发现了镧（La）元素；1878 年，法国光谱学家、化学家德拉方坦（M. Delafontaine）从铌钇矿中提取出了一种新元素，1879 年，被命名为钐（Sm）；大多数化学家都认为钐（Sm）不是纯净的元素，随后又发现了铕（Eu）这种稀土元素；1880 年，瑞士化学家马利格纳克（Marignac）发现了钆（Gd）；1885 年，化学家韦尔斯巴赫（Welsbach）发现了镨（Pr）和钕（Nd）；最后，化学家们成功分离了元素钷（Pm）。至此，经过化学家们的努力，稀土家族中的 17 个元素全部被人类发现（见表 3. 1）。

表 3. 1　稀土元素表

发现年份	元素名称	发 现 者	稀土类型
1794	钇	加多林	重稀土
1803	铈	伯采利乌斯	轻稀土
1839	镧	莫桑德尔	轻稀土
1842	铒、铽	莫桑德尔	轻稀土
1878	钐	德拉方坦	轻稀土
1878	镱	马利格纳克	重稀土
1879	钬、铥	克利夫	重稀土
1880	钆	马利格纳克	重稀土
1880	钪	尼尔逊	重稀土
1885	镨、钕	韦尔斯巴赫	轻稀土
1886	镝	布瓦博法郎	重稀土
1901	铕	德马凯	轻稀土
1905	镥	乌尔宾	重稀土
1947	钷	马林斯易等人	轻稀土

3. 1. 2　世界稀土资源的概况

稀土资源是世界上重要的战略物资，稀土金属在地壳中的含量并不算太少，比锌、镍、铜、锡、铅等许多金属的含量都要多，但探明的可开采丰度却远不如其他大多数矿种。尽管稀土在地壳中的绝对量很大，但是真正可以进行开采的稀土矿并不多，并且广泛、不均衡地分布在世界各地。目前已经发现的稀土金属矿物种类有 250 多种，主要有氟碳铈镧矿、独居石、鄂博矿等。世界稀土资源储量巨大，中国居首位。除中国稀土资源较多外，澳大利亚、美国、巴西、印度、马来西亚等国稀土资源也十分丰富。美国储量主要包括氟碳铈矿和独居石。中国和美国的氟碳铈矿构成世界稀土经济储量的最大部分，独居石则构成第二大部分。

根据美国地质勘探局（United States Geological Survey，简称 USGS）2011 年的数据可知，当时全球已探明稀土资源（计算稀土储量时通常将其重量折合成稀土氧化物的重量，稀土氧化物简称 REO）的总储量为 11000 万吨。随着勘探技术的进步，美国地质勘探局 2018 年的数据显示，现阶段全球已探明稀土资源储量为 12000 万吨。其中中国为 4400 万吨，占全球储量的 36.67%；巴西为 2200 万吨，占全球储量的 18.33%；俄罗斯 1800 万吨，占全球储量的 15%；澳大利亚 340 万吨，占全球储量的 2.83%，印度 690 万吨，占全球储量的 5.75%；美国 140 万吨，占全球储量的 1.17%。如图 3.2 所示。

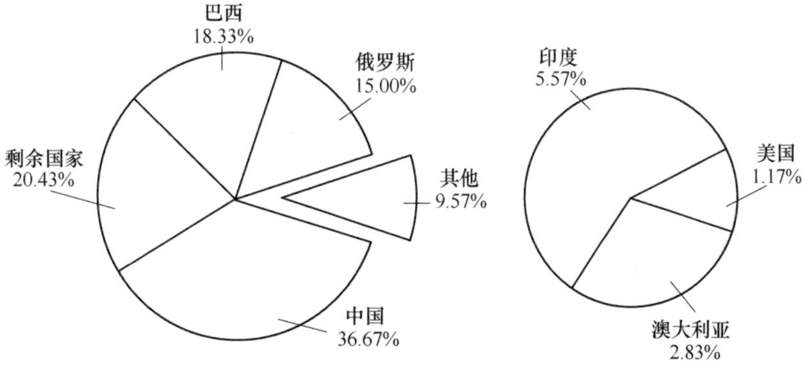

图 3.2 2017 世界各国稀土储量比例图（单位：REO%）
（资料来源：美国地质勘探局
https：//minerals. usgs. gov/minerals/pubs/commodity/rare_ earths/mcs-2018-raree. pdf）

世界上主要稀土资源国稀土矿床的发现与开发是世界稀土资源的主要来源，主要包括：（1）中国的内蒙古白云鄂博铁、铌、稀土矿床；中国四川冕宁的单一氟碳铈矿矿床；中国江西、湖南、福建、广西等地区的离子吸附型稀土矿床；（2）澳大利亚韦尔德山碳酸岩风化壳稀土矿床；澳大利亚东、西海岸的独居石砂矿床；（3）美国芒廷帕斯碳酸盐氟碳铈矿矿床；（4）巴西阿腊夏、寨斯拉估什碳酸盐风化壳稀土矿床等。此类矿床的稀土资源均在 100 万吨以上，有的达到了上千万吨，个别超过了 1 亿吨，构成了稀土资源的主体。

全球稀土资源的开采可以分为三个时期，第一时期是 1965 年以前，以独居石和砂矿为主，称为“独居石砂矿”时期；第二时期是 1965～1985 年，全球稀土主要由美国的芒廷帕斯稀土矿供应，成为“芒廷帕斯”时期；第三时期是从

1985年至今，中国的稀土产量占据了世界的绝大部分，可以称为是“中国”时期。又图3.3可知，中国的稀土产量占世界稀土产量的90%左右。表3.2显示出世界主要的稀土供应国从2010~2015年稀土采掘的年产量。

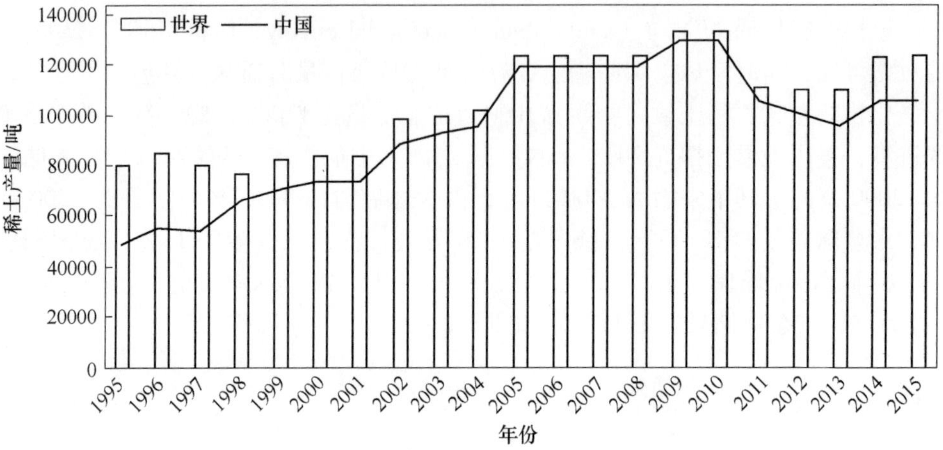

图3.3　中国稀土产量在世界上的地位

表3.2　全球稀土采掘年产量

年份	中国	全球稀土采掘年产量（单位：REO，公吨）						
		美国	澳大利亚	俄罗斯	印度	巴西	世界	中国占世界占比/%
2010	130000	—	—	—	2800	550	130000	100
2011	130000	—	—	—	3000	550	133000	97.74
2012	100000	800	3200	2400	2900	140	110000	90.91
2013	100000	4000	2000	2400	2900	140	110000	90.91
2014	105000	5400	8000	2500	1700	—	123000	85.37
2015	105000	4100	10000	2500	1700	—	124000	84.68
2016	105000	—	15000	2800	1500	2200	129000	81.39
2017	105000	—	20000	3000	1500	2000	130000	80.77

资料来源：根据美国地质勘探局 Mineral Commodity Summaries 2012，2014，2016，2018 整理

3.2　稀土的应用

稀土元素已广泛应用于电子、石油化工、冶金、机械、能源、轻工、环境保护、农业等领域，如图3.4所示。应用稀土可生产荧光材料、稀土金属氢化物电池材料、电光源材料、永磁材料、储氢材料、催化材料、精密陶瓷材料、激光材料、超导材料、磁致伸缩材料、磁致冷材料、磁光存储材料、光导纤维材料等（见图3.5），下面分别介绍17种稀土元素的性能和用途。

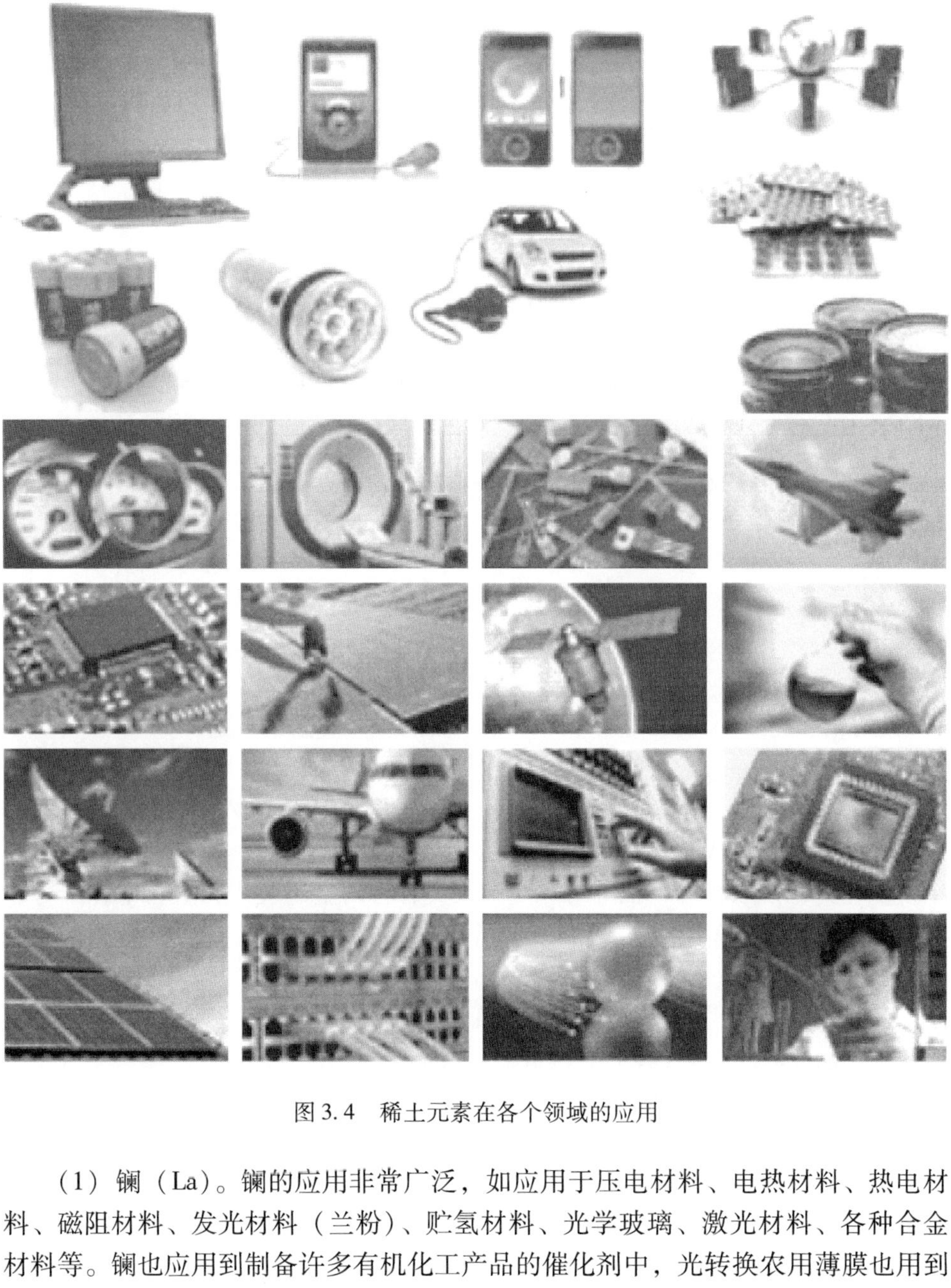

图 3.4 稀土元素在各个领域的应用

（1）镧（La）。镧的应用非常广泛，如应用于压电材料、电热材料、热电材料、磁阻材料、发光材料（兰粉）、贮氢材料、光学玻璃、激光材料、各种合金材料等。镧也应用到制备许多有机化工产品的催化剂中，光转换农用薄膜也用到镧，在国外，科学家把镧对作物的作用赋予“超级钙”的美称。

（2）铈（Ce）。铈作为玻璃添加剂，能吸收紫外线与红外线，现已被大量应用于汽车玻璃，不仅能防紫外线，还可降低车内温度，从而节约空调用电；目前正将铈应用到汽车尾气净化催化剂中，可有效防止大量汽车废气排到空气

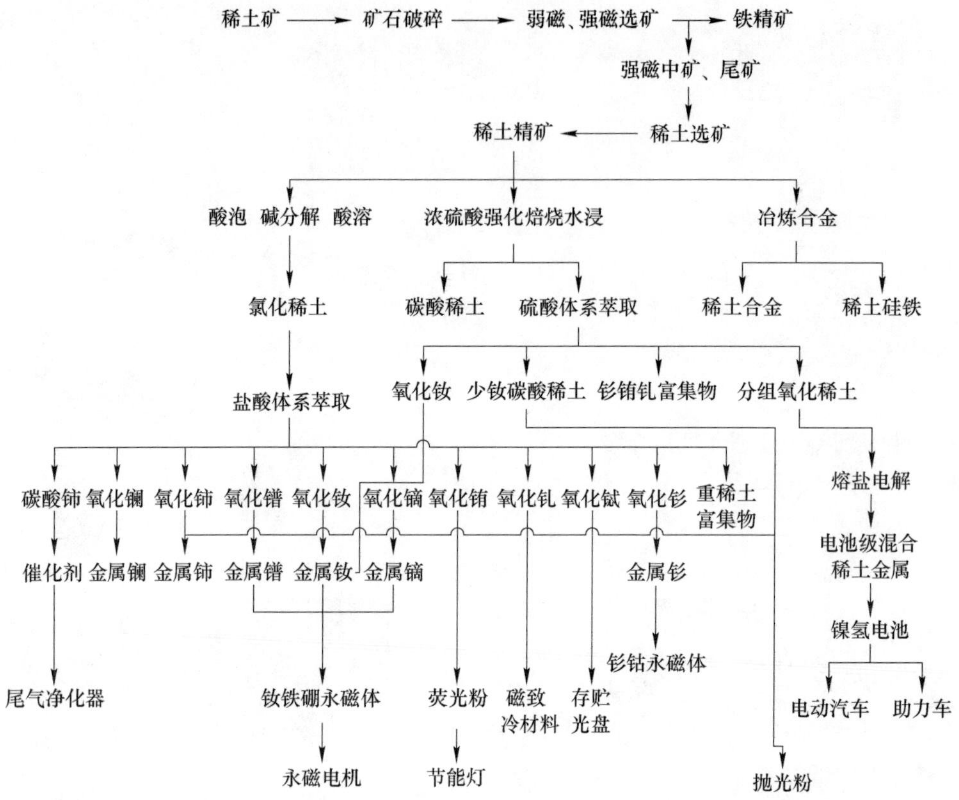

图 3.5　稀土工艺生产流程

中；硫化铈可以取代铅、镉等对环境和人类有害的金属应用到颜料中，可对塑料着色，也可用于涂料、油墨和纸张等行业，目前领先的是法国罗纳普朗克公司。

（3）镨（Pr）。镨被广泛应用于建筑陶瓷和日用陶瓷中，其与陶瓷釉混合制成色釉，也可单独作釉下颜料，制成的颜料呈淡黄色，色调纯正、淡雅；可以用来制造永磁体，选用廉价的镨钕金属代替纯钕金属制造永磁材料，其抗氧化性能和物理性能明显提高，可加工成各种形状的磁体，广泛应用于各类电子器件和马达上；还可用于磨料抛光。另外，镨在光纤领域的用途也越来越广。

（4）钕（Nd）。伴随着镨元素的诞生，钕元素也应运而生，活跃了稀土领域，在稀土领域中扮演着重要角色，并且左右着稀土市场。金属钕的最大用途是钕铁硼永磁材料。钕铁硼永磁体的问世，为稀土高科技领域注入了新的生机与活力。钕铁硼磁体磁能积高，被称做当代“永磁之王”，以其优异的性能广泛用于电子、机械等行业；阿尔法磁谱仪的研制成功，标志着中国钕铁硼磁体的各项磁性能已跨入世界一流水平。钕还应用于有色金属材料，在镁或铝合金中添加

1.5% ~2.5%钕，可提高合金的高温性能、气密性和耐腐蚀性，广泛用做航空航天材料；另外，掺钕的钇铝石榴石产生短波激光束，在工业上广泛用于厚度在10mm以下薄型材料的焊接和切削；在医疗上，掺钕钇铝石榴石激光器代替手术刀用于摘除手术或消毒创伤口；钕也用于玻璃和陶瓷材料的着色以及橡胶制品的添加剂。随着科学技术的发展，稀土科技领域的拓展和延伸，钕元素将会有更广阔的利用空间。

（5）钷（Pm）。钷的主要用途有：可作热源，为真空探测和人造卫星提供辅助能量；Pm^{147}放出能量低的β射线，用于制造钷电池。作为导弹制导仪器及钟表的电源。此种电池体积小，能连续使用数年之久。此外，钷还用于便携式X射线仪、制备荧光粉、度量厚度以及航标灯中。

（6）钐（Sm）。钐呈浅黄色，是做钐钴系永磁体的原料。钐钴磁体是最早得到工业应用的稀土磁体，这种永磁体有$SmCo_5$系和Sm_2Co_{17}系两类。20世纪70年代前期发明了$SmCo_5$系，后期发明了Sm_2Co_{17}系。钐钴磁体所用的氧化钐的纯度不需太高，从成本方面考虑，主要使用95%左右的产品。此外，氧化钐还用于陶瓷电容器和催化剂方面。钐还具有核性质，可用做原子能反应堆的结构材料、屏蔽材料和控制材料，使核裂变产生巨大的能量得以安全利用。

（7）铕（Eu）。氧化铕大部分用于荧光粉。Eu^{3+}用于红色荧光粉的激活剂，Eu^{2+}用于蓝色荧光粉。现在Y_2O_2S：Eu^{3+}是发光效率、涂敷稳定性、回收成本等最好的荧光粉。再加上对提高发光效率和对比度等技术的改进，故正在被广泛应用。近年氧化铕还用于新型X射线医疗诊断系统的受激发射荧光粉。氧化铕还可用于制造有色镜片和光学滤光片，用于磁泡贮存器件，在原子反应堆的控制材料、屏蔽材料和结构材料中也能一展身手。

（8）钆（Gd）。钆在现代科技革新中将起重要作用。它的主要用途有：其水溶性顺磁络合物在医疗上可提高人体的核磁共振（NMR）成像信号；其硫氧化物可用做特殊亮度的示波管和X射线荧光屏的基质栅网；在钆镓石榴石中的钆对于磁泡记忆存储器是理想的单基片；在无Camot循环限制时，可用做固态磁致冷介质；用做控制核电站的连锁反应级别的抑制剂，以保证核反应的安全；用做钐钴磁体的添加剂，以保证性能不随温度而变化。

（9）铽（Tb）。铽的应用大多涉及高技术领域，是技术密集、知识密集型的尖端项目，又是具有显著经济效益的项目，有着诱人的发展前景。铽（Tb）可以用于制作荧光粉、磁光贮存材料和磁光玻璃。

（10）镝（Dy）。镝目前在许多高技术领域起着越来越重要的作用。作为钕铁硼系永磁体的添加剂使用，在这种磁体中添加2% ~3%左右的镝，可提高其矫顽力；镝用做荧光粉激活剂，三价镝是一种有前途的单发光中心三基色发光材料的激活离子；镝是制备大磁致伸缩合金铽镝铁（Terfenol）合金的必要的金属原料，能使一些机械运动的精密活动得以实现；镝金属可用做磁光存贮材料，具有较高的记录速度和读数敏感度；用于镝灯的制备，在镝灯中采用的工作物质是碘化镝，这种灯具有亮度大、颜色好、色温高、体积小、电弧稳定等优点，已用于电影、印刷等照明光源；由于镝元素具有中子俘获截面积大的特性，在原子能工业中用来测定中子能谱或作中子吸收剂。

（11）钬（Ho）。钬的应用领域目前还有待于进一步开发，用量不是很大。包钢稀土研究院采用高温高真空蒸馏提纯技术，研制出非稀土杂质含量很低的高纯金属钬 $w(\mathrm{Ho})/w(\Sigma\mathrm{RE})>99.9\%$。目前钬的主要用途有：用做金属卤素灯添加剂，金属卤素灯是一种气体放电灯，它是在高压汞灯基础上发展起来的，其特点是在灯泡里充有各种不同的稀土卤化物；钬可以用做钇铁或钇铝石榴石的添加剂；掺钬的钇铝石榴石（Ho：YAG）可发射 2μm 激光，所以用 Ho：YAG 激光器进行医疗手术时，不但可以提高手术效率和精度，而且可使热损伤区域减至更小；在磁致伸缩合金 Terfenol-D 中，也可以加入少量的钬，从而降低合金饱和磁化所需的外场；另外用掺钬的光纤可以制作光纤激光器、光纤放大器、光纤传感器等等光通讯器件在光纤通信迅猛的今天将发挥更重要的作用。

（12）铒（Er）。铒的光学性质非常突出，一直是人们关注的问题：Er^{3+} 在 1550nm 处的光发射具有特殊意义；另外掺铒的激光晶体及其输出的 1730nm 激光和 1550nm 激光对人的眼睛安全，大气传输性能较好，对战场的硝烟穿透能力较强，保密性好，不易被敌人探测，照射军事目标的对比度较大，已制成军事上用的对人眼安全的便携式激光测距仪；Er^{3+} 加入玻璃中可制成稀土玻璃激光材料，是目前输出脉冲能量最大，输出功率最高的固体激光材料；Er^{3+} 还可做稀土上转换激光材料的激活离子；另外也可应用于眼镜片玻璃、结晶玻璃的脱色和着色等。

（13）铥（Tm）。铥的主要用途有以下几个方面：铥用做医用轻便 X 光机射线源；铥元素还可以应用于临床诊断和治疗肿瘤，因为它对肿瘤组织具有较高亲合性，重稀土比轻稀土亲合性更大，尤其以铥元素的亲合力最大；铥在 X 射线增感屏用荧光粉中做激活剂 LaOBr：Br（蓝色），达到增强光学灵敏度；铥还可在新型照明光源金属卤素灯做添加剂；Tm^{3+} 加入到玻璃中可制成稀土玻璃激光材料，这是目前输出脉冲量最大，输出功率最高的固体激光材料。Tm^{3+} 也可做稀土上转换激光材料的激活离子。

（14）镱（Yb）。镱的主要用途有：作热屏蔽涂层材料，镱能明显地改善电沉积锌层的耐蚀性，而且含镱镀层比不含镱镀层晶粒细小，均匀致密；制作磁致伸缩材料，具有超磁致伸缩性即在磁场中膨胀的特性；用于测定压力的镱元件，试验证明，在标定的压力范围内灵敏度高，同时为镱在压力测定应用方面开辟了一个新途径；龋齿空洞的树脂基填料，以替换过去普遍使用的银汞合金。

（15）镥（Lu）。镥的主要用途有：制造某些特殊合金。例如，镥铝合金可用于中子活化分析；稳定的镥核素在石油裂化、烷基化、氢化和聚合反应中起催化作用；钇铁或钇铝石榴石的添加元素，改善某些性能；磁泡贮存器的原料；一种复合功能晶体掺镥四硼酸铝钇钕，属于盐溶液冷却生长晶体的技术领域，实验证明，掺镥NYAB晶体在光学均匀性和激光性能方面均优于NYAB晶体；国外有关部门研究发现，镥在电致变色显示和低维分子半导体中具有潜在的用途。此外，镥还用于能源电池技术以及用做荧光粉的激活剂等。

（16）钇（Y）。钇是一种用途广泛的金属，主要用途有钢铁及有色合金的添加剂；含钇6%和铝2%的氮化硅陶瓷材料，可用来研制发动机部件；用功率400瓦的钕钇铝石榴石激光束来对大型构件进行钻孔、切削和焊接等机械加工；由Y-Al石榴石单晶片构成的电子显微镜荧光屏，荧光亮度高，对散射光的吸收低，抗高温和抗机械磨损性能好；含钇达90%的高钇结构合金，可以应用于航空和其他要求低密度和高熔点的场合；目前备受人们关注的掺钇 $SrZrO_3$ 高温质子传导材料，对燃料电池、电解池和要求氢溶解度高的气敏元件的生产具有重要的意义。此外，钇还用于耐高温喷涂材料、原子能反应堆燃料的稀释剂、永磁材料添加剂以及电子工业中作吸气剂等。

（17）钪（Sc）。钪的主要用途有：钪能与热水作用放出氢，也易溶于酸，是一种强还原剂；钪的氧化物及氢氧化物只显碱性，但其盐灰几乎不能水解，钪的氯化物为白色结晶，易溶于水并能在空气中潮解；在冶金工业中，钪常用于制作合金的添加剂，以改善合金的强度、硬度和耐热性能；在电子工业中，钪可用做各种半导体器件；在化学工业上，用钪化合物作酒精脱氢及脱水剂，生产乙烯和用废盐酸生产氯时的高效催化剂；在玻璃工业中，可以制造含钪的特种玻璃；在电光源工业中，含钪和钠制成的钪钠灯，具有效率高和光色正的优点。自然界中钪均以45Sc形式存在，另外，钪还有9种放射性同位素，即40-44Sc和46-49Sc。其中，46Sc作为示踪剂，已在化工、冶金及海洋学等方面使用。在医学上，国外还有人研究用46Sc来医治癌症。图3.6为稀土上、中、下游产品的应用。

3.3 中国稀土产业发展概况

中国是世界上稀土资源最丰富的国家。1927年，丁道衡教授最先发现了白云鄂博的铁矿，位于内蒙古包头市；1934年，何作霖教授在白云鄂博矿中发现了稀土元素；随后，又在江西、贵州、四川、山东等地方发现了多处稀土矿床。目前中国开采的稀土矿主要有内蒙古的白云鄂博矿、四川冕宁矿、山东微山矿和江南七省的离子吸附型矿等，如图3.7所示。

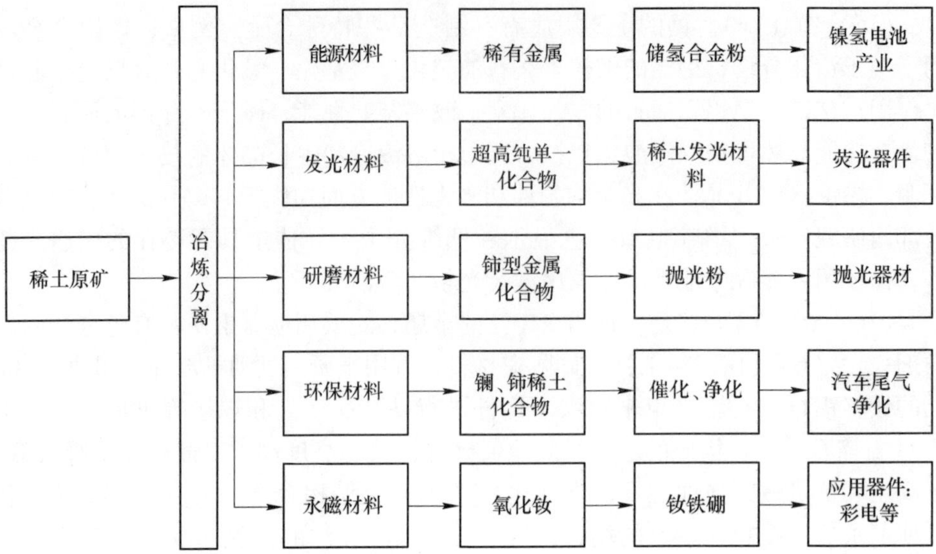

图 3.6　稀土上、中、下游产品的应用

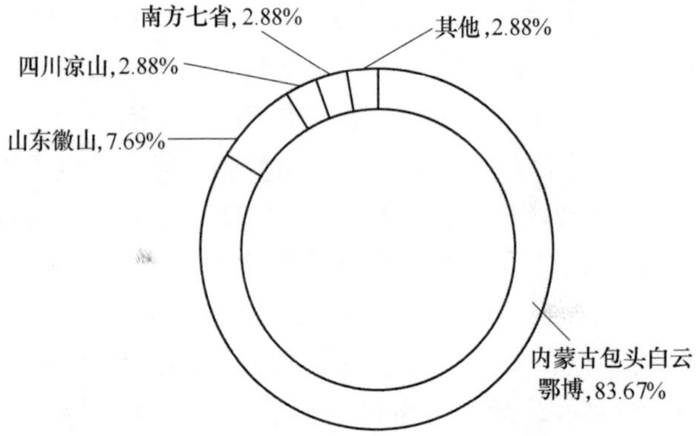

图 3.7　中国稀土资源的地区分布比例

中国的稀土资源大部分集中于内蒙古包头市的白云鄂博矿床，是中国乃至全世界最主要的轻稀土生产基地。中国的稀土分布呈现出北轻南重的特点，即轻稀土主要在北方，重稀土分布在南方地区，尤其是江南丘陵地区分布着众多的离子吸附型重稀土矿。并且，中国稀土资源还呈现出多共生、伴生矿的现象，在现已开采的稀土矿中 70% 以上是共生、伴生矿，综合利用价值较高，但是由于矿石原石中的物质成分复杂，为稀土元素的冶炼分离制造了部分障碍。

3.3.1　中国稀土产业现状

从2002年开始，中国政府对稀土产业进行了整顿与整合，产业结构调整取得突破性进展。首先是产业集中度大幅提高：稀土冶炼分离企业从99家压缩到59家，6家稀土集团主导市场的格局初步形成，2014年，工信部发布文件，对中国的稀土产业进行整合形成了南北“5+1”的集团格局，北方即内蒙古自治区的包钢稀土（集团）高科技股份有限公司，并于2014年12月12日更名为中国北方稀土（集团）高科技股份有限公司，简称“北方稀土”。南方分别为中国五矿集团公司、中国铝业公司、厦门钨业股份有限公司、赣州稀土集团有限公司、广东省稀土产业集团有限公司。并且整合了全国23家稀土矿山中的22家、59家冶炼分离企业中的54家，扭转了“多、小、散”的局面，冶炼分离产能从40万吨压缩到30万吨。其次是产品结构进一步优化：以资源开采、冶炼分离和初级产品加工为主的产业结构加快向以中高端材料和应用产品为主的方向转变，80%以上的初级加工品被用于制造磁性、催化、储氢、发光、抛光等功能材料。最后是产业布局趋于合理。围绕资源地建成包头、赣州、凉山、龙岩等稀土资源开采和冶炼分离基地，产能分别占全国90%、60%以上；围绕消费市场建成宁波、厦门、成都、包头等稀土应用产业基地，稀土磁性、催化、发光材料产业规模分别占全国70%、50%、45%以上。

从2002年开始，内蒙古自治区的稀土资源勘探、开发企业包钢集团对集团内部进行了结构调整，并与内蒙古自治区的其他稀土资源勘探、开发和利用企业进行了重组和合并，其中包括全资、控股和参股等不同形式的25家公司，内蒙古自治区的稀土产业进行了一系列的重组活动；到了2010年，内蒙古稀土资源的开发与利用带来了120亿元的工业产值；2014年，北方稀土集团正式整合完成。

2015年，内蒙古北方稀土集团的整合通过了国家的验收，内蒙古稀土资源的工业总产值又有进一步的提升，在稀土资源的应用领域也研发出了很多具有先进水平的技术，“北方稀土”已经逐渐成为中国稀土行业的“定标王”。2018年1月22日晚，公司发布业绩预增公告称：经财务部门初步测算，预计2017年度实现归属于上市公司股东的净利润与上年同期相比将增加2.8亿元到3.2亿万元，同比增加308%到352%；扣非后的净利润与上年同期相比将增加3亿元到3.4亿元，同比增加1558%到1766%。上年同期归属于上市公司股东的净利润为9083.56万元，扣非后为1925.75万元。

总体而言，内蒙古稀土资源的开发、利用，无论是在产业规模方面还是经济效益方面，都有了一定的进步，为构建内蒙古优势稀土资源，提升稀土资源的效益提供了便利。

3.3.1.1 中国五矿集团公司

中国五矿集团公司是由两个世界500强企业（原中国五矿和中冶集团）战略重组形成的中国最大、国际化程度最高的金属矿业企业集团。目前，五矿集团旗下共有31家稀土企业。此外，集团还持有位于广东梅州的1本稀土探矿权证和位于湖南江华、福建宁化、云南陇川的3本稀土采矿权证；并控股赣县红金、定南大华、广州建丰等8家优质稀土冶炼分离厂，稀土分离产能居全球首位；同时，公司还整合建设了稀土磁性材料、稀土发光材料、稀土电子材料、稀土终端应用产品等深加工企业。

目前，公司已初步完成了向完全市场化经营和以稀缺有色矿产资源为整合对象的资源型企业过渡的产业化布局。公司对国内优势资源钨、稀土等的产业整合取得了初步成果，已经形成较为完整的产业链；对国内紧缺的、长期需要的铜、氧化铝铅锌等资源的海外开发，目前也取得了相当的成绩：从美铝公司获得了每年40万吨、为期30年的氧化铝长期产能投资项目；与智利国家铜业公司签订了联合开发智利铜资源的合资协议，获得了总量约84万吨、为期15年的金属铜供应；联合江铜收购了加拿大北秘鲁铜业公司100%股权，该公司总资源量为：铜804万吨，金198吨，预计4～5年后投产，投产后前5年平均可年产铜精矿含铜金属量20万吨以上；与波兰铜业集团公司签署了2009年度电解铜采购协议，此次采购协议包括5万吨电解铜年度合同以及8000吨现货进口合同。

公司已拥有开发管理大型资源型、生产型矿产企业的丰富经验，目前直接控股投资企业28家，直接参股企业3家，涉及铜、铝、铅锌、钨、稀土、锑、锡、钽铌等多种金属产业。公司所投资的企业包括：MMG、江钨集团、江西香炉山钨业公司、南昌硬质合金厂、广西华银铝业有限公司等大型企业。

3.3.1.2 中国铝业公司

中国铝业是中国有色金属行业的龙头企业，综合实力位居全球铝行业前列，也是中国铝行业唯一集铝土矿、煤炭等资源勘探开采，氧化铝、原铝和铝合金产品生产、销售、技术研发，国际贸易，物流产业，火力发电、新能源发电于一体的大型生产经营企业。

中国铝业率先在南方稀土整合中做出新动作，2014年8月，根据工信部的复函意见，中国铝业公司以其控股的中国稀有稀土有限公司为整合主体，重点整合广西、江苏、山东、四川等省（区）的稀土开采、冶炼分离、综合利用企业。

中国铝业稀土管理8家实体企业，其中5家稀土业务企业，分别是中铝稀土（江苏）有限公司、中铝广西有色稀土开发有限公司、中铝清远稀土有限公司、中铝四川稀土有限公司和中铝山东稀土有限公司；3家稀有金属业务企业，分别是抚顺钛业有限公司、中铝沈阳有色金属加工有限公司和甘孜州银峰矿业有限公司。中国稀有稀土参股企业4家，分别是有研新材料股份有限公司、有研稀土新材料股份有限公司、包头稀土产品交易所有限公司和北京汇稀智鼎咨询有限公司。

3.3.1.3　厦门钨业股份有限公司

厦门钨业涉及钨、钼、稀土、能源新材料和房地产等产业。钨产业经过三十年的发展已形成从钨矿山、冶炼、深加工到钨二次资源回收的完整钨产业链，其中灯用钨丝占世界市场的50%以上份额，钨冶炼和粉末产品、超细晶硬质合金处于国内领先水平，在国际上也有一定的影响力。稀土产业形成了从稀土矿山开发、冶炼分离、稀土功能材料（稀土永磁材料、储能材料、发光材料等）和科研应用等较为完整的产业体系。能源新材料领域建设了锂电正极材料和镍氢电池负极材料（贮氢合金）两大产品线，其中锂电正极材料包括了钴酸锂、三元材料、锰酸锂和磷酸铁锂等产品。

未来五年，厦门钨业确定了以钨和稀土为主业，以能源新材料和钼系列产品为两翼，以房地产为利润补充的战略定位。厦门钨业将继续秉承"让员工实现自我价值、使用户得到满意服务、为股东取得丰厚回报、与社会共谋和谐发展"的企业宗旨和"稳中求进，做大市场，获长远利"的企业方针，以"技术创新、管理创新"为动力，通过硬质合金和钨钼制品的快速发展把厦钨做强，通过能源新材料和稀土产业链的形成和产销量的增长把厦钨做大，通过技术创新提高新产品销售收入和利润贡献比例把厦钨做优，通过制度建设和企业文化建设把厦钨做稳。通过体制、机制创新，把厦钨建设成为"技术创新的平台、人才集聚的平台、产业发展的平台"，实现厦钨第三次创业的目标。

2014年，根据工信部批复，厦门钨业组建稀土集团方案将整合福建省现有（中国五矿除外）的稀土开采、冶炼分离及综合利用企业，今年年底前完成稀土集团组建工作。

厦门钨业现具备5000吨15种稀土分离、2000吨稀土金属、2000吨高纯稀土氧化物、1600吨三基色荧光粉生产线、6000吨钕铁硼磁性材料的生产能力，拥有福建省3张稀土采矿证。

厦门钨业主导的"福建模式"，开启福建省内稀土资源大整合，即厦门钨业通过与市一级地方政府成立控股的合资公司，负责该区域内的稀土资源开发，该合资公司再与县一级政府设立控股的项目开发公司进行项目合作，而厦门钨业始终处于主导一方。

3.3.1.4　赣州稀土集团有限公司

赣州稀土集团有限公司是由市国资委和8个稀土资源县国资办共同设立的有限责任公司，于2013年3月正式挂牌运营，注册资本金10亿元。公司拥有全资及控股子公司26家，集稀土开采、分离、回收、运用、贸易、研发于一体的大型稀土企业集团，是南方稀土第一大资源平台。目前，赣州稀土集团正在牵头组建中国南方稀土集团有限公司，大集团组建完成后，将进一步提升公司管理水平，健全公司法人治理结构，以绿色开采、产品研发、精深加工、技术创新为支撑，以推进稀土新材料和应用产业发展为目标，努力打造集轻稀土和中重稀土为一体，涵盖勘探、开采、冶炼、加工、贸易、研发全产业链，具有国际影响力的大型稀土企业集团。

2014 年年底，赣州稀土集团组建中国南方稀土集团的实施方案获工信部批复。由赣稀集团牵头组建中国南方稀土集团有限公司，江铜集团和江钨控股集团分别持股 35% 和 5%。赣州稀土集团作为赣州稀土矿山的唯一运营者，拥有 44 本稀土采矿权，是国内重稀土资源的最大供给方。赣州稀土集团拥有年配额生产力 9000t，掌握全国 60% 以上的离子型稀土配额生产力和稀土氧化物供应量。江钨控股控制了赣州市外江西省内唯一的采矿权和冶炼分离企业。江铜集团则控制了四川省内最大的稀土矿山和冶炼分离企业。

2015 年 6 月 25 日，赣州稀土集团与虔东稀土集团股份有限公司签订了《江西明达功能材料有限责任公司股权转让协议》，成功整合江西明达，标志着赣州稀土集团整合市内稀土分离企业的工作取得了重要成果。2015 年 6 月下旬，赣州稀土集团完成对赣州天和永磁材料有限公司、赣州齐飞新材料有限公司、赣州市鸿富新材料有限公司和龙南县堉然科技有限公司四家市内稀土综合利用企业的整合工作。

3.3.1.5　广东省稀土产业集团有限公司

2012 年 2 月，广东省稀土产业集团正式挂牌，与上市公司广晟有色同属于广东省广晟资产经营有限公司的子公司。广晟有色先后成立或收购了龙南和利、河源矿业、河源高新、新丰开发、新丰高新、平远华企、新诚基以及广东富远等八家稀土类企业，拥有国内稀土分离最先进的生产技术，具有较为完善的稀土产业链。公司现已拥有 2 张采矿权证，稀土保有储量 713.15 万吨（按稀土氧化物计 1.16 万吨）。2015 年 5 月，国土资源部发布通知，广东省稀土产业集团有限公司稀土集团整合重组方案已经有关部门批准备案。2016 年 6 月 29 日，广东省稀土产业集团组建验收工作会议在广州召开。

据估测，广东各类稀土资源储量超过 900 万吨，累计上表离子型稀土资源储量 52.5 万吨（REO），居全国前列。目前，全省有 4 本稀土采矿证，稀土年开采能力接近 3000 吨，2011 年广东稀土产业产值 500 亿元，带动下游应用产业产值超 1.5 万亿元。省内 7 家稀土冶炼分离企业合计年分离能力约 1.5 万吨，具备生产高纯度稀土分离产品的整体实力，可制备出纯度高达 99.99% 的重稀土，产品在国内外市场享有较高声誉。广东省稀土产业经过 10 多年的发展，在稀土开采、冶炼分离、新材料和应用产业、科技创新等方面进步明显，已初步形成较为完整的产业体系，具备进一步发展成为全球有重要影响的稀土研发生产基地和应用中心的潜力。

3.3.2 中国稀土行业相关政策

3.3.2.1 中国稀土出口贸易政策

中国政府采取的稀土出口贸易政策划分为两个阶段。第一阶段是 2005 年以前，这一时期政府将稀土视为普通矿产，把稀土的出口创汇放在首位，鼓励稀土的出口贸易。尤其是自 1985 年起，中国开始对稀土的出口实行退税政策，极大地促进了稀土的出口。虽然 1999 年政府开始实行出口配额制度，但仍将这一阶段划分为出口鼓励政策为主的时期，理由是：(1) 政府发放的出口配额长期大于世界稀土需求，以 2005 年为例，当年世界稀土需求量为 45600t，而中国的稀土出口配额高达 65609t，因此，出口配额制未能发挥其应有的作用。(2) 虽然开始降低出口退税，但出口稀土产品仍存在退税的鼓励政策。因此，总的来看，这一阶段是以出口促进政策为主的。

第二阶段是从 2006 年至今，这一阶段采取的是较为严格的稀土出口管制政策，一方面，开始对稀土初级产品的出口实施征税，且税率不断提高，部分稀土产品禁止出口；另一方面，严格控制稀土出口配额，配额数量逐年降低。

A 第一阶段稀土出口政策

2005 年以前，中国政府对稀土产品的出口采取了以出口促进为主的贸易政策。1985 年起，中国政府开始采取稀土出口退税政策，极大地提高了促进出口的强度；1999 ~ 2005 年政府开始实行出口配额制度并逐步降低稀土出口退税，其中的出口配额制度并没有起到限制稀土出口的作用，而出口退税依然具有鼓励出口的效果。期间的主要政策见表 3.3。

表 3.3 1985 ~ 2005 年间中国稀土出口贸易的主要政策

年 份	政 策 内 容
1985 年	对稀土产品实施出口退税政策，鼓励稀土出口
1998 年	开始实施稀土产品的出口配额制度
2003 年	降低出口退税的税率，将稀土金属及稀土氧化物的出口退税税率均降至 13%
2005 年	取消出口退税政策，从鼓励出口稀土逐渐转向对稀土资源进行管制

B 第二阶段稀土出口政策

自 2006 年开始，中国对稀土贸易开始实施严格的出口管制政策，陆续出台了对稀土出口征收关税、禁止部分稀土产品出口、进一步紧缩出口配额等政策措施。具体政策简述如下所述。

a 税收政策

自 2006 年起，中国政府开始对稀土出口产品分类征收关税，之后又逐年提高部分稀土产品关税税率。2006 年，国家宣布对稀土矿产品、稀土化合物的出口征收关税，税率为 10%；2007 年，调整了稀土精矿出口关税税率，由原来的 10% 提高到 15%；2008 年，再次上调稀土产品出口关税，上调钇、铕、镝、铽等稀土产品出口关税至 25%，上调其他稀土产品出口关税至 15%，此外，还加征金属镝铁和钕铁硼的出口关税，税率为 20%；2010 年，又一次上调出口关税，将稀土金属矿的出口税率暂定为 15%，稀土金属钕、其他未相互混合或熔合的稀土金属、钪及钇、已相互混合或熔合的稀土金属、钪及钇、电池级稀土金属出口税率暂定为 25%，其他氧化稀土的出口税率暂定为 15%。2011 年 12 月 9 日，国家关税税则委员会下发通知（税委会［2011］27 号），公布了《2012 年出口关税实施方案》。数据显示，与 2011 年相比，2012 年中国对镨、钇金属以及氧化镨新征收 25% 的出口关税；对钕、镨、钇的氟化物、氯化物、碳酸盐类新征收 15% 的出口关税；对镧、镨、钕、镝、铽、钇的其他化合物新征收 25% 的出口关税；对钕铁硼速凝永磁片新征收 20% 的出口关税；其他产品关税不变，具体税率如表 3.4。2015 年 4 月 23 日，财政部发布消息称经国务院批准取消稀土、钨、钼、钢铁颗粒粉末等产品的出口关税，自 2015 年 5 月 1 日起实施。

表 3.4　2011 年与 2012 年中国稀土出口商品关税税率对比

税则号列	商品名称（简称）	2011 年暂定税率/%	2012 年暂定税率/%
25309020	稀土金属矿	15	15
28053011	钕	25	25
28053012	镝	25	25
28053013	铽	25	25
28053014	镧	25	25
28053015	铈	25	25
28053016	镨	—	25
28053017	钇	—	25
28053019	其他未相互混合或熔合的稀土金属、钪及钇	25	25
28053021	已相互混合或熔合的稀土金属、钪及钇，电池级	25	25
28053029	其他已相互混合或熔合的稀土金属、钪及钇	25	25
28461010	氧化铈	15	15
28461020	氢氧化铈	15	15
28461030	碳酸铈	15	15
28461090	铈的其他化合物	15	15
28469011	氧化钇	25	25
28469012	氧化镧	15	15

续表 3.4

税则号列	商品名称（简称）	2011 年暂定税率/%	2012 年暂定税率/%
28469013	氧化钕	15	15
28469014	氧化铕	25	25
28469015	氧化镝	25	25
28469016	氧化铽	25	25
28469016	氧化镨	—	25
28469019	其他氧化稀土（灯用红粉除外）	15	15
28469021	氯化铽	25	25
28469022	氯化镝	25	25
28469023	氯化镧	25	25
28469024	氯化钕	—	15
28469025	氯化镨	—	15
28469026	氯化钇	—	15
28469028	混合氯化稀土	15	15
28469029	未混合氯化稀土	15	15
28469031	氟化铽	15	15
28469032	氟化镝	15	15
28469033	氟化镧	15	15
28469034	氟化钕	—	15
28469035	氟化镨	—	15
28469036	氟化钇	—	15
28469039	其他氟化稀土	15	15
28469041	碳酸镧	15	15
28469042	碳酸铽	25	25
28469043	碳酸镝	25	25
28469044	碳酸钕	—	15
28469045	碳酸镨	—	15
28469046	碳酸钇	—	15
28469048	混合碳酸稀土	15	15
28469049	未混合碳酸稀土	15	15
28469091	镧的其他化合物	—	25
28469092	钕的其他化合物	—	25
28469093	铽的其他化合物	—	25

续表 3.4

税则号列	商品名称（简称）	2011 年暂定税率/%	2012 年暂定税率/%
28469094	镝的其他化合物	—	25
28469095	镨的其他化合物	—	25
28469096	钇的其他化合物	—	25
28469099	稀土金属、钇、钪的其他化合物	25	25
72029911	钕铁硼速凝永磁片	—	20
72029919	其他钕铁硼合金	20	20
72029991	按重量计含稀土元素 10% 以上的铁合金	25	25
72029999	其他铁合金（金属镝铁及钕铁硼）	20	20

b 出口配额政策

2006 年之后，稀土出口配额逐步紧缩。2008 年，中国政府下调了稀土出口配额，与上一年相比下调了 21%；2010 年，商务部下达的出口配额总量比 2009 年下调了约 30%。此外，中国政府还开始通过配额对稀土出口产品进行分类管理。2011 年，开始对稀土铁合金、稀土初级产品实施稀土出口配额许可证管理，限制初级产品的出口，促进稀土高附加值产品的出口。

c 控制、禁止贸易政策

中国政府开始禁止稀土原材料产品的出口并控制初级产品的出口。2006 年，中国出台政策禁止 41 种稀土金属、稀土合金、稀土氧化物和稀土盐类商品的出口。2007 年，中国宣布禁止进口稀土矿冶炼工艺、单一稀土分离制备技术、稀土精矿前处理技术等。2011 年，国务院出台政策要求严格控制初级产品的出口，如稀土金属、氧化物、盐类和稀土铁合金等。

d 稀土出口企业资质管理政策

中国稀土出口管制政策对稀土出口企业进行的资质管理开始与环保要求挂钩。2006 年，商务部宣布出口稀土产品的合格企业为 39 家，与之前的 47 家相比有所减少。2011 年，国务院出台了《关于促进稀土行业持续健康发展的若干意见》，强调提高稀土出口企业资质门槛。同年，商务部规定将稀土出口企业的环保核查结果与企业申报稀土出口配额的资格相联系。2012 年，稀土出口配额申报条件要求“冶炼分离和金属冶炼企业须在环境保护部公布的符合环保要求的企业名单之内”。

3.3.2.2 中国稀土资源税费改革政策

从 1949 年的无偿开采到 2015 年的稀土资源税改革，中国稀土资源税制度经历了 60 多年的变迁。政府对稀土作为战略物资的关注度不断提升，对稀土资源使用的制约也越来越规范化、法律化。2008 年，稀土被定为受保护性开采的资源，对其勘察、开采的审批和登记权限实行上收策略。2011 年，国家对稀土矿产原矿的资源税税额标准进行调整。2015 年 4 月 30 日，财政部、国家税务总局发布关于实施稀土、钨、钼资源税从价计征改革的通知，自 2015 年 5 月 1 日起实施稀土、钨、钼资源税清费立税、从价计征改革。表 3.5 为新中国成立以来中国稀土资源税政策的改革历程。

表 3.5　中国稀土资源税费制度的改革

背景与政策	征税内容
1949～1984 年无偿开采阶段	没有相关资源税制度
1984 年～	开征资源税，对原油、天然气、煤炭等先行开征资源税，对金属矿产品和其他非金属产品暂缓征收
1994 年 10 月 1 日税费并存，分税制改革，稀土资源税从量计征	0.4～30 元/吨
2011 年 4 月 1 日稀土资源税改革中上调资源税征收税额，计征方式为从量计征	轻稀土 60 元/吨中、重稀土 30 元/吨
2015 年 5 月 1 日稀土资源税由从量计征改为从价计征	轻稀土按地区执行不同的适用税率，其中，内蒙古为 11.5%、四川为 9.5%、山东为 7.5%；中、重稀土税率为 27%

3.3.2.3　中国稀土储备及补偿政策

21 世纪以来，稀土资源私采滥挖和走私日益严重，导致中国稀土资源大量浪费，流失严重。2007 年，国家开始加大力度整顿混乱的稀土市场。国家规定要对稀土等稀缺资源实施矿产地战略储备，采取保护性开采特定稀土矿的措施。2010 年，内蒙古自治区人民政府批准包钢稀土高科技股份有限公司实施稀土原料产品战略储备，主要储备形式以轻稀土精矿资源为主，目标储量超 20 万吨。国务院发布《关于促进企业兼并并重组的意见》，明确以稀土等 6 大行业为重点，推动规模经济和产业结构优化升级，这一举措标志着中国已开始实践稀土储备。2011 年，国土资源部在江西赣州设立了首批稀土国家规划矿区，稀土资源主要是中重型稀土，储量超过 70 万吨。目的是对稀土资源进行保护以及合理对其开发利用，更加科学合理地投放矿业权，以便控制稀土资源的开发。2014 年，国家成立“稀土、锑、铟资源储备规划及管理研究”课题组，拟制定稀土矿产地储备规划。课题组主要成员赴江西赣州开展稀土资源开发利用、产业发展及储备工作调研，便于较全面的了解，为课题组更进一步研究和制定国家稀土矿产地储备规划及有关政策提供了重要基础依据。

2016 年 4 月 14 日，国土资源部正式公布《国土资源“十三五”规划纲要》。《纲要》指出，强化重要矿产资源勘查与保护。完善矿产地储备机制，加强对钨、稀土、晶质石墨等战略性矿产重要矿产地的储备。为保障国家经济安全、国防安全和战略新兴产业发展需求，国务院于2016年11月2日批复通过的《全国矿产资源规划（2016～2020年）》(以下简称《规划》)，首次将稀土等24种矿产列入战略性矿产目录。

目前，中国已着手开展矿产资源战略储备相关研究工作并且取得了相应的成果，为陆续开展稀土资源战略储备工作以及制定稀土储备决策，提供了重要的基础条件。

3.4　中国稀土发展规划

全面贯彻党的十九大精神，牢固树立和贯彻落实创新、协调、绿色、开放、共享的发展理念，深入实施《中国制造2025》、战略性新兴产业等国家战略，以创新驱动为导向，持续推进供给侧结构性改革，加强稀土战略资源保护，规范稀土资源开采生产秩序，有效化解冶炼分离和低端应用过剩产能，提升智能制造水平，扩大稀土高端应用，提高行业发展质量和效益，充分发挥稀土战略价值和支撑作用。坚持创新发展，坚持协调发展，坚持绿色发展，坚持开放发展，坚持共享发展。

到2020年（表3.6），形成合理开发、有序生产、高效利用、科技创新、协同发展的稀土行业新格局，行业整体迈入以中高端应用、高附加值为主的发展阶段，充分发挥稀土应用功能的战略价值。

表3.6　“十三五”期间稀土行业发展主要目标

指　标	2015年实际	2020年目标	“十三五”累计增减
一、经济指标			
工业增加值年均增速/%	12.5	16.5	—
行业利润率/%	5.8	12	[6.2]
重点企业研发支出占主营收入比重/%	3	5	[2]
二、生产指标			
冶炼分离产能/万吨	30	20	[-10]
稀土冶炼分离产品产量/万吨	10	<14	[<4]
轻稀土矿选矿回收率/%	75	80	[5]
离子型稀土矿采选综合回收率/%	75	85	[10]
轻稀土冶炼分离回收率/%	90	92	[2]
离子型稀土冶炼分离回收率/%	94	96	[2]
两化融合贯标企业占比/%	30	90	[60]
三、绿色发展指标			
全行业主要污染物排放强度降低（含二氧化硫、氨氮、废水等）/%	—	—	[20]

续表 3.6

指 标	2015 年实际	2020 年目标	"十三五"累计增减
达到能耗标准企业占比/%	40	90	[50]
四、应用产业发展指标			
高端稀土功能材料及器件市场占有率/%	25	50	[25]
出口产品初级原料占比/%	57	30	[-27]

注：[ ]内为五年累计数。

《规划》提出了"强化资源和生态保护，促进可持续发展"、"支持创新体系和能力建设，培育行业新动能"、"推动集约化和高端化发展，调整优化结构"、"加快绿色化和智能化转型，构建循环经济"、"推动利用境外资源，加强国际合作"、"打造新价值链，实现互利共赢"共 6 大重点任务，并以专栏形式明确了 6 项重点工程。《规划》作为"十三五"时期稀土行业发展的专项规划，将科学指导稀土行业发展，推动稀土产业整体迈入中高端。

3.5 国外稀土产业简况

据美国地质勘探局发布的《矿物商品摘要 2018》(Mineral Commodity Summaries 2018）报告，2017 年稀土在美国国内不开采（2016 年和 2017 年），美国进口的稀土化合物和金属金额为 1.5 亿美元，与 2016 年的 1.18 亿美元相比大幅增加。按最终用途估算的稀土分布：催化剂是 55%；陶瓷和玻璃是 15%；冶金应用和合金是 10%；抛光是 5% 和其他为 15%。表 3.7 列出了世界主要国家稀土产量和储量。

表 3.7 世界主要国家稀土产量和储量 （REO，公吨）

国别	产量		储量
	2016	2017	
美国	—	—	1,400,000
澳大利亚	15,000	20,000	3,400,000
巴西	2,200	2,000	22,000,000
加拿大	—	—	830,000
中国	105,000	105,000	44,000,000
格陵兰	—	—	1,500,000
印度	1,500	1,500	6,900,000
马拉维	—	—	140,000
马来西亚	300	300	30,000
俄罗斯	2,800	3,000	18,000,000
南非	—	—	860,000
泰国	1,600	1,600	NA
越南	220	100	22,000,000
世界	129,000	130,000	120,000,000

各国稀土产量储量情况，稀土主产国有澳大利亚，中国，印度，俄罗斯，泰国和巴西等，中国储量最大，占世界的36.7%；巴西和越南并列第二，各占世界的18.3%；俄罗斯第三，占世界的1.5%。

2017年全球有8个国家供应稀土（按稀土氧化物统计）（图3.8），产量较2016年整体有小幅增加：中国105000t，澳大利亚20000t，俄罗斯3000t，印度1500t，巴西2000t，泰国1600t，越南100t，马来西亚300t。美国唯一的稀土生产商Molycorp现由橡树资本控股，自2015年第四季度开始停产检修，仍未恢复生产。印度和东盟在其中扮演很重要角色，南亚和东盟正在全球稀土供应市场悄然崛起。

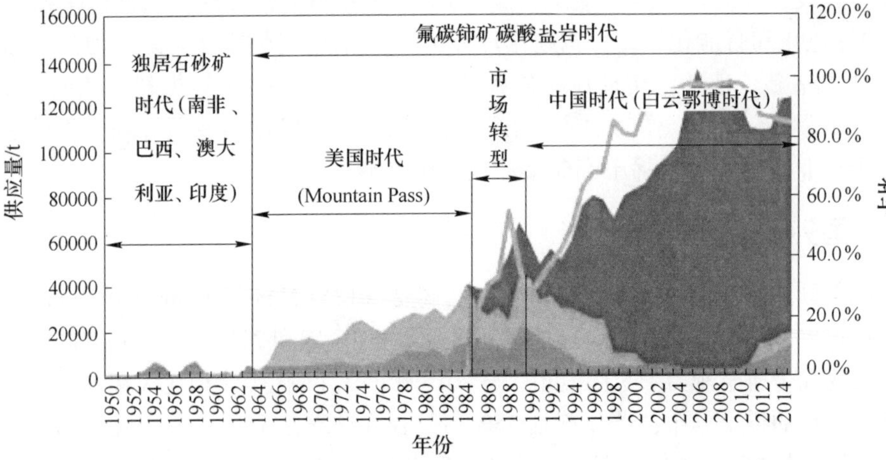

图3.8 全球稀土供给格局历程

下面分别介绍世界曾经、现在和未来可能成为主要稀土供给的国家。

A 美国

美国也是世界上稀土资源较为丰富的国家之一，美国稀土资源主要有氟碳铈矿、独居石及在选别其他矿物时，作为副产品可回收的黑稀金矿、硅铍钇矿和磷钇矿。世界上最大的单一氟碳铈矿是位于加利福尼亚州圣贝迪诺县的芒廷帕斯矿，该矿山于1949年勘探放射性矿物时被发现，稀土品位为5%～10% REO，储量达500万吨之多（占全球百分之十三），是一大型稀土矿。美国的独居石开采较早且储量较为丰富，开采的砂矿为佛罗里达州的格林科夫斯普林斯矿。矿床长约19km，宽1.2km，厚为6m。此外，北卡罗来纳州、南卡罗来纳州、佐治亚州、爱达荷州和蒙大拿州也有砂矿分布，储量也相当可观。

20世纪50年代起，美国开始大规模开发加利福尼亚州芒廷帕斯的稀土矿。20世纪60年代中期到80年代，芒廷帕斯一直是全球稀土氧化物的主要来源，一度占据全世界供应量的70%左右。1989年后，由于中国的廉价优质稀土可确保美国军品和工业需要，美国逐渐降低稀土采掘量，1998 年更是缩减为 1997 年的四分之一，之后一直维持在 5000 万吨 REO 产量到 2001 年。2002 年，美国关闭芒廷帕斯矿山，开始逐渐依赖进口，其中绝大部分来自中国。2010 年，随着稀土价格的大幅度上涨，国外掀起了稀土供应方面的研究以及稀土矿山开发热潮，为实现美国稀土需求的可靠供应，2010 年美国开始重新恢复芒廷帕斯的稀土采掘，并于 2012 年投产，2012 年美国稀土产量达到 800 公吨 REO，2013 年增加到 5500 公吨 REO。近两年随着稀土价格的大幅度回落，美国稀土采掘动力有所回落，而且随着价格的下降，许多新的稀土项目面临融资和运营亏损的双重困境，Molycorp 于 2015 年 6 月提交破产保护申请，出售包括加利福尼亚州已经闲置的芒廷帕斯矿。美国 2014、2015 年稀土采掘量比 2013 年降低，分别为 5400 和 4100 公吨 REO。目前美国早已关闭了 87 家大型稀土矿，包括全球最大的芒廷帕斯矿山。若美国 87 家矿山全部开工，可以满足世界稀土矿 280 年的商业性需求。

美国自 2015 年第四季度开始停产检修，2016～2017 年度，国内没有稀土采矿。氟碳铈矿是一种稀土氟碳酸盐矿物，以前作为加州芒廷帕斯的主要产品，从 2015 年四季度开始被保护起来。2016 年，美国的进口稀土化合物和金属估计货值 1.2 亿美元，相比 2015 年的 1.6 亿美元有所下降。稀土的各种最终用途测算比例分配如下：催化剂 55%；冶金应用和合金 15%；陶瓷和玻璃 10%；抛光粉 10%；其他 10%。

B　俄罗斯

俄罗斯稀土储量很大，据 1993 年 1 月美国地质调查局估计，稀土储量约有 1900 万吨，占世界总储量的 19%。然而，俄罗斯每年稀土的开采量并不多，只占全球的 2% 左右。2012 年俄罗斯稀土产量 2400 公吨，2013～2015 年稀土产量都为 2500 公吨。为了减少对中国进口稀土的依赖，2013 年俄罗斯决定到 2018 年，投入 10 亿美元用于稀土生产。2013 年 5 月，俄罗斯以 10 亿美元的交易价格开发位于俄罗斯远东地区的 Tomtor 稀土矿，供给量逐步增加 2016 年和 2017 年稀土产量分别为 2800 公吨和 3000 公吨，这可能成为一个具有里程碑意义的事件，也许会打破未来中国在稀土市场的垄断供给局面。

据俄罗斯媒体报道，由俄罗斯商业巨头亚历山大·涅墨西斯控制的 ICT 集团协同俄罗斯国有企业 Rostec 公司，将致力于促成世界稀土资源储量最大矿区之一的 Tomtor 投产。俄罗斯重点开发的 Tomtor 稀土矿占地 250 平方千米，位于俄罗斯雅库特地区，大约有 1.5 亿吨稀土储量，包括钇、氧化铌、钪和铽。据国际商业时报报道，Tomtor 稀土矿包含高达 12% 的世界总稀土储备，探明储量 1.54 亿吨，可能储量超过所有其他世界储量的总和。假设 Tomtor 进入投产或者分成系列矿区投产，它必将对当前稀土市场构成挑战，同时对中国稀土市场的垄断形成威胁。目前大约 95% 的稀有金属由中国生产并广泛应用于各个领域，从导弹系统到手机和再生能源的应用程序。俄罗斯稀土矿主要有钛铌酸盐（如铈铌钙钛矿）、磷灰石及氟碳酸盐等，主要是从磷灰石矿石中回收稀土资源。主要位于科拉半岛的伴生矿床，其碱性岩中的磷灰石含有稀土。俄罗斯的主要稀土来源就是从磷灰石矿石中回收稀土，此外，在磷灰石矿石中，还可回收的稀土矿物有铈铌钙钛矿，含稀土 29% ~34%。另外，在赫列比特和森内尔还有氟碳铈矿。

C　印度

印度稀土资源主要是独居石，分布在海滨砂矿和内陆砂矿中。1993 年，印度原子能部原子矿物分部估计印度的独居石总储量为 456 万吨。有名的独居石矿区是位于西南海岸的恰瓦拉和马纳范拉库里奇的特拉范科矿床，在 1911 ~1945 年间，独居石矿供应量占世界的一半，现在仍是重要的稀土产地。1958 年在勘探铀钍资源时，在比哈尔邦的兰契高原发现一座独居石和钛铁矿矿床，规模很大，据报道每平方英里有 3500 吨独居石，但目前尚未开采。印度独居石钍含量高达 8% ThO_2。在马纳范拉库里奇采的重砂独居石占 5% ~6%。钛铁矿占 65%，金红石 3%，锆英石 5% ~6%，石榴石 7% ~8%。

2012 年，国有的印度稀土公司（IndianRareEarthsLtd）决定重新启动东部奥里萨邦一个大型稀土开发项目，该项目曾经因为无法与中国稀土竞争而在 2004 年搁置开发。印度地球科学部（Ministry of Earth Sciences）高级官员 Shailesh Nayak 表示："前景非常乐观。这处稀土矿山的面积多达 2500 平方千米，而且都是一级矿。" 2016 年和 2017 年每年生产 1500 公吨。

D　澳大利亚

澳大利亚是独居石的生产大国，独居石是作为生产锆英石和金红石及钛铁矿的副产品加以回收。澳大利亚的砂矿主要集中在西部地区。澳大利亚也产磷钇矿。澳大利亚可开发利用的稀土资源，还有位于昆士兰州中部艾萨山的采铀的尾矿，南澳大利亚州罗克斯伯唐斯铜、铀金矿床。

澳大利亚稀土的开采是伴随着 2010 稀土价格上涨开始的。2011 年，澳大利亚的 Mount Weld 矿开采，当年稀土采掘量为 2200 公吨；2012 年加大稀土采掘，达到 3200 公吨。近几年澳大利亚有包括 NoJans、Dubbo Zirconia、Nechalacho、Mount Weld、Duncan Charley Creek、Milo、Yangibana，Yangibana、Browns Range 9 个稀土项目在开采，其中最为重要的是 Nolans，矿产资源总量为 5600 万吨，含 2.6% 的稀土氧化物（REO），最丰富的含稀土矿物是氟磷灰石，硅藻土和独居石。因此近几年澳大利亚稀土采掘量急剧增加，2014 年采掘量达到 8000 公吨，占全球产量的 6.5%；2015 年更是达到 10000 公吨，2016 年和 2017 年生产超过 10000 公吨，分别为 15,000 和 20,000 公吨，占全球产量的 11.6% 和 15.4%，是除了中国以外的第二大稀土生产国。

E　加拿大

加拿大主要从铀矿开采中回收稀土。铀矿位于安大略省布来恩德里弗 – 埃利特地区，铀矿由沥青铀矿、钛铀矿、独居石和磷钇矿组成。在湿法提取铀时，稀土作为副产品回收。另外，在魁北克省奥卡地区有烧绿石矿，也是很大的潜在稀土资源。纽芬兰岛和拉布拉多省境内的斯特伦奇矿含有钇和重稀土，在做开采准备工作。

2013 年 10 月，加拿大探索稀有矿产公司（Quest Rare Minerals Ltd）在其公司官方网站上最新公布说，该公司在加拿大魁北克省北部发现了丰富的稀土矿藏。该项目年均稀土氧化物精矿产量为 13650 公吨，并相信它有潜力成为一个显著的长期重稀土的全球供应商。报告称，据测算，在 2018 年投产后，每年营收可超过 10 亿加元[184]。美国地质勘探局发布的稀土报告中，自 1994 年起加拿大没有开采稀土。47% 的年度稀土矿山氧化稀土矿产量、57% 的总收入将来自重稀土及钇精矿。

F　巴西

巴西是世界上生产稀土的最古老国家，1884 年就开始向德国输出独居石，曾一度闻名于世。巴西的独居石资源主要集中在东部沿海，从里约热内卢到北部的福塔莱萨，矿区长约 643 千米，矿床规模大，由核能和独居石联合有限公司负责采选。近年来在莫鲁杜费鲁发现含有钍铅铀矿、氟碳铈矿和褐铈石等重要稀土矿床，稀土氧化物品位为 4%。

巴西虽然有占世界 16.92% 的稀土储量，但是每年的稀土开采量并不多，1997 ~ 1999 年最高达到 1400 公吨，其余年份要么没有开采，要么仅仅只有几百公吨的开采量。目前巴西矿业公司正着手开发位于巴西中部戈亚斯州的低品位重稀土矿塞拉威尔第项目，项目计划于 2017 年启动，该项目以稀土氧化物边界品位 0.10%（REO）估算，该项目的资源量为 4.12 亿吨，品位 0.16%：若包含边界品位为零的地方，总资源量为 9.31 亿吨，品位为 0.12%，有可能在未来挑战中国在重稀土原料供应方面的主导地位。另外，几十家外资企业到巴西商谈投资开发稀土资源，未来巴西将成为世界上新的稀土生产国和出口国。

G　越南

在海防省（Hai Phong Province），信越化学有限公司（Shin-Etsu Chemical Co.，Ltd）完成了 2000 吨/年烧结稀土磁铁产能，还有 2000 吨/年的磁铁产能计划于 2016 年完成。Shin-Etsu 拥有在中国、日本、马来西亚和越南开办的合资企业，进行合金、分离和磁铁生产业务。据美国地质勘探局发布的《矿物商品摘要 2018》报告，越南的稀土储量为 2200 万吨，资源集中在丽洲（Lai Chau，Nam Xe，Dong Pao）和 Yen Bai（Yen Phu）省，从 Thanh Hoa 到 Ba Ria-Vung 的沿海省份。稀土矿产量有限是由于手工采矿[185]。但目前开发不足，2016 年产量只有 220 吨，2017 年产量下降为 100 吨。

H　马来西亚

马来西亚最近探明西马半岛多个州有无放射性元素的稀土矿藏，共 3 ~ 4.3

万吨。这种离子型稀土矿中重稀土（Heavy Rare Earths）含量高，无辐射危害，冶炼方便，经济价值高，具有很强的国际市场竞争力。同时，马来西亚拥有世界最大的稀土分离厂——澳大利亚的莱纳先进材料公司（LAMP）的分支机构。LAMP 将矿从澳大利亚运到马来西亚分离。近年来，马来西亚稀土生产量维持在 300 吨，成为全球稀土化合物出口市场的主要供应商之一。

莱纳公司继续增加稀土产量，其 Lynas 先进材料厂（LAMP）靠近彭亨州的关丹港。2015 年，LAMP 业务的 REO 产品约为 10,900 吨，与 2014 年的产量相比增长了 52%。在 2015 年，Lynas 致力于从稀土生产的废物里开发土壤添加剂、肥料和路基材料等[185]。2016 年和 2017 年产量都是 300 吨。

4 内蒙古稀土资源价值补偿及储备机制现状

4.1 内蒙古稀土资源的现状及稀土产业发展历程

4.1.1 内蒙古稀土资源的现状

内蒙古自治区稀土资源的开发起步于20世纪50年代，以轻稀土为主，稀土储量大且品位高，主要集中储存于内蒙古包头市的白云鄂博矿，是世界罕见的大型多金属共生矿。该矿矿物种类多，组成复杂，现已查明有71种元素，170多种矿物，其中铁、稀土、钍和铌的含量分别约为34%（TFe）、5%～6%（REO）、0.02%（ThO_2）和0.05%～1%（Nb_2O_5），属世界上最大的稀土矿。含稀土矿物及其变种多达28种，有工业利用价值的主要有氟碳铈矿和独居石[181]。

据内蒙古自治区人民政府办公厅关于印发自治区矿产资源总体规划（2016～2020年），内蒙古自治区稀土资源得天独厚，已探明的稀土氧化物保有资源储量占全国98%以上（主要分布地区为包头市和通辽市），位居全国第一，具有占领国内市场的潜力。白云鄂博矿是综合矿床，主要分为主矿、东矿和西矿，其中主矿境内的铁矿石总储量为3.37亿吨，东矿境内的铁矿石总储量为1.88亿吨，主矿和东矿含稀土元素氧化物2625万吨，含稀土平均品位为5%；西矿境内的铁矿石总储量为7.13亿吨，其稀土矿物主要与铁矿石共生，存在于铁矿石内部或矿体围岩白云岩中，分布较稳定。除此之外，铌矿总储量660万吨，钍矿总储量22.14万吨。

4.1.2 内蒙古稀土产业发展历程

由于内蒙古自治区的稀土资源与铁、铌等元素共生，稀土资源作为伴随产品从铁矿中分离出来，因此开采费用相对较低。目前内蒙古自治区的稀土资源主要由北方稀土集团开发和管理。内蒙古稀土资源的开发与利用主要经历了5个阶段：

（1）1958～1978年，起步阶段。内蒙古稀土资源主要集中于包头的白云鄂博矿，稀土与铁、铌等元素共生，当1958年包钢选矿厂建立，稀土便随着铁矿的采选而选出；1960年，包钢稀土开始生产稀土硅铁合金；在随后的20年内，尽管开发组建了包钢稀土一厂、二厂、三厂，以及包钢冶金研究所（即现在的包钢稀土研究院）。但是直到 1978 年，内蒙古稀土资源产量仍不足 1000 吨，且产品单一，以硅铁合金为主。内蒙古稀土资源初始的勘探、开发经历了很长的时间。

（2）1979～1991 年，成长阶段。1979 年初，内蒙古政府与稀土企业增加了对内蒙古稀土资源和稀土产品技术的研发，拥有了很多较高水平的分离、研发技术，尤其是高品位稀土资源的选矿、稀土资源的冶炼和单一元素的分离技术领先于世界的发达国家水平。此时，内蒙古自治区稀土资源的综合利用率有很大的提升，稀土产品的多样性、高产量、高科技属性有所增加。1992 年的产量是 1978 年的 10 倍，产值是 1978 年的将近 40 倍。

（3）1992～2001 年，发展阶段。邓小平在 1992 年南巡时曾发表重要讲话："中东有石油，中国有稀土，一定要把稀土的事情办好，把中国的稀土优势发挥出来"，同年 11 月，内蒙古包头稀土高新技术产业开发区被国务院批准为自治区第一个国家级高新区，也是全国 117 个国家级高新区中唯一冠有稀土名称的高新区。我国对内蒙古稀土资源的重视使得内蒙古稀土产量和产值都快速提升，到了 2001 年，稀土产业的产值达到了 17.43 亿元，其中稀土冶炼分离产品的产量高达 7.1 万吨。

（4）2002～2014 年，整合阶段。从 2002 年开始，我国政府对稀土产业进行了整顿与整合，内蒙古自治区的稀土资源勘探、开发企业包钢集团对集团内部进行了结构调整，并与内蒙古自治区的其他稀土资源勘探、开发和利用企业进行了重组和合并，其中包括全资、控股和参股等不同形式的 25 家公司，内蒙古自治区的稀土产业进行了一系列的重组活动；到了 2010 年，内蒙古稀土资源的开发与利用带来了 120 亿元的工业产值；2014 年，工信部发布文件，对中国的稀土产业进行整合形成了南北"5＋1"的寡头格局，北方即内蒙古自治区的包钢稀土集团控股的包钢稀土高科技股份有限公司，并于 2014 年 12 月 12 日更名为：中国北方稀土（集团）高科技股份有限公司，简称北方稀土。

（5）2015 年至今，提高阶段。2015 年，内蒙古北方稀土集团的整合通过了国家的验收，内蒙古稀土资源的工业总产值又有进一步的提升，在稀土资源的应用领域也研发出了很多具有先进水平的技术，内蒙古的北方稀土已经逐渐成为中国稀土行业的"定标王"。总体而言，内蒙古稀土资源的开发、利用无论是在产业规模方面，还是经济效益方面都有了一定的进步，为构建内蒙古优势稀土资源，提升稀土资源的效益提供了便利。

4.2 内蒙古稀土资源价值补偿的现状

4.2.1 矿产资源价值补偿方式的演进

现阶段，我国矿产资源价值补偿的方式有：通过价格进行补偿和通过矿产资源税费进行补偿。矿产资源价值补偿方式的演进主要是矿产资源税费制度的演进过程。矿产资源税费制度是依据矿产资源法、税法以及相关法律政策制定的，有利于实现矿产资源的可持续发展，并提高矿产资源的整体效益。中国的矿产资源税费体系主要包括资源税、矿产资源补偿费。稀土资源属于矿产资源，因此，通过分析矿产资源税费制度的发展、演化过程，也可以了解稀土资源的税费制度的演进。其演化历程总体如下。

4.2.1.1 无偿开采时期

我国矿产资源从1949年建国时起经历过一段时间的无偿开采，1949年后，在最先颁布的《全国税收实施要则》中明确对生产盐、销售盐的过程征收税费，但《全国税收实施要则》并没有针对矿产资源制定征税规定。基于马克思主义政治经济学的传统理解，由于我国是社会主义国家，国家是矿产资源的所有者，矿产资源的勘探、开发和利用归政府进行管理，所获得的利润也属于国家，是否征税对国家来说并没有真正的增加政府收入，因此我国实行的是无偿使用的矿产资源经济制度。1984年，国务院颁布的《中华人民共和国资源税条例（草案)》和《中华人民共和国盐税条例（草案)》(以下简称《条例》）彻底结束了长达35年的无偿开采矿产资源的经济制度。

4.2.1.2 "税费并存"时期

1984年以前，无需为开采矿产资源付费，到了1984年，矿产资源的开采实施"税费并存"的经济制度，从字面理解"税费并存"的含义，即税收与补偿费用同时存在，对于矿产资源的税费并存，即矿产资源的资源税和资源补偿费同时缴纳。这种税费并存制度的形成发展经历了三个阶段。

第一阶段，矿产资源税费制度的产生阶段。1984年，国务院颁布的《中华人民共和国资源税条例（草案)》和《中华人民共和国盐税条例（草案)》(以下简称《条例》）为矿产资源税费制度的产生奠定了基础，且条例的实施体现了国有企业"利改税"和全国工商税制改革的需求。《条例》中规定了资源税的计税依据为矿产资源企业的实际销售收入，税率实行的是超率（利润率）累进税率，表4.1为资源税累进税率表。资源税制定的目的在于促进资源的合理开发和可持续利用，调节企业由于资源禀赋质量和开发条件而引起的级差收入。

表4.1 1984年颁布实施的资源税累进税率表

销售利润率（RS）	税率（TR）
RS≤12%	不缴纳资源税
12%≤RS≤20%	RS每增加1%，按TR增加0.5%累进计算
20%≤RS≤25%	RS每增加1%，按TR增加0.6%累进计算
25%≤RS	RS每增加1%，按TR增加0.7%累进计算

数据来源：1984年国务院颁布的《中华人民共和国资源税条例（草案)》。

1986 年，国务院颁布了《中华人民共和国矿产资源法》(以下简称《资源法》)，第五条规定中明确指出国家实行矿产资源的有偿使用，规定如下“国家实行探矿权采矿权有偿取得制度；……开采矿产资源，必须按照国家有关规定缴纳资源税和资源补偿费”，由此真正开始了矿产资源税费共存的局面。1986 年颁布的《资源法》中，只对石油、煤炭和天然气三种资源征收资源税，到了 1992 年才开始对铁矿石征收资源税。1989 ~ 1990 年，为了适应对外开放引进外资和对石油需求量的增加，国务院借鉴西方发达国家的资源税费制度，颁布了实施海洋石油资源矿区使用费制度和陆上石油资源矿区使用费制度的计划，该计划的主要目的是通过收取权利金来对矿产资源价值进行补偿。

第二阶段，矿产资源税费制度的发展阶段。1993 年，国务院对 1984 年颁布的《中华人民共和国资源税条例（草案)》做了修订，并颁布了新的资源税暂行条例，实现了从价计征向从量计征的转变。其中，盐税的征收也被纳入资源税征收中，不再是单独的个体，缴纳资源税的税种也扩大到了盐、黑色金属原矿等 7 大类。1994 年，国务院颁布《矿产资源补偿费征收管理规定》中指出，对已探明储量的 153 种矿产资源征收矿产资源补偿费，不同矿种的征收费率不同，费率范围为 0.5% ~4%，平均费率为 1.18%。此外，对中外合作开采陆上石油和海洋石油的企业征收矿区使用费，不缴纳资源税和资源补偿费。在这个发展阶段中，资源税和矿产资源补偿费之间的征收依据有一些重复。

第三阶段，矿产资源税费制度的形成与完善阶段。通过借鉴国外矿产资源税费制度的基础上，我国的税费制度在 20 世纪 90 年代得到了一定的发展，我国的矿产资源税费制度处在规范的过程中，并在进一步地完善。2005 年以来，矿产资源税有了重大的改革，部分矿产资源的资源税计征方式从量计征转变为从价计征与从量计征相结合，资源税税率也有所提升。到了 2005 年 7 月，政府将原油税率提升至 12 ~ 30 元/吨，天然气税率提升至 7 ~ 15 元/千立方米。2010 年 6 月，对原油和天然气的资源税计征方式进行改革，并在新疆进行试点，计征方式变为从价计征，税率为 5%，同年 12 月，原油和天然气的资源税改革推广到其他 12 个省。2011 年 9 月，更多的关于资源税改革方面的法律、法规由国务院颁布，资源税税率又有了进一步的提升，见表 4.2。2012 年，国土资源部颁布了《关于做好中外合作开采石油资源补偿费征收工作的通知》(〔2012〕14 号)，说明了合作开采陆上、海上石油资源的国内外企业，只对国内企业征收矿产资源补偿费。2014 年，国务院颁布了《关于实施煤炭资源税改革的通知》(〔2014〕72 号）和《关于调整原油、天然气资源税有关政策的通知》(〔2014〕73 号)，将全国各省市原油、天然气、煤炭等矿产资源的计征方式变更为从价计征，并取消了资源补偿费。

表 4.2 资源税税目税率表调整前后比较

<table>
<tr><th colspan="2">税 目</th><th>调整后税率</th><th>调整前税率</th></tr>
<tr><td colspan="2">一、原油</td><td>销售额的5% ~10%</td><td>12 ~30 元/吨</td></tr>
<tr><td colspan="2">二、天然气</td><td>销售额的5% ~10%</td><td>每千立方米7 ~15 元</td></tr>
<tr><td rowspan="2">三、煤炭</td><td>焦煤</td><td>8 ~20 元/吨</td><td rowspan="2">0.3 ~5 元/吨</td></tr>
<tr><td>其他煤炭</td><td>0.3 ~5 元/吨</td></tr>
<tr><td rowspan="2">四、其他非金属矿原矿</td><td>普通非金属矿原矿</td><td>每吨或每立方米0.5 ~20 元</td><td rowspan="2">每吨或每立方米0.5 ~20 元</td></tr>
<tr><td>贵重非金属矿原矿</td><td>每千克或每克拉0.5 ~20 元</td></tr>
<tr><td colspan="2">五、黑色金属矿原矿</td><td>2 ~30 元/吨</td><td>2 ~30 元/吨</td></tr>
<tr><td rowspan="2">六、有色金属矿原矿</td><td>稀土矿</td><td>0.4 ~60 元/吨</td><td rowspan="2">0.4 ~30 元/吨</td></tr>
<tr><td>其他有色金属矿原矿</td><td>0.4 ~30 元/吨</td></tr>
<tr><td rowspan="2">七、盐</td><td>固体盐</td><td>10 ~60 元/吨</td><td>10 ~60 元/吨</td></tr>
<tr><td>液体盐</td><td>2 ~10 元/吨</td><td>2 ~10 元/吨</td></tr>
</table>

数据来源：2014 年国务院颁布的《关于实施煤炭资源税改革的通知》(〔2014〕72 号）和《关于调整原油、天然气资源税有关政策的通知》(〔2014〕73 号)。

从矿产资源税费制度的演进过程中可以看出，发展趋势为“扬税抑费”，资源税费的改革更有利于矿产资源的可持续发展。在矿产资源税费制度改革的几十年内，资源税费的计税依据、税费费率等方面进行了不断地调整和改革，并将征收税费过程中的问题边缘化。总体而言，资源税的税率进行了两次根本性的变革，随着计征方式的转变和资源税税率的提升，针对矿产资源征收的矿产资源补偿费将会被取消[186]。

4.2.2 内蒙古稀土资源价值补偿方式的现状

长期以来，由于内蒙古稀土资源价值补偿的不合理性，如资源税费费率较低，稀土资源价格低于本身的价值，使得资源利用率低，很多资源被浪费，给生态环境造成了一定的破坏，也影响了稀土资源的可持续发展与利用。现阶段，我国除了以价格的形式对内蒙古稀土资源进行补偿外，还通过资源税和稀土资源补偿费的形式进行补偿。

内蒙古稀土资源税费制度的改革进程见表4.3，从1994 年起，我国对稀土资源的实施资源税及资源补偿费制度，资源税的计征方式为从量计征，税率为0.4 ~30 元/吨，其中内蒙古稀土资源的资源税税率为30 元/吨；资源补偿费以销售收入为基础，按其数额的3% 进行征收。2011 年，新施行的《资源税暂行条例》将我国稀土资源的资源税税率上调至0.4 ~60 元/吨，内蒙古稀土资源税税率从原来的30 元/吨提升至60 元/吨，稀土资源补偿费费率保持不变。到了2015 年，政府将资源税的计征方式转变为从价计征，税率为销售收入的11.5%，同时取消了资源补偿费（财税〔2015〕52 号)。

表 4.3 内蒙古稀土资源税费制度的改革进程

背景与政策	征 税 内 容
1994 年税费并存，分税制改革	资源税税率为 30 元/吨资源补偿费费率为销售收入 3%
2011 年稀土资源税改革中上调资源税征收税额	资源税税率为 60 元/吨资源补偿费费率为销售收入的 3%
2015 年变更资源税计征方式，取消资源补偿费	资源税税率为销售收入的 11.5%

数据来源：根据国务院颁布的有关稀土资源税费制度改革的政策整理所得。

4.3 内蒙古稀土资源价值补偿存在的问题

内蒙古自治区的稀土资源现阶段存在较多问题，由于本研究是基于价值补偿的视角对稀土资源效益问题进行研究，因此，问题是基于价值补偿的视角所提出的，主要针对价值补偿方式及其他相关方面存在的问题进行分析。

第一，稀土价值补偿方式单一，达不到发达国家的水平。除价格补偿外，内蒙古稀土资源的价值补偿方式还有稀土资源税费补偿。到了 2015 年后，内蒙古稀土资源补偿方式只有稀土资源税的补偿，而国外对稀土等矿产资源的补偿方式是基于其三个价值进行划分的，针对每个价值进行分别补偿，补偿更具有独立性且更有利于实现稀土等矿产资源的可持续利用。西方发达国家对矿产资源的这种补偿方式已经形成了固定的体系，我国可以借鉴这种已在国外形成体系的补偿模式，结合我国的基本国情，根据我国的实际情况，对稀土等矿产资源产权制度、价值补偿内容及方式方法进行更深入的研究。

第二，所征收的资源税较低，无法体现出稀土资源的战略价值和不可再生性。根据稀土上市公司公布的年度数据可知，稀土资源为稀土上市公司带来了较大的毛收益，但是每年上缴的资源税费比例较低，仅占 3% ~5%，总体而言，赋税较低。尽管 2011 年内蒙古稀土资源的资源税税率上调，稀土资源价格也有所回升，但税收数额并没有大幅度的上涨。由调查分析可知，稀土资源税的征收只是反映了部分的级差收入，并没有体现出稀土资源的战略价值和不可再生性，也没有跟随供需关系做适当的调整。资源税费的低廉，降低了稀土资源的开采费用，不利于稀土资源的开发、利用与管理。

第三，资源税具有一定的局限性，税费归属和分配不合理。基于社会主义市场经济体制的基本国情，我国实施的是分税制财政管理体制，地方政府拥有稀土资源税的税收权利。在这种分税制财政管理的体制下，内蒙古稀土资源过多的开发引致的资源税部分的提升并没有产生直接的正向激励，相反可能会产生反作用，表现为内蒙古自治区个别基层政府为了获取更多的财政收入可能会默许胡乱开采、采富弃贫等行为的发生，进而严重影响了内蒙古稀土资源的可持续发展和利用，造成了资源的浪费和生态环境的恶化，最终将导致内蒙古稀土资源效益的降低[187]。

第四，稀土资源的开发利用造成了生态环境破坏，现存的补偿措施无法弥补生态环境破坏的成本。稀土资源的勘探、开采与加工利用的过程会产生大量的废水、废气和废物，在现有的工艺水平下，每多开采一吨的稀土元素都会给生态环境造成很大的伤害，同时也会有许多的尾矿产生。稀土开发排放的三废已经对我国的水资源、大气资源以及森林、土壤资源造成了破坏。这种生态环境的破坏却没有得到应有的补偿，现已征收的稀土资源税并不能完全用来对生态环境进行修复，且稀土资源税也未完全用于生态环境的补偿，并没有起到专款专用的作用。政府除了征收资源税外，还收取了排污费、防治费等三废处理费用，但也没有直接用于环境的修复和保护，而是作为工作经费。资源税费较低且未按照规定使用资源税费，使得这些补偿措施无法弥补生态环境破坏的成本。

第五，稀土价格偏低，价格作为一种补偿方式直接影响着稀土资源的总效益。我国虽然是稀土大国，但是却没有稀土的定价权，内蒙古的稀土资源定价也受到国内外市场的限制，稀土资源的收益低直接降低了内蒙古稀土资源的效益，因此，提升稀土价格，使内蒙古稀土资源价格更好地反映出其内在价值，是需要解决的重要问题。

4.4　稀土储备的现状及意义

4.4.1　国外稀土储备的现状

A　日本

日本自身的稀土资源储量为零，但日本拥有的稀土储备量在全世界是排名第一的。在20世纪80年代初，日本就开始进行稀土资源的储备工作，并且在进行长远规划的同时，着手构建储备基地[188]。民间储备和国家储备是日本的资源战略性储备方式，所占比重分别为30%和70%。国家战略储备最早是在1983年开始的，它的储备目标是通过资源的长期持续供给以应对国家的突发和紧急状况。民间储备于1976年兴起，其目的是各行业、企业以自身需求为依据，储备相应资源以满足短期需求保障。虽然国家储备和民间稀土储备的规定目标为3个月至半年的国内消费，但日本的资源危机意识非常强，其实际的稀土储量远远高于国家规定。据统计，日本的稀土储备量足以维持该国至少20年的稀土资源需求。在管理方面，日本下设了两个独立管理机构。国家战略稀土资源储备和民间储备分别由金属矿业集团和特殊金属储备协会全权负责。

B　美国

早在1939年，美国国会就制定了资源储备的相关法案，内容包括扩展资源储备库以及提高战略储备能力，其法案的制定和完善使得美国成为具有战略储备意识最早的国家。1952 年，着手进行战略资源的长远规划，并开始实际操作。直到 1985 年，其战略资源储备划分已经确定了 63 大类 93 项，此时美国的大部分稀缺资源储备已经比年生产需求多二到三倍，稀土储备量跃居世界第三。但在 2002 年，由于国际稀土价格低廉，基本停止了开采，对稀土实行只勘探不开采的政策。同时，美国对稀土初级产品的需求转向从中国进口，当出现国家突发和紧急情况时，其储量可以满足三年的生产所需。美国资源战略储备方式分为国防储备和商业储备，两者均拥有适合自身特点的储备法案[189]。在此基础上，美国非常重视战略储备的灵活性和可操作性，为了顺应不断变化的国际形势，美国也在不断更新和变化储备品种和储备规模。

C　法国

法国国家主导经济储备战略。从表面上看，科技部和财政部共同进行资源的储备工作，但事实上国防部是法国经济储备工作的主体，对储备战略内容进行制定和保密任务。法国政府于 1975 年建立了稀土储备制度，目的同样是在出现国家突发或紧急情况时，来确保资源供给。法国储备各类项目的目标是 60 天的消费量，但是法国会不断统计国内需求与资源储备的匹配程度，以应对市场环境和国际趋势的复杂多变。这也是法国在资源储备方面的优势所在。此外，法国在资源储备信息方面尤其是稀土资源的保密工作十分到位，其目的是防止稀土产品市场混乱，以及实施稀土储备战略计划时由于提前泄密而引发恐慌，从而造成交易量迅速上升，储量减少，同时会因信息泄露导致的稀土库存量大量减少。

4.4.2　我国稀土储备的现状

我国进行稀土出口可以追溯到 1960 年，而彼时世界稀土主要产地在美国加利福尼亚州西南莫哈韦沙漠芒廷帕斯露天稀土矿，同时分离技术由法国垄断[106]。1980 年，中国提出了“稀土萃级理论”，该理论可以促使稀土进行高效分离。至此，中国的稀土分离技术走向世界，并且逐步领先其他国家的分离技术。中国稀土企业的数量和规模不断增长，当时全世界的稀土需求量只有 10 万吨，而中国的稀土分离能力却达到世界需求量的 1.5 倍以上，超过了需求，中国稀土就此大量出口[190]。由于中国出口稀土价格较低，各国开始意识到开采本国稀土成本要高于直接从中国进口，于是中国在世界上的稀土出口量迅速提高。21 世纪以来，稀土资源私采滥挖日益严重，走私猖獗，导致我国稀土资源大量浪费流失。2007 年，国家开始加大力度整顿稀土混乱的市场。国家规定要对稀土等稀缺资源实施矿产地战略储备，要采取保护性开采特定稀土矿的措施。2010 年，内蒙古自治区人民政府批准包钢稀土高科技股份有限公司实施稀土原料产品战略储备，主要储备形式以轻稀土精矿资源为主，目标储量超 20 万吨。这一举措标志着我国已开始实践稀土储备。2011年，国土资源部在江西赣州设立了首批稀土国家规划矿区，稀土资源主要是中重型稀土，储量超过70万吨。目的是对稀土资源进行保护以及合理对其开发利用，更加科学合理的投放矿业权，以便控制稀土资源的开发。2014年，国家成立“稀土、锑、钢资源储备规划及管理研究”课题组，拟制订稀土矿产地储备规划。课题组主要成员赴江西赣州开展稀土资源开发利用、产业发展及储备工作调研，便于较全面的了解，为课题组更进一步研究和制定国家稀土矿产地储备规划及有关政策提供了重要基础依据。目前，针对我国矿产资源战略储备的相关研究工作已着手开展并且取得了相应的成果，为我国陆续开展稀土资源战略储备工作以及制定稀土储备决策提供了重要的基础条件。

4.4.3　稀土储备的意义

（1）资源的不可再生性。基于未来稀土广泛的应用前景和我国储量减少的趋势，开展稀土储备势在必行。《中国统计年鉴》中相关数据显示，截至2012年底，我国的稀土资源基础储量达到了2153万吨。虽然我国的稀土资源基础储量较大，但是与产量相比还是较大差距，已逐渐提醒我们稀土资源即将面临枯竭的警戒状态。尽管“江西、广东、广西、福建、湖南”的重稀土资源种类十分丰富，但是根据相关数据表明，截至2008年储量只剩下60万吨左右，按目前的生产能力估算，剩下的资源将在未来的15年内开采完。同时，我国的稀土市场监管薄弱以及不完善，再加上违法成本较低，一些企业非法开采和出口稀土资源，使得我国的稀土资源出现了不断减少的趋势。正是这种情况的长期存在，加剧了我国从开采和生产环节保护稀土资源的重要性和紧迫性。同时，加强对于稀土生产企业的监管也是迫在眉睫。

（2）增强话语权。储备从根本上说是对于宏观经济调控的重要手段，可以防范市场风险。而目前亟须解决的就是我国稀土行业发展中的私采滥挖乱象，虽然国家每年都会公布稀土开采指令产量，但效果不明显，使得稀土产品的产量供大于求，再加上各个稀土企业之间的恶性竞争，这些原因共同造成了稀土卖出了“白菜价”。稀土储备可以通过对稀土产品原料供应量的控制，来实现对价格的调控，防止价格波动，维护市场稳定发展。除了从供应量上的调控，通过储备还可以实现资源的合理分配，有利于稀土资源的可持续开发利用。因此，稀土储备有助于提升我国稀土在国际贸易中的话语权，继而实现资源优势向经济优势转化。

（3）稀土行业健康发展。我国稀土生产和出口的产品主要是低利润的原材料和附加值较低的低端产品，深加工领域制造的产品及其应用较为缺乏，产品结构的不均衡制约着稀土行业的合理健康发展。但是日本、美国等西方发达国家的一些外资企业通过购买中国稀土原材料或初级稀土产品稍作加工便运回国内，在本国进行深加工后制造出高附加值产品，再以高价出口至中国，或者直接作为本国的战略资源储备，使得我国稀土资源直接流失国外。所以，站在整个稀土产业链的角度来看，稀土资源储备是必然的举措。

（4）有效规避世贸规则。我国近两年提倡经济新常态，随着经济发展方式的转变，我国政府渐渐意识到不能再把资源性产品廉价地输出到国外。2009 年，美国联合欧盟和日本向 WTO 提起针对中国限制稀土出口的贸易诉讼，反对中国采取出口关税、出口配额等其他针对出口的限制。尽管商务部组织专家积极应对，但最终还是以中国败诉结束。从准则的角度考虑，我国这些做法毕竟没有遵循“入世承诺议定书”，这一结果为美国针对中国的稀土政策可以向 WTO 组织进行申诉提供了可能性。但是我国目前采取的稀土出口限制的相关政策也带来了很多不良的影响，因此，需要国家政府相关部门在国内各个环节上更加重视我国稀土矿产资源的保护。2015 年，商务部决定取消出口配额和出口关税，通过稀土资源税改革来保护资源可持续利用和保护环境。这种方式的目的是既可以规避世贸规则，同时又可以控制国内稀土生产以及打击稀土走私等非法不合理行为。同时，WTO 的相关规定也表明了允许其成员国采取一些限制性措施来保护成员国的资源和环境，由于政策的连贯性，在成员国的内部也需要对各个环节采取类似的限制出口措施[197]。综上，在 WTO 的相关规则下，我国也需要采取相关的措施来从根本上对稀土资源进行监管。

5 价值补偿视角下内蒙古稀土资源效益研究的模型构建

5.1 基于系统动力学的稀土资源效益建模基础

5.1.1 系统动力学的概念和基本建模方法

系统动力学是研究信息反馈的动态、复杂系统的一门学科，通过研究主要的影响因素、组织结构、信息和物质流动以及相互反馈结构，来构建整个系统动态模型。模型运用 Vensim 等计算机软件，将定量分析与定性分析相结合，对模型进行模拟和预测。系统动力学的出现使复杂的动态系统模型能够简单、清晰地进行模拟，因此系统动力学被广泛应用于社会、经济和生态等系统的研究。系统动力学的建模流程如图 5.1 所示。

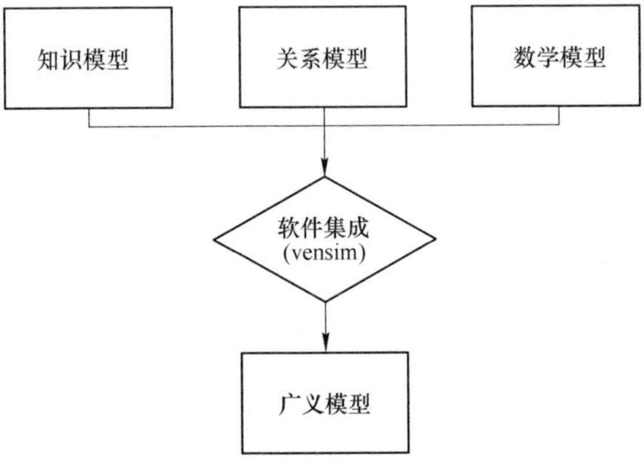

图 5.1　系统动力学建模流程

系统动力学的研究基础是系统论，系统动力学的建模是将很多因素整合到一个回路中的过程，各因素之间的相互关系类似于流体在回路中流动的规律，通过“回路”“流量”“存量”“信息”“积累”和“决策”来分析整个系统。总体而言，系统动力学就是基于系统论建立系统模型，通过用回路描述整个系统框架，然后对所有的变量因素进行分析，研究各个变量因素间的相互关系，设定数量方程，构建模型，最后应用计算机软件 Vensim 运行分析。

系统动力学模型所涉及的基本方法和工具主要包括因果关系图、流程图、方程式和仿真平台。其中，因果关系图描述了各个变量因素之间的因果关系，为构建系统动力学模型奠定了基础，它包含了主要的影响因素和各个影响因素之间的相互反馈关系，在此基础上可以继续构建流程图；流程图是在因果关系图的基础上对变量性质的划分，用不同的图标来显示不同的性质变量，并用不同的方式显示出变量间的反馈关系，流程图的出现为系统动力学进行更加深入的研究奠定了基础；系统动力学方程式表示各个变量之间的数学关系式，它是由已知初始状态的变量值来计算下一期数值的方程；仿真平台是模型运行的平台，它将所构建的因果关系与方程式运用软件进行运算和仿真，可以计算在不同情况下的数据，并实现对模型整体的模拟[129]。通过学习和参考国内外学者关于系统动力学在矿产资源中的应用以及系统动力学的研究方法和工具，本书基于系统动力学理论从价值补偿视角构建内蒙古稀土资源效益模型。

5.1.2　稀土资源效益系统动力学建模的可行性

根据前文的论述可知，系统动力学可以有效地分析复杂动态的系统结构，而内蒙古稀土资源效益问题本身就是一个复杂的动态系统，所以可通过系统动力学方法对内蒙古稀土资源效益进行研究。本研究从以下三方面对其可行性进行分析：

首先，系统动力学有益于系统地认识内蒙古稀土资源价值补偿及效益所存在的问题。很多因素影响着内蒙古稀土资源效益的高低，各个影响因素之间的相互关系错综复杂，而系统动力学模型可以有效地对变量之间的相互关系进行分析，平行考虑每一个变量，运用结构化的思考方法使内蒙古稀土资源效益问题得到全面而清晰的认识。

其次，系统动力学有益于将内蒙古稀土资源效益问题的定性分析和定量分析相结合。对内蒙古稀土资源效益的研究是包括对经济效益、环境效益和社会效益在内的总效益的研究，其中，销售收入、营业成本等财务指标影响着内蒙古稀土资源的经济效益，社会、环境等因素影响着内蒙古稀土资源的社会和环境效益。前者是定量分析，后者是定性分析。而系统动力学的方法可以有效地解决复杂的定性分析与定量分析，将两者系统地融合在一起进行研究分析。由此可见，系统动力学使得对内蒙古稀土资源效益的研究和分析更加简单、明了。

最后，系统动力学的相关计算机软件可以对内蒙古稀土资源效益进行仿真模拟。本书将使用 Vensim 软件对所构建的系统动力学模型进行分析。系统动力学也被称为“实际系统的实验室”，应用系统动力学对内蒙古稀土资源的效益进行仿真，是研究复杂的效益模型所需要的。

通过分析系统动力学应用于内蒙古稀土资源效益系统的可行性可知，系统动力学的原理和方法可以应用于内蒙古稀土资源效益模型中。

5.1.3　稀土资源效益系统动力学建模的思路与步骤

内蒙古稀土资源效益系统动力学模型建模的总体逻辑思路如图5.2所示，首先是对国内外相关理论的研究和数据的调查分析，其中理论研究包括内蒙古稀土资源效益及系统动力学方法研究，数据的调查分析则包括内蒙古稀土资源现状分析和相关数据的搜集；其次是对可行性的研究和模型的构建基础分析；最终对所构建的模型进行仿真模拟。

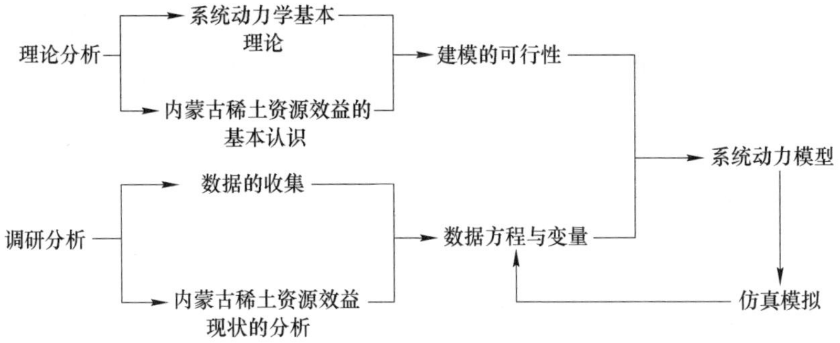

图5.2　建模的逻辑思路

内蒙古稀土资源效益系统动力学模型根据系统动力学建模的一般步骤进行建立。图5.3描绘了系统动力学建模的一般步骤。首先，对价值补偿视角下影响内蒙古稀土资源效益的变量进行分析，并对相关数据进行搜集和整理；其次，分析组织结构，构建内蒙古稀土资源效益因果关系图和流程图，根据变量之间的关系制定参数和设计方程式；然后，形成了有、无价值补偿时内蒙古稀土资源效益系

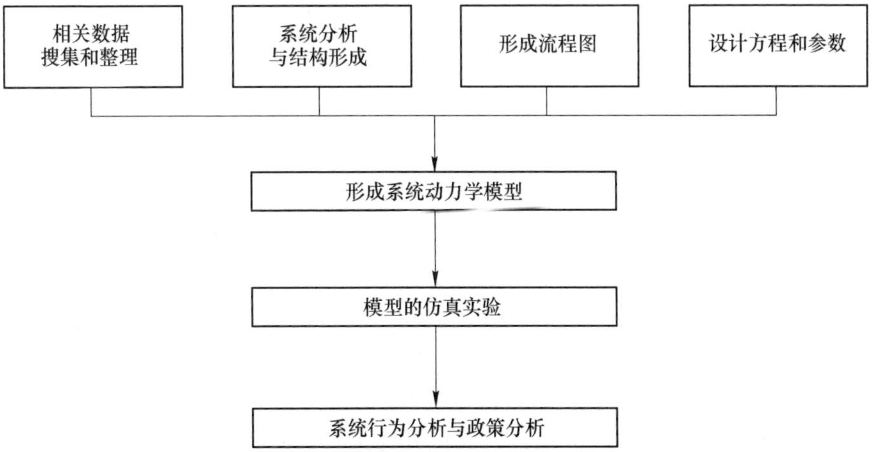

图5.3　系统动力学建模的一般步骤

统动力学模型，对模型进行检验后系统就可以进行仿真模拟，最后，进行相关分析。

5.2　模型的变量选择及变量关系表述

5.2.1　变量的选择

5.2.1.1　稀土价格

我国拥有丰富的稀土资源，稀土是我国的优势资源[190]。2001～2005年，稀土价格持续走势低迷，我国政府注意到我国是稀土大国但并非稀土强国以及不具备稀土定价话语权的现状；从2006年起出台了一系列整顿稀土产业的措施，造成了稀土产量的降低，由于稀土下游市场的活跃，对稀土资源的需求量较大，因此稀土的价格逐渐回升；2008年，受到国际金融危机的影响，经济增长缓慢，对稀土资源的需求量降低，稀土的价格开始回落；金融危机过后，随着我国对稀土产业整顿力度的增加和世界经济的复苏，从2010年起，稀土价格呈现明显上升趋势，到了2011年9月达到了近几年来的最大值；随后，稀土价格又开始逐步下滑，且2012～2013年一直延续这个趋势，尽管近几年政府出台了各项政策推进了稀土产业的重组与合并，增加了盗采乱采的惩治，进行了一系列的整治活动，稀土价格仍未回升；到了2014年，我国稀土产品的价格已跌至2010年年底的水平，可见产量过剩是导致价格持续低迷的原因之一[191]。从2007年开始，内蒙古稀土资源的出口均价走势如图5.4所示。

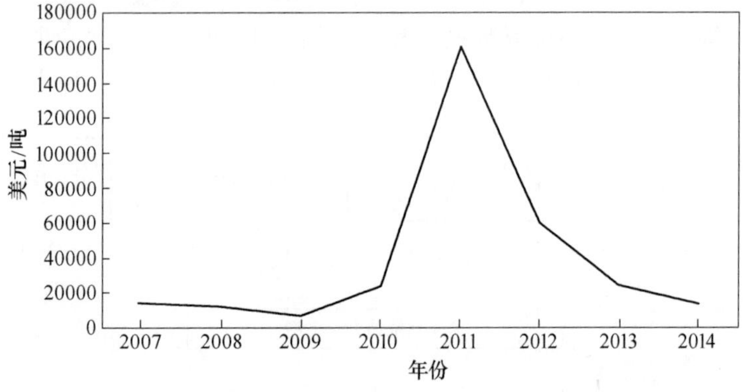

图5.4　内蒙古稀土资源的出口均价

（数据来源：根据2008～2015年《稀土信息》公布的数据以及统计年鉴数据整理所得）

我国的矿产资源市场是一个国家管制相对比较严格的市场，尤其是国内的稀土资源价格远低于其自身的价值，无法代表稀土资源的实际收入。在对实际收入计算时，大多采用国内的出口均价来代替国内矿产资源的价格来测算总的收入水平，因此，内蒙古稀土资源的价格采用内蒙古稀土资源出口均价来替代。

稀土的价格影响着稀土资源的效益，价格与经济效益是正相关关系，稀土价格的提升使总收入增加，总收入增加又会提升稀土资源的经济效益。但是价格上升所引起的胡乱开采现象会造成稀土资源的浪费和生态环境的污染，这会给社会效应和环境效应带来不利的影响。

5.2.1.2 内蒙古稀土的销售量

内蒙古稀土的销售量如图 5.5 所示。

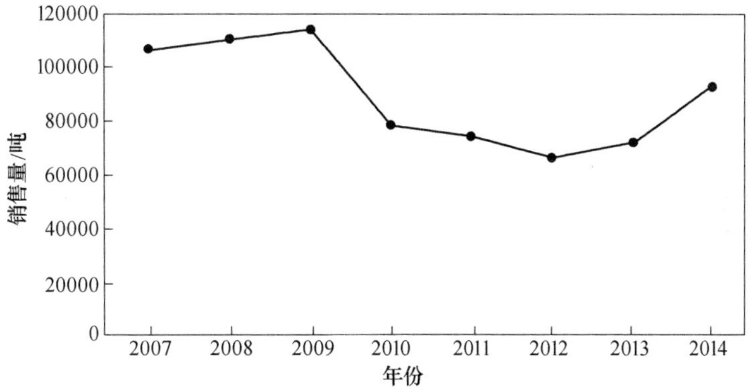

图 5.5 内蒙古稀土销售量

（数据来源：2008～2015 年《稀土信息》公布的数据以及中国稀土网公布的数据整理所得）

北方稀土集团使用的稀土资源，主要来自储存于包钢集团的尾矿坝，因此需要保护好北方稀土集团的尾矿坝。目前，内蒙古稀土资源产量占全国稀土资源产量的 54%。图 5.5 所示为内蒙古稀土资源的销售量。2007～2009 年，内蒙古稀土资源的销售量维持在 10 万吨左右；2010～2013 年稀土资源的销售量均低于 8 万吨；2014 年达到一个转折点，稀土资源的销售量有了上升的趋势。在环境效益不变的情况下，销售量增加则总收入增加，总收入增加则稀土资源总效益增加，因此，销售量与总效益呈正比例关系。

5.2.1.3 毛收入

毛收入是由销售收入减去工资总额、正常资本回报和中间成本构成的。工资总额为稀土开采从业人员平均数与稀土行业平均工资的乘积，并用通货膨胀率对名义工资进行平减。正常资本回报是指一般工业企业的投资额与正常资本投资回报率的乘积，学者们对于正常资本回报率的选取有不同的方法，部分学者选用北京大学中国经济研究中心所估算的中国工业平均投资回报率中的“固定资产存量的回报率”作为正常资本回报率；或是选用一年期存款实际利率作为正常资本回报率。但由于通货膨胀等因素的存在，导致某些年份的一年期存款实际利率为负值，从而得到的正常资本回报额也为负值，这与正常条件下的资本回报值不符。因此，选用一年期存款实际利率存在一定的缺陷。本书在计算使用者成本时，选取了固定资产存量回报率5%作为正常资本回报率[69]。中间成本即工业总产值和工业增加值的差额。其中工资总额、正常资本回报和中间成本又可看做是北方稀土集团的营业成本，如图5.6所示。毛收入增加，则稀土资源使用成本增加；稀土资源使用成本增加，则总成本增加，总效益较低。

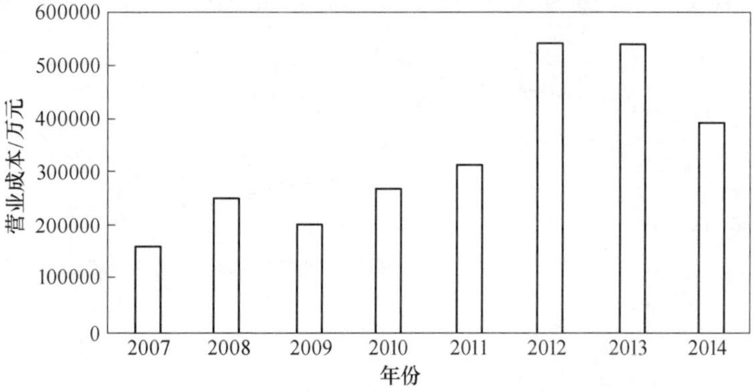

图5.6 北方稀土（原包钢稀土）营业成本
（数据来源：2007～2014年北方稀土集团年报）

5.2.1.4 可开采年限

内蒙古稀土资源开采年限受到很多因素的影响：一是稀土资源储量的不确定性，稀土资源在不断地被勘探、开采和利用，内蒙古每年的稀土资源储量都有很大的区别，以哪一年为基准进行开采年限的计算，结果会有很大的不同；二是内蒙古稀土资源每年开采过程中的损耗问题，尽管每年的开采量是可以计算和预测的，但是在开采过程中的损耗和浪费是无法准确计算的，因此，无法精确计算出内蒙古稀土资源的开采年限；三是国家政策的影响，不同经济、社会条件下，国家对于稀土资源勘探、开采和使用的数量是不同的，国家政策的制定直接影响着内蒙古稀土资源的开采量和使用量，并最终影响内蒙古稀土资源的开采年限；四是随着科学技术的不断发展和先进开采技术的使用，也会影响可采年限。因此，内蒙古稀土资源的开采年限很难精确地计算出来。

本研究应用“泰勒法则”对内蒙古稀土资源开采年限进行估算。“泰勒法则”是1997年泰勒经过大量的数据核算和反复的检验得出的[202]，常被用来计算矿山服务年限。表5.1是根据“泰勒法则”计算出的矿山服务年限，计算公式如下：

$$\text{矿山服务年限(年)} = 6.5 \times \sqrt[4]{\text{矿石吨位(百万吨)}} \times (1 \pm 0.2) \tag{5.1}$$

表 5.1　矿山服务年限

矿山可采储量/万吨	矿山服务年限/年	矿山生产能力/吨·日$^{-1}$
10	3～4.5	100～65
100	5.5～7.5	500～400
500	8～11.5	1800～1125
1000	9.5～14	3000～2100
2500	12～17	6000～4200
10000	17～25	17000～11500
50000	26～37	55000～39000

数据来源：根据泰勒法则整理得出。

从目前稀土资源已探明储量规模和白云鄂博矿的生产能力来看，内蒙古稀土资源将在未来的30年左右被开采殆尽。尽管现阶段内蒙古减少了稀土资源的消费量和出口量，并且政府陆续出台了一些储备计划，但是也无法彻底解决内蒙古稀土资源快速减少的现状。因此，本研究假定内蒙古稀土资源的服务年限，即可开采年限为30年[194]。开采年限的大小直接影响着稀土资源的使用者成本和矿业权成本。

5.2.1.5　资源储量与可采储量

稀土资源的储量和可采储量对稀土资源的可开采年限有直接的影响，从而也影响着使用者成本的核算和矿业权成本的核算。在计算内蒙古稀土资源的可采储量时，需要依据白云鄂博矿的特点进行研究，聘请有经验的专家进行实地考察和预测估算。通常国外发达国家对矿产资源储量评审有三种类型：一是社会机构评定型；二是国家评审型；三是有限控制型。现阶段，我国对稀土资源储量的审批属于国家评审型，经过国家审批后表明的储量是指矿山地质储量，并没有扣除其他任何损耗；而国外所披露的矿山储量是其资源经济可采储量，并不等同于我国的资源储量。因此，为了能够与国际市场相统一，就要注意对储量和可采储量概念的界定[194]。

5.2.1.6　折现率

折现率的定义为：未来一段时期内预期的收益额折算成现期价值的比率。折现率会受到无风险利率和风险收益率的影响，在计算稀土资源成本时所选取的折现率也会受到两者的影响。当成本以现金的形式存在时，就会用于投资，投资可以选择存入银行或购买政府债券等几乎无风险的行为，这将会获得无风险利率；还可以选择购买股票、基金或再投资于矿产资源的开发等有风险的行为，这将会获得风险收益率。由此可知，稀土资源成本的核算既要考虑无风险利率，也要考虑风险收益率。这里所指的无风险利率为银行利率，风险收益率为行业利润率。

改革开放以来，我国一年期定期存款的银行存款利率变动范围为 1.98% ~ 10.98%。部分学者对我国矿产资源行业利润率进行核算，表明我国矿产资源采选行业的行业利润率在 2.51% ~14.12% 左右[204]。基于此，本研究将我国稀土资源折现率变动范围设定为 1% ~10%，并选取该范围的中间值 5% 作为内蒙古稀土资源成本的折现率。

5.2.1.7 净现金流量

净现金流量即现金流入量和现金流出量的差额。净现金流量是指在一段时期内，项目实施所提供的产品与服务带来的现金流量扣除项目运营的相关费用后得到的现金流量，其计算周期为一年。净现金流量增加则企业的成本增加，企业成本增加则稀土资源的成本增加。本研究在计算净现金流量时选取的是北方稀土集团在每年年内所实施项目中的现金流入量和现金流出量的数据。

5.2.1.8 社会平均利润

矿业权成本会受到社会平均利润的影响，社会平均利润是由行业平均投资收益率和年销售额的乘积决定的。在《矿业权评估指南》中提出用采矿业平均销售收入利润率或社会销售收入平均利润率当做行业平均投资收益率来计算社会平均利润，其中采矿业平均销售收入利润率是由国家统计年鉴中的数据计算所得，一般为 3.6%。行业平均投资收益率并不等同于销售收入平均利润率。对于内蒙古稀土产业来说，稀土资源的前期勘探、开采工作需要大量的资金投入，且风险很大，从勘探到最后的应用要经历很长的一段时间，如果选用销售收入平均利润率来计算矿业权成本，最终的数据会比实际数据偏高。因此，要合理选取行业平均投资收益率[193]。

在矿产资源勘探、开发的初期，我国处于计划经济体制下，绝大多数采矿业处于亏损状态。随着我国社会主义市场经济体制的形成，矿产资源的勘探和开采得到了改革和发展，采矿企业可以在市场上进行独立的竞争，同时把高收益率作为企业运营的目标之一，因此，行业平均投资收益率逐渐提升，企业也处于盈利状态。通过参考国内外采矿业平均投资收益率，借鉴了社会平均投资收益率和风险报酬率，设定采矿业的平均投资收益率的范围为 5% ~13%。本书选取稀土资源行业平均投资收益率 5%，作为计算社会平均利润的基础[193]。

5.2.1.9 三废处理费用

现阶段，内蒙古包头市面临经济社会发展转型和环境问题高发等问题，稀土资源的开采使得三废排放量增加，为了保障生态环境的稳定和良好的经济发展环境，需要对三废排放量进行处理。包头市从 2007 年起的三废处理费用如图 5.7 所示。由图可知，固体废物的处理费用最低，这是由于固体排放物的综合利用率较高，排放量较低，回收利用的固体排放物又有了其他的附加价值，因此处理固体废物排放量的费用低于废水和废气的处理费用。

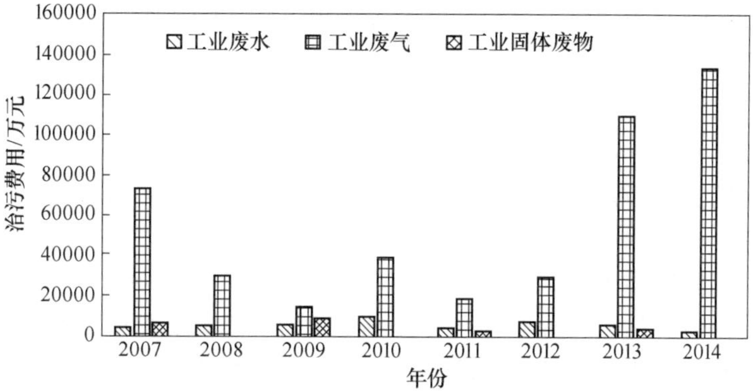

图 5.7　污染处理费用

（数据来源：2008～2015 年包头统计年鉴）

5.2.1.10　三废排放量

在三废排放量中，废水和废气的排放量较大，由于固体排放物的综合利用率相对较高，因此固体污染物的最终排放量较低，对固体废物实现了资源的再回收、再循环利用。通过对固体废物进行回收处理，实现循环利用，大大降低了固体污染物的排放。

稀土的开采、分离和稀土金属的冶炼会排放出大量的污染物。尽管污染物在排放前会经过处理和回收利用，但仍然会对环境造成一定的损害。污染的处理过程有：对氨氮废水的回收利用，通过具有国家专利的蒸氨尾气回收综合利用装置对氯化铵进行回收，并利用低温节能蒸发器处理低浓度氨氮废水，新的技术工艺可以减少近 50% 的能源损耗，且减少了污染物的排放，真正做到了节能减排；对含氟的废气和稀土粉尘等固体废物进行回收加以综合利用，并应用大型稀土熔盐电解技术设备减少污染物的排放[196]。

随着环保技术的发展和可持续发展理念的深入，以及 2015 年 1 月 1 日最新修订的并被喻为“史上最严”环境保护法的实施，内蒙古稀土资源的勘探、开发和利用过程中的环保问题越来越受到重视，环境破坏问题减弱，受损环境问题得到改善。但是，内蒙古稀土资源的开采仍会带来一些生态环境污染问题，例如，管理人员环保意识薄弱，对政府的环保检查和环境效益存在抵触心理等，这些行为的出现会对环境造成一定的破坏，三废排放量会有所增加，从而影响了环境效益。三废排放量越大，对环境污染破坏的越严重，环境损失成本越大，环境效益越低，总效益越低。

5.2.2　变量关系的表述

稀土资源效益是包括经济效益、社会效益和环境效益在内的总效益，可用稀土资源总收入和稀土资源总成本的差额来衡量内蒙古稀土资源的总效益。通过对国内外价值补偿方式的研究可知，稀土资源的价值补偿主要分为两个部分：第一部分是价格。赋予稀土资源以价值并基于此设定合理的价格；稀土资源的价值是稀土产品价值的一部分，稀土资源的价值大部分通过稀土资源及产品的价格表现出来，再通过经济市场上的交换，稀土资源的价值通过稀土产品进行一次或多次的转移从而转变成新的价值形态，企业出售包含稀土资源在内的稀土产品，收取货币，则稀土资源的价值补偿通过价格的形式得以实现。第二部分是补偿税费。除了价格直接补偿稀土资源价值外，针对稀土资源征收的补偿税费也间接地补偿了稀土资源价值。稀土资源的补偿税费主要以稀土资源税和稀土资源补偿费的形式存在，因此，总收入包括稀土的销售收入和资源税费收入。

总成本包括使用者成本、矿业权成本和生态环境成本。下面分别对使用者成本、矿业权成本和生态环境成本进行分析。

5.2.2.1　使用者成本核算

稀土资源使用者成本的核算由两部分构成，分别是资源使用成本的核算和土地使用成本的核算，其中，土地使用成本即北方稀土集团的土地使用成本；稀土资源使用成本采用使用者成本法进行核算。使用者成本法通过测算一种不可再生资源的折旧来计算使用者成本，最初由国外学者开始应用，用于考察真实收入，现在则主要用来考察矿产资源资产价值损失。稀土资源使用成本的计算方式如下：

令 r 为利率（即折现率），R 为不可再生资源在有限的开采期间内扣除开采成本的年毛收入（假设为常数），X 为每年的真实收入（表示将不可再生资源开采的毛收入转换成无限期收入流时的年收入），则无穷期的真实收入 X 的现值为：

$$V_0 = \sum_{i=1}^{\infty} \frac{X}{(1+r)^t} = \frac{X}{r} \tag{5.2}$$

而对于给定的某种资源，在其有限的开采年限（T）内，每年的毛收入 R 的现值为：

$$W_0 = \sum_{i=1}^{T} \frac{R}{(1+r)^t} = \frac{R}{r} \times \left[1 - \frac{1}{(1+r)^T}\right] \tag{5.3}$$

显然，$R > X$。根据 EI. Serafy 的假设，真实收入 X 是开采不可再生资源可用于消费的部分，而 $R - X$ 部分则用来进行投资，以保证获得无穷期限的真实收入流。当投资发生时，毛收入 R 的现值 W_0 与真实收入流 X 的现值 V_0 相等，即得到真实收入 X：

$$X = R - \frac{R}{(1+r)^T} \tag{5.4}$$

EI. Serafy 的定义指出：使用者成本为毛收入 R 和真实收入 X 之差。对于稀土资源，其资源使用成本为 D，计算公式如下：

$$R - X = D = \frac{R}{(1+r)^T} \tag{5.5}$$

5.2.2.2 矿业权成本核算

$$W_p = \sum_{i=1}^{n} [(CI - CO)_i - W_i] \times \frac{1}{(1+r)^i} \tag{5.6}$$

$$W_i = E_{p_i} \times \varepsilon$$

式中，W_p 为矿业权评估价格；CI 为年现金流入量；CO 为年现金流出量；W_i 为社会平均利润；E_{p_i}为年销售收入；ε 为行业平均投资收益率；r 为折现率；n 为计算年限。

参考国内外文献可知，矿业权成本的核算大多采用贴现现金流量法，计算方法如式（5.6）。从原理上讲，对矿业权成本进行核算的贴现现金流量法与一般财务核算中的贴现现金流量法基本一致，但是在计算过程中参数选择的标准有一定的差别，需要符合矿产资源的勘探、开发特点，否则计算出的矿业权成本将会失去参考作用[206]。影响矿业权成本的主要变量有：资源所在企业的现金流量、矿床或矿山的服务年限、社会平均利润等。

5.2.2.3 生态环境成本核算

基于可持续发展的观点，稀土资源本身即被认为是构成环境的要素，它们之间是相互联系的有机整体，且这种整体性决定了稀土资源价值的补偿不仅包括稀土资源开发过程中的有形耗费（经济价值），还应该包括因稀土资源开发利用受到影响的生态功能恢复和重建的费用（生态环境价值）。稀土资源的开发利用会给环境造成一定的破坏，降低环境效益，并导致资源总效益的降低。其中，生态功能恢复和重建的费用构成了环境损害成本，本研究在内蒙古稀土资源效益研究的过程中，通过替代法用环境损害成本替代生态环境成本，并对环境损害成本进行核算。由于内蒙古的稀土资源主要集中于包头白云鄂博矿，经包钢集团勘探和开采，由北方稀土集团进行冶炼和分离。稀土资源的开采应用将产生大量的污染，且以空气污染、水污染和固体废物污染等“三废”污染为主，对包头市三废排放的处理费用可近似地看做是内蒙古稀土资源的环境损害成本，显然，这样会扩大内蒙古稀土资源的环境损害成本。

5.3 稀土资源效益因果关系分析

根据前文的论述，在确定了相关变量和成本核算方式的基础上，对稀土资源效益系统动力学模型的主要因果关系进行分析：

（1）稀土资源效益受总收入和成本的影响。稀土资源总收入的增加有利于稀土资源效益的增加，呈正相关；稀土资源总成本的增加又会减少稀土资源的效益，呈负相关。

(2) 总成本由使用者成本、矿业权成本和生态环境成本构成，总成本不仅直接对稀土资源效益产生影响，还会通过对价格的影响间接影响稀土资源效益。总成本增加时，稀土价格会随之提升，在销售量不变的情况下，稀土价格的上升会使总收入增加，总收入增加则促进稀土资源效益的增长。

(3) 在价格不变的情况下，当稀土资源销售量增加时，稀土资源的总收入会增加，稀土资源总收入增加则稀土资源的效益也会增加。当效益增加时，企业会扩大生产经营规模，有利于稀土资源和相关产品的销售，则总收入增加。根据以上因果关系，建立因果关系如图 5.8 所示。

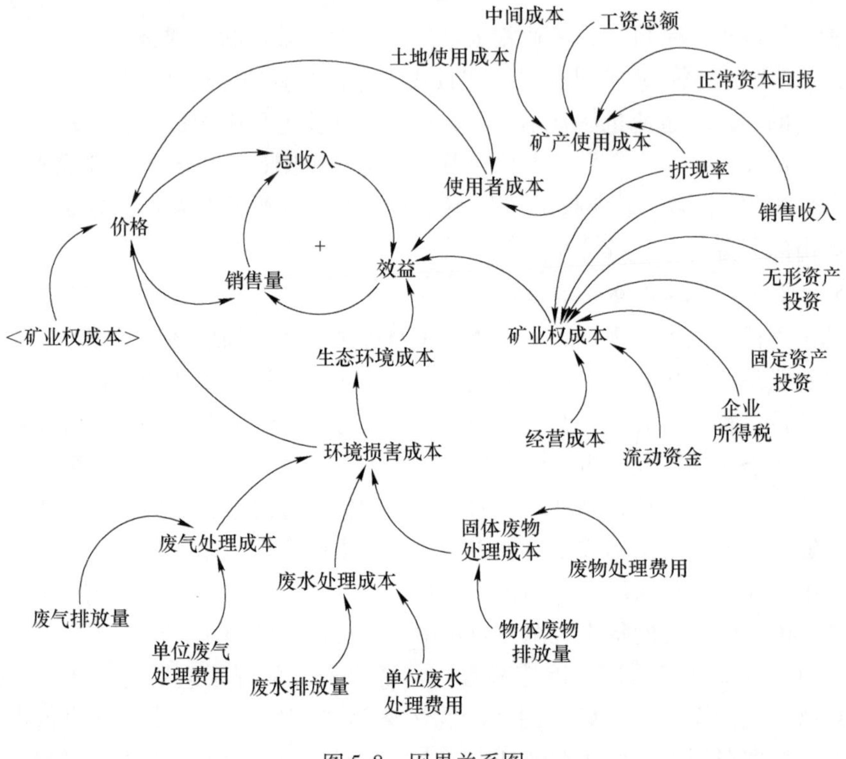

图 5.8　因果关系图

在因果关系图中，主要的反馈回路为：总收入—效益—销售量—总收入，且该因果关系回路为正反馈回路。

6　价值补偿视角下内蒙古稀土资源效益的系统仿真模拟

6.1　系统仿真原理

系统仿真，即基于变量因素的属性及变量因素之间的数学、逻辑关系对所研究主体进行模型的构建。这种模型可以直观地反映出各个变量之间的逻辑关系，并将定量分析与定性分析相结合，对仿真模拟出的结果进行分析并提出相关的对策建议[198]。

仿真是一种将虚拟问题真实化的过程，通过计算机技术构建模型和方程式对问题进行求解。仿真并不是将研究的问题或现象放在现实的市场情境中进行研究，而是在一个通过计算机技术创造的环境下对问题和现象进行研究，由于能够掌握主要影响因素之间的相互关系，可以很容易用计算机技术设定一种真实的情景模拟以便研究。因此，仿真是可以真实描述系统动态变化过程的技术[199]。

本研究对价值补偿视角下内蒙古稀土资源效益的问题进行仿真模拟，在实际情况下无法计算无价值补偿时的内蒙古稀土资源效益，因为他们是一个相互影响的过程，而通过系统动力学的仿真模拟，即可对有、无价值补偿时的内蒙古稀土资源效益模型进行构建，并对结果进行对比分析。

6.2　系统流程图

前面已经构建了内蒙古稀土资源效益模型的因果关系图（图 5.8），在此基础上区分变量属性与变量间的逻辑关系，进一步构建流程图。流程图为内蒙古稀土资源效益的定量分析奠定了基础，它将模型的系统结构和动态行为以图像的形式展现出来，分析模型中包括积累、流率、物质流、信息流等符号构成的反馈回路及变量之间的正、负相关关系。对比流程图和因果关系图，两者的性质已经发生了根本性的变化。流程图是在因果关系图的基础上，增加了变量之间的方程式，将流位变量、流率变量、辅助变量整合在一起，进行定量分析。稀土资源效益系统动力学流程图是进行仿真模拟分析的主要模型。

6.2.1　无价值补偿的内蒙古稀土资源效益系统动力学流程图

根据前文建立的各变量间相互关系，可构建出内蒙古稀土资源效益仿真模型流程图。使用仿真工具构建出模型Ⅰ：“无价值补偿的内蒙古稀土资源效益系统动力学模型”的流程图，如图 6.1 所示。

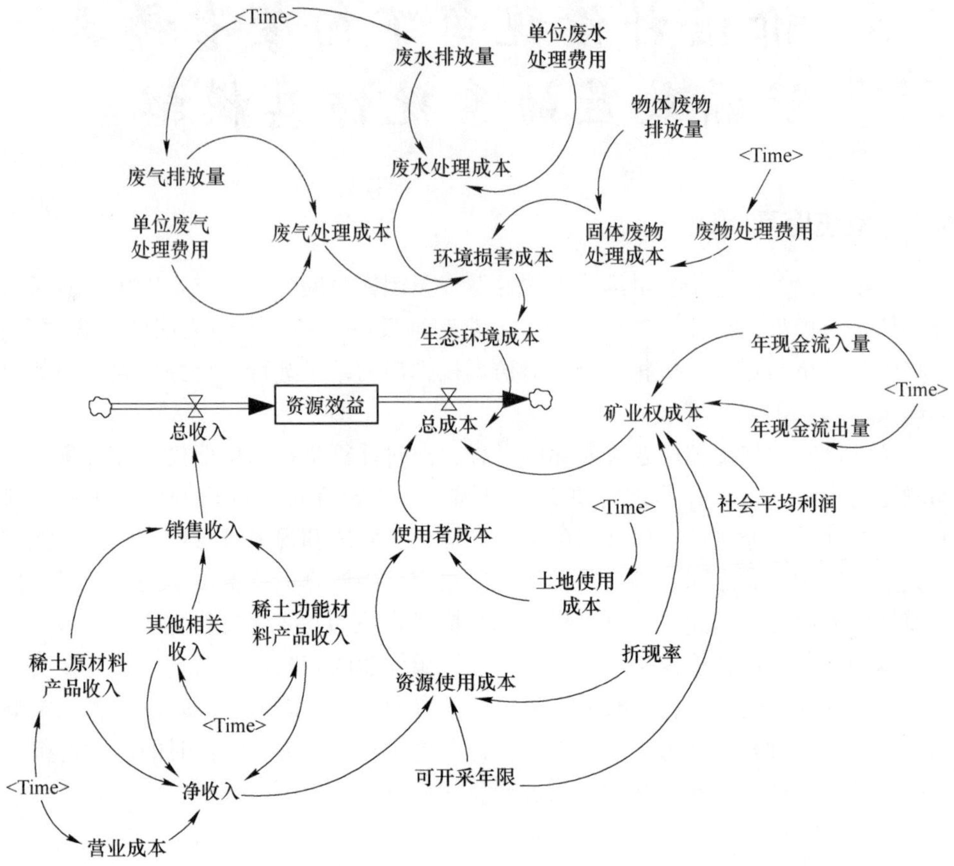

图 6.1　内蒙古稀土资源效益系统动力学模型

6.2.2　价值补偿视角下的内蒙古稀土资源效益系统动力学流程图

对有、无价值补偿时的内蒙古稀土资源效益模型进行对比研究。基于前面建立的模型Ⅰ：“无价值补偿的内蒙古稀土资源效益系统动力学模型”流程图，在此建立模型Ⅱ：“价值补偿视角下内蒙古稀土资源效益系统动力学模型”流程图（图 6.2）。在对稀土资源进行价值补偿时，不仅包括稀土价格对稀土资源价值的直接补偿，还包括国家征收的补偿税费对稀土资源价值的间接补偿，补偿税费的方式有资源税和稀土资源补偿费。由于前面在计算稀土资源效益时，已经将价格计算在内，因此在构建模型Ⅱ的流程图时，主要通过增加补偿税费的方式体现对稀土资源价值的补偿。

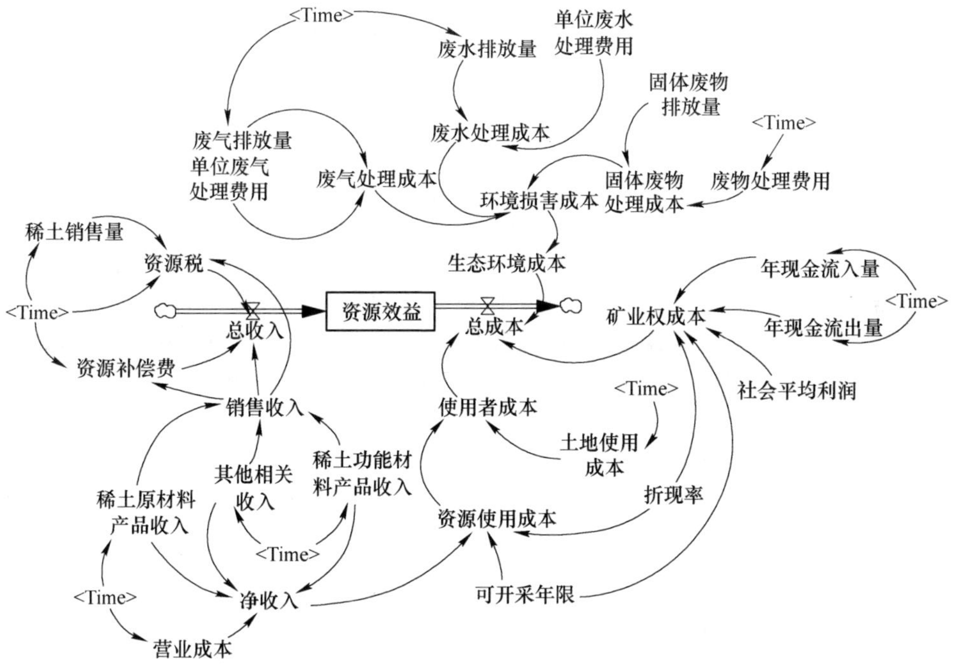

图 6.2　价值补偿视角下的内蒙古稀土资源效益系统动力学模型

6.3　系统动力学方程式建立

很多变量因素直接或间接地影响着内蒙古稀土资源的效益，如稀土价格、销售量以及现金流量、工薪人员数量、“三废”排放量等，目前还无法应用一个简单的静态模型进行模拟运算，因此本书选用系统动力学模型进行复杂动态系统的仿真模拟，并采用选择关键影响因素的办法，基于价值补偿的视角对内蒙古稀土资源的效益进行模拟，并根据有、无价值补偿去进行动态的判断和调整，最后利用系统动力学模拟出从 2007 ~ 2020 年的无价值补偿稀土效益和计入价值补偿后的内蒙古稀土资源效益，并进行对比分析。

A　总收入

在未增加补偿费用时，总收入就等于销售收入，销售收入是由稀土价格和销售量的乘积构成的。但由于稀土资源不仅以原材料的形式出售，还以深加工功能材料产品及其他形式出售，因此该类稀土产品的收入也应包括在销售收入中：

$$I_{总} = I_{销售} = I_{原材料} + I_{功能材料} + I_{其他} \tag{6.1}$$

式中，$I_{总}$ 为每年稀土资源的总收入；$I_{销售}$ 为每年的稀土总销售收入；$I_{原材料}$ 为每年的稀土原材料产品收入；$I_{功能材料}$ 为每年的稀土功能材料产品收入；$I_{其他}$ 为每年的稀土相关产品的收入。

前面已说明除价格外内蒙古稀土资源的价值补偿方式主要是资源税 $R_{资源税}$ 和资源补偿费 $R_{补偿费}$，因此计算计入价值补偿的稀土资源效益时，应以增加补偿税费后的总收益 $I'_{总}$ 为准：

$$I'_{总} = I_{销售} + R_{资源税} + R_{补偿费} \tag{6.2}$$

B　资源税税额

稀土资源税的征收方式经历了多次变革，由于本文的研究以 2007 年为基点，因此对资源税税额的计算也从 2007 年开始。2007 ~ 2010 年，稀土资源采用从量计征的方式，税率为 0.4 ~ 30 元/吨，内蒙古稀土资源以轻稀土为主，税率为 30 元/吨。2011 年，国务院决定将稀土资源的资源税税率上调至 0.4 ~ 60 元/吨，内蒙古稀土资源的资源税税率为 60 元/吨。2015 年，国务院颁布了新的资源税规定，将稀土资源的计征方式改变为从价计征，并按照所在省份的不同制定不同的税率，内蒙古稀土资源的资源税税率为 11.5%。按照以上稀土资源税的计征方式，资源税税额的计算公式为式（6.3）：

$$R_{资源税} = \begin{cases} Q_{稀土} \times 30 & t \leqslant 2010 \\ Q_{稀土} \times 60 & 2011 \leqslant t \leqslant 2014 \\ I_{销售} \times 11.5\% & t \geqslant 2015 \end{cases} \tag{6.3}$$

式中，$Q_{稀土}$ 为稀土的销售量；t 为时间，在系统动力学模型中，设定的时间间隔为 1 年。

C　资源补偿费

2015 年，稀土资源的资源税改为从价计征的同时，稀土资源的资源补偿费费率从 3% 降为 0。稀土资源补偿费的计算公式为式（6.4）：

$$R_{补偿费} = I_{销售} \times \alpha \times \beta \alpha = \begin{cases} 3\% & t \leqslant 2014 \\ 0 & t \geqslant 2015 \end{cases} \quad \beta = 95\% \tag{6.4}$$

式中，α 为补偿费费率；β 为开采回采系数（开采回采率）。

根据国土资源部制定的关于稀土等矿产资源合理开发利用“三率”（即矿山开采回收率、采矿贫化率和选矿回收率）最低指标要求（试行）方案中的规定，稀土资源的开采回采系数选定为 95%。

D　使用者成本 C_D

使用者成本包括资源使用成本 C_R 和土地使用成本 C_L，其中资源使用成本通过前面介绍的使用者成本法进行计算，计算公式如下：

$$C_R = \frac{R_{毛}}{(1+r)^T} r = 5\%, T = 30 \tag{6.5}$$

$$R_{毛} = I_{销售} - C_{营业} \tag{6.6}$$

$$C_{营业} = C_{中间成本} + C_{工资} + C_{资本回报} \tag{6.7}$$

$$C_{\mathrm{D}} = C_{\mathrm{R}} + C_{\mathrm{L}} \tag{6.8}$$

式（6.5）中，r 为折现率；T 为开采年限。式（6.6）和式（6.7）中，毛收入 $R_{毛}$ 等于销售收入 $I_{销售}$ 和营业成本 $C_{营业}$ 之差，营业成本是由中间成本 $C_{中间成本}$、员工的工资总额 $C_{工资}$ 和正常资本回报 $C_{资本回报}$ 构成的。

E　矿业权成本 C_{W}

矿业权成本应用贴现现金流量法进行核算，以 2007 年为基数，假设矿山服务至 2020 年，每一年的矿业权成本等于从本年开始一直到 2020 年的矿业权成本增加量。

$$C_{\mathrm{W}} = \sum_{i=1}^{n} \frac{[(C_1 - C_0)_i - W_i]}{(1+r)^i} \quad n = 1,2,3,\cdots,14 \tag{6.9}$$

$$W_i = I_{销售} \times \varepsilon = 5\% \tag{6.10}$$

式（6.9）和式（6.10）中，C_1 为每年的现金流入量；C_0 为每年的现金流出量；W_i 为社会平均利润；ε 为行业平均投资收益率；从 2007 ~ 2020 年一共是 14 年，因此，n 取值为 14。

F　生态环境成本 C_{E}

生态环境成本即环境损害成本，“三废”的排放对环境造成了直接的污染，因此生态环境成本 C_{E} 等于废水处理成本 $C_{废水}$、废气处理成本 $C_{废气}$ 和固体废物处理成本 $C_{固体废物}$ 三者之和。

$$C_{\mathrm{E}} = C_{损害} = C_{废水} + C_{废气} + C_{固体废物} = \eta \times Q_{废水} + \theta \times Q_{废气} + \nu \times Q_{固体废物} \tag{6.11}$$

式中，废水处理成本等于每年废水排放量 $Q_{废水}$ 和单位废水处理费用 η 的乘积；废气处理成本等于每年废气排放量 $Q_{废气}$ 和单位废气处理费用 θ 的乘积；固体废物排放处理成本等于每年固体废物排放量 $Q_{固体废物}$ 和单位固体废物处理费用 ν 的乘积。

6.4　模型主要数据

本书是基于价值补偿视角对内蒙古稀土资源效益进行的研究，内蒙古的稀土资源主要由北方稀土集团进行冶炼、分离和应用的，而北方稀土集团（原包钢稀土集团）于 2007 年才完成包钢稀土产业的整合与重组，因此，本书所构建模型的运行区间定为 2007 ~ 2020 年。通过对已有数据的核算和未知数据的预测，分别计算出稀土资源的价值成本、收益和效益。

根据表 6.1 的相关数据可对销售收入进行计算，利用计量软件 E-views 最小二乘法的原理，建立销售收入和时间的关系函数，由于 2011 年的稀土价格飙升，不符合市场规律，且用 E-views 进行回归后结果不显著，因此本书将 2011 年数据剔除后进行线性回归分析，得到销售收入和时间的关系：

$$I_{销售} = 834000000t - 1.67 \times 10^{12} (P = 0.0308, 0.0311 \leqslant 0.05) \tag{6.12}$$

$$R^2 = 0.6399 \quad F = 8.8838 \quad (P = 0.0308 \leqslant 0.05)$$

式中，t 表示时间；R^2 为方程可决系数，接近于 1，说明方程模拟效果较好，且相关系数和回归方程整体均通过了显著性检验，因此该方程即可作为销售收入的预测方程。

表 6.1　北方稀土（原包钢稀土）收入和成本

年份	稀土原材料产品收入($I_{原材料}$)/元	稀土功能材料产品收入($I_{功能材料}$)/元	其他收入($I_{其他}$)/元	营业成本($C_{营业成本}$)/元
2007	1817186328.86	345534410.25	336866790.82	1591930701.91
2008	2499082050.15	512487238.29	212989739.44	2492134915.41
2009	2264884696.27	280210642.93	47860637.34	1990159062.36
2010	4089634901.03	300949468.43	867798926.64	2668920966.11
2011	8722409760.00	2403486500.00	402365863.99	3137202242.90
2012	6818457026.73	2154966142.71	268327343.85	5425755884.60
2013	6079393199.86	2221956717.36	170576755.51	5390714958.07
2014	3672371272.96	1912052797.79	253402355.81	3923918454.95

数据来源：2007 ~ 2014 年北方稀土集团年报。

利用上述方程，可以预测出 2015 ~ 2020 年销售收入，从而对总收入进行核算。

通过公式 6.5 可计算出稀土资源的使用成本，使用者成本除了包括稀土资源的使用成本还包括土地使用成本，相关数据如表 6.2 所示。据表 6.2 土地使用成本的数据，用计量软件 E-views 最小二乘法的原理，建立土地使用成本和时间的关系，得出如下回归方程：

$$y = 31296833t - 6.27 \times 10^{10} \quad (P = 0 \leqslant 0.05) \tag{6.13}$$

$$R^2 = 0.9543F = 125.2913 \quad (P = 0 \leqslant 0.05)$$

式中，t 表示时间；R^2 为方程可决系数，接近于 1，说明方程模拟效果较好，且相关系数和回归方程整体通过了显著性检验。

表 6.2　北方稀土（原包钢稀土）现金流量及土地使用成本

年份	现金流入量(C_1)/元	现金流出量(C_0)/元	土地使用成本
2007	—	—	161703000
2008	—	—	161703000
2009	—	—	201327000
2010	6796098748.79	6465165299.57	241209000
2011	14484713324.68	13649988237.91	254324000
2012	16821375387.73	16615399666.82	327713000
2013	17688640828.30	16477933113.21	348309000
2014	11841680244.28	13822522903.19	347936000

数据来源：2007 ~ 2014 年北方稀土集团年报。

利用上述方程，可以预测出2015～2020年土地使用成本，从而对稀土资源使用者成本进行核算。此外，将表6.3中的数据代入公式（6.9）中，即可对矿业权成本进行核算。

表6.3　矿业权成本计算相关数据

时间/年	净现金流量/元	社会平均利润(W_i)/元	折现系数$(1+5\%)^i$	净现金流量折现值/元
1	2968176.34	124979376.49	1.05	2826834.61
2	713316476.29	161227951.39	1.10	646999071.46
3	45770588.17	129647798.83	1.16	39538354.97
4	330933485.22	262896864.81	1.22	279718841.43
5	834725086.77	576413106.20	1.28	645625561.17
6	205975720.91	462087525.66	1.34	153720371.71
7	1210707715.09	423596333.64	1.41	860635090.78
8	477553612.00	291891321.33	1.48	322668918.91
9	489557963.00	250076532.23	1.55	315838709.67
10	507700001.00	300765807.23	1.63	311472392.63
11	493452310.00	143267531.86	1.71	288538011.69
12	527643265.00	342434938.32	1.80	293135147.22
13	487009807.00	223458375.36	1.89	256777142.85
14	498700003.00	237464893.45	1.98	247323232.34

数据来源：根据2007～2014年北方稀土集团年报以及中国工业统计年鉴整理得出。

将表6.4和图5.7的数据代入公式（6.11）中，可求得出环境成本。基于生态环境成本用计量软件E-views最小二乘法的原理，建立生态环境成本和时间的关系，得出如下回归方程：

$$C_E = 27685750t - 5.51 \times 10^{10} \quad (P = 0.0032, 0.0033 \leqslant 0.05) \qquad (6.14)$$

$$R^2 = 0.8490 \quad F = 28.1343 \quad (P = 0.0031 \leqslant 0.05)$$

表6.4　三废排放量

年份	废水排放量($Q_{废水}$)/万吨	废气排放量($Q_{废气}$)/万立方米	固体废物排放量($Q_{固体废物}$)/万吨
2007	4220.01	4397.56	1.09
2008	4692.65	5073.08	1.35
2009	4416.77	5436.59	0.28
2010	4832.79	5886.82	0.00
2011	4872.92	6402.84	0.01
2012	4290.8	6825.37	0.03
2013	4015.54	6978.48	0.00
2014	3857.77	7635.86	0.04

数据来源：2008～2015年包头统计年鉴。

式中，t 表示时间；R^2 为方程可决系数，方程可决系数接近于 1，说明方程模拟效果较好，而且相关系数也通过了显著性检验，可见回归方程整体通过了显著性检验，因此该方程即可表示生态环境成本的预测方程。

利用上述方程，可以预测出 2015 ~ 2020 年生态环境成本。

6.5　基于价值补偿的内蒙古稀土资源效益仿真预测分析

经过对主要数据进行分析和整理，应用 Vensim 软件，输入变量方程（见附录 A）和数据进行仿真模拟。模型仿真是在两种方案下预测的，如图 6.3 ~ 图 6.7 中，Current 1 为无价值补偿模式下内蒙古稀土资源的使用者成本、矿业权成本、生态环境成本和总成本、总收入的走势曲线，Current 2 为价值补偿视角下内蒙古稀土资源使用者成本、矿业权成本、生态环境成本和总成本、总收入的走势曲线。

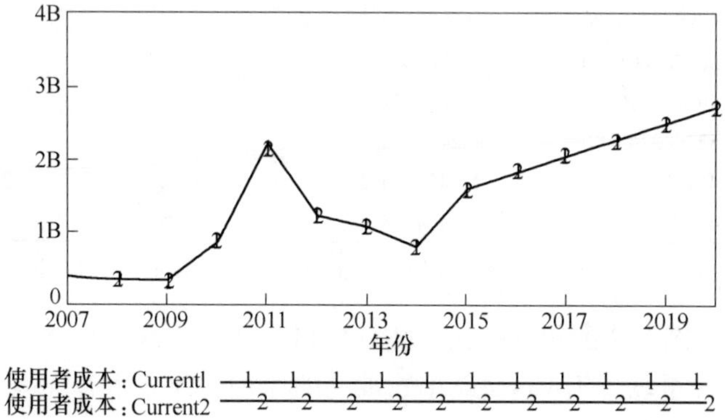

图 6.3　使用者成本

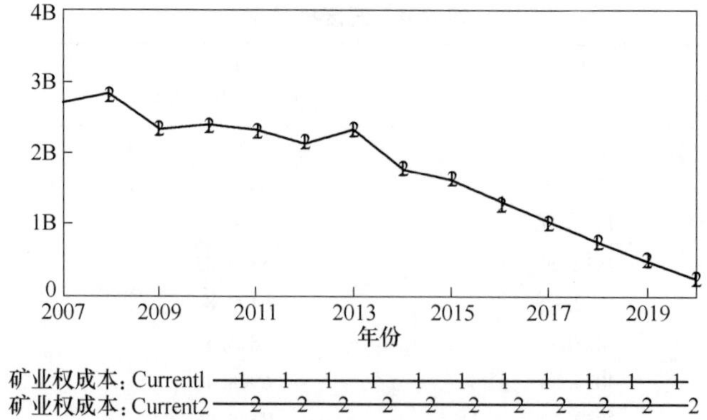

图 6.4　矿业权成本

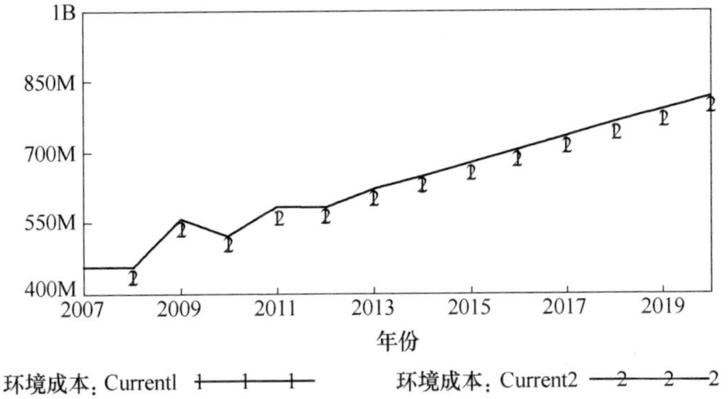

图 6.5　生态环境成本

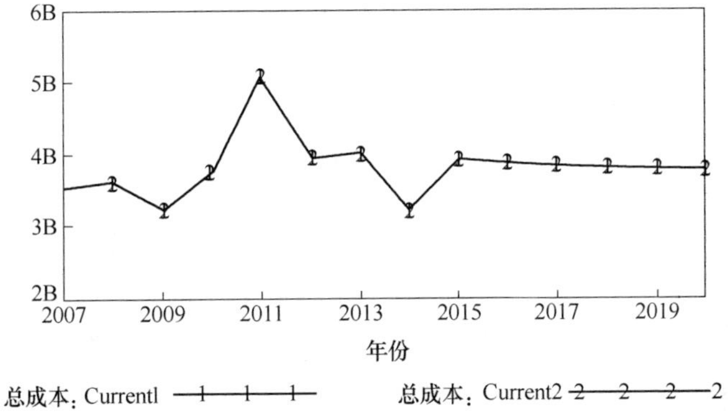

图 6.6　总成本

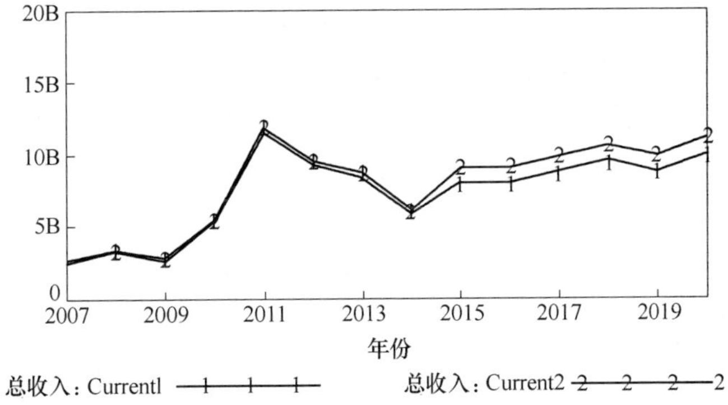

图 6.7　总收入

如图 6.3 ~ 图 6.6 所示，补偿的增加对稀土资源的勘探、开采无直接影响，使用者成本、矿业权成本、环境成本和总成本的 Current 1 和 Current 2 走势基本相同。

由图 6.3 可知，使用者成本从 2009 年开始逐渐上升，在 2011 年上升到最高点后，在 2012 年又呈下降的趋势，并在 2014 回到了 2009 年时的水平；到了 2015 年，使用者成本呈缓慢增加的趋势。使用者成本的走势受稀土价格和销售量的影响，所以变化幅度较大。

由图 6.4 可知，矿业权成本在 2009 ~ 2020 年间呈现逐渐下降的趋势。这主要由于稀土资源在勘探、开采的过程中，储量逐渐减少，勘探和开采的费用呈下降的趋势，导致矿业权成本的递减。

由图 6.5 可知，生态环境成本在 2007 ~ 2020 年间呈现逐渐上升的趋势，这与近年来内蒙古开始注重环境的保护以及环境的恢复有关。改善生态环境会使环境损害成本逐渐上升，环境损害成本上升即生态环境成本增加。

由图 6.6 可知，在使用者成本、矿业权成本和生态环境成本的共同影响下，总成本在 2007 ~ 2014 年间的变化幅度较大，并于 2011 年达到最大值 51.12 亿元，从 2015 年开始趋于平稳。

由图 6.7 可知，2007 ~ 2014 年内蒙古稀土资源的总收入在增加了价值补偿的基础上只是小幅度的变化。但从 2015 年起，价值补偿的增加明显提升了稀土资源的总收入，这是由于资源税从量计征模式向从价计征模式的转换，增加了价值补偿的费用，但总体而言，也没有大的变化。这说明内蒙古稀土资源补偿税费不健全，整体效益水平不高，应该加大对内蒙古稀土资源的补偿，实现稀土资源的可持续发展。

图 6.8 为内蒙古稀土资源的累计效益走势图，累计效益在 2010 年以前是负值，2011 年开始直到 2020 年，内蒙古稀土效益累计值为正并逐年增加。图 6.9 为内蒙古稀土资源的效益额走势图，从 2007 ~ 2009 年，内蒙古稀土资源的效益为负值；从 2009 年起，内蒙古稀土资源效益逐渐增加，在 2011 年达到了最大值后又开始下降，直至 2014 年达到一个转折点，从 2015 年开始趋于稳定上升阶段。内蒙古稀土资源的总效益发展趋势图与稀土价格趋势图类似，2010 年起稀土价格的提升，稀土的资源效益也有明显上升的趋势，尽管 2011 年后稀土价格有所回降，内蒙古稀土资源效益仍高于 2010 年前的水平值。

在两种不同的方案下，稀土资源效益的变化幅度和增长率并没有明显的变化，由价值补偿所引起的效益的增加值只相当于总效益的 1% ~ 10% 左右，增加价值补偿后的效益值仍然较低，由此可以看出我国的资源补偿税费水平较低，力度较小，对内蒙古稀土资源的补偿并没有很大的改善。

通过系统动力学方法模拟出 2007 ~ 2020 年间的效益数额，经过计算可得出从 2007 ~ 2020 年间每单位稀土资源的效益，由图 6.10 可知内蒙古稀土的单位效益变化量呈现出一定的波动性，且对有、无价值补偿时的单位效益进行对比，发现增加了价值补偿时的单位效益有3% ~20%的增长。

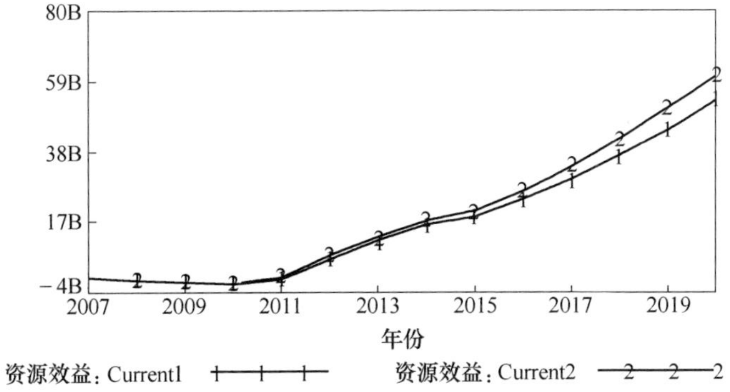

图6.8 内蒙古稀土资源的累计效益额

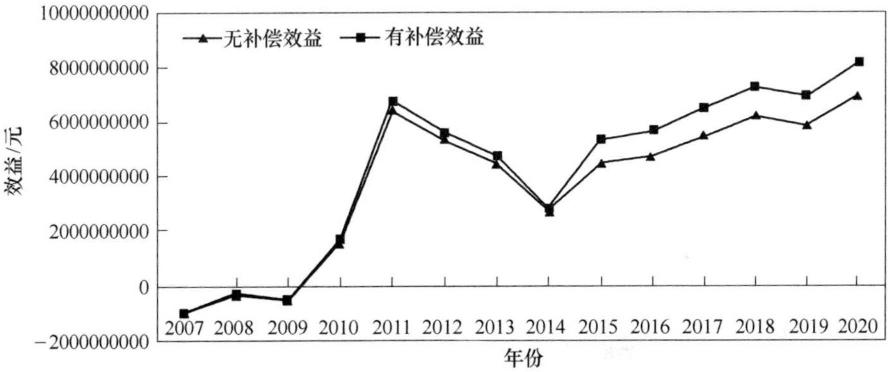

图6.9 内蒙古稀土资源的效益额

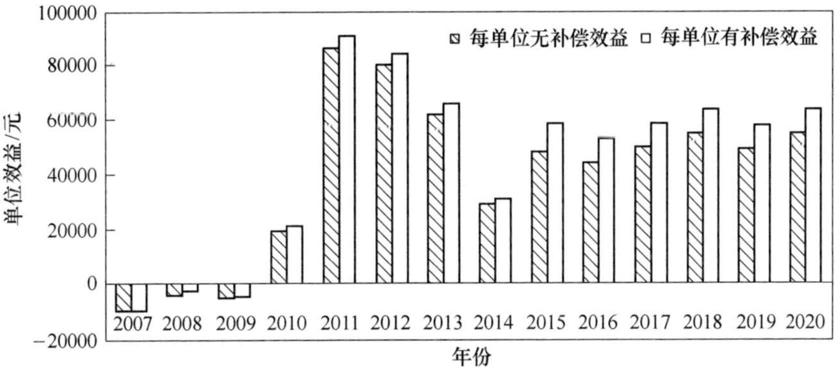

图6.10 内蒙古稀土资源的单位效益

基于以上研究可知，现阶段内蒙古稀土资源价值补偿规模较小，价值补偿所引起效益的增加值只相当于总效益的 1% ~10% 左右。尽管稀土资源单位效益较低，但增加了价值补偿后的单位稀土资源效益比无价值补偿时单位稀土资源效益提升了 3 ~20 个百分点，且与 2010 年前的数据进行对比，有一定的增长。此外，稀土资源的单位效益变化趋势波动较大，2007 ~2009 年间稀土资源单位效益为负值，从 2010 年开始，稀土资源单位效益为正值，但变化幅度较大。

7 我国稀土储备规模系统动力学模型的构建

7.1 影响稀土储备规模因素分析

战略稀土储备影响因素较多较复杂，可酌情选择主要变量[209]。

A 稀土价格

从价格方面上看，中国虽然是稀土资源供给的主要来源，但是没有把握国际市场的定价能力。究其原因，主要是稀土行业集中度低，开采混乱，走私现象严重。如图7.1所示，2001～2006年稀土出口价格趋于平稳，2007年下半年到2008年，价格下滑。下跌的原因一方面是由于国内产量远超过世界市场需求；另一方面则由于受到2008年爆发的国际金融危机，国际市场需求减少的影响。2009年小幅回升，2010年大幅增长达到最高点。然而，从2011年9月开始，稀土价格又呈现快速回落的态势，主要是因为2010年稀土价格呈现出不断上涨的趋势，使得很多企业都开始了走向稀土替代技术的研发。同时，由于价格上涨，不少稀土商家和稀土企业都出现了囤货的现象。但是由于2011年需求萎缩、出口不振，导致稀土库存走高，价格回落。2012～2013年出口价格持续走低，主要是因为需求不振，但是2013年我国稀土出口总量同比增长38.3%，出口额同比下降37%，正是由于稀土出口价格大幅下滑，从而导致出口量增加。

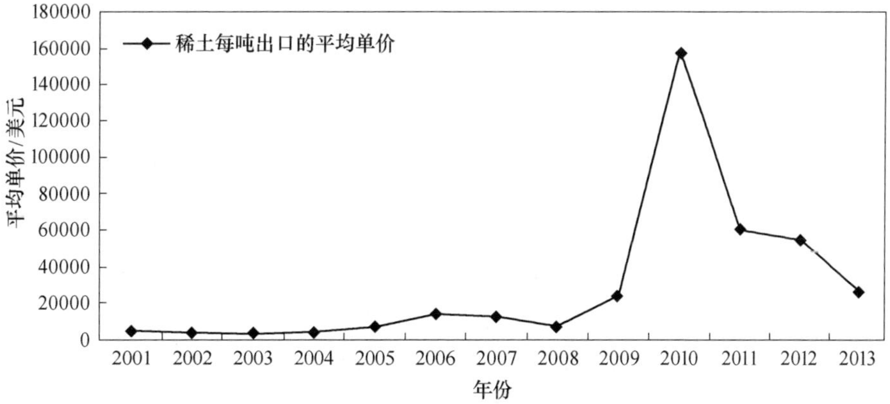

图7.1 2001～2013年稀土每吨出口平均单价波动

（资料来源：根据《稀土信息》2002～2014年公布数据以及统计年鉴整理数据计算所得）

2009～2010 年，稀土出口价格波动率达到 433% 左右；2010～2011 年，出口价格波动率为 60% 左右。稀土出口价格的大幅波动除了受到国际稀土市场供需的影响，还与国家稀土资源保护政策息息相关。2009～2011 年价格的大幅波动，主要是由于国土资源部和工信部连续出台关于保护稀土资源政策和出口政策。而 2012～2013 年价格的持续走低，也是因为各地政府打击稀土违法生产，导致走私者为降低风险纷纷低价抛售。稀土价格的大幅波动，对稀土行业以及稀土下游行业的发展非常不利，这也是我们要进行储备的原因之一。

由于价格是储备的主要成本构成，在一般存储稀土时采取“低进高出”的策略，所以价格与储备量的关系是呈负相关的。稀土价格对收储有影响，收储在一定程度上可以调节供给和需求，来保证稀土价格稳定，同时也能促进我国稀土行业的健康发展。

B　稀土供需量和供需差波动系数

稀土供给量主要包括产量、进口量和废料回收量，需求量主要包括出口量和国内消费量。如图 7.2 所示显示了 2004～2013 年供需的变化，可以看出 2008 年之前基本都是供大于求，价格偏低；2008～2011 年呈现需求大于供给的状态，价格走高；2011～2013 年，又呈现供过于求的态势，导致价格持续下跌。

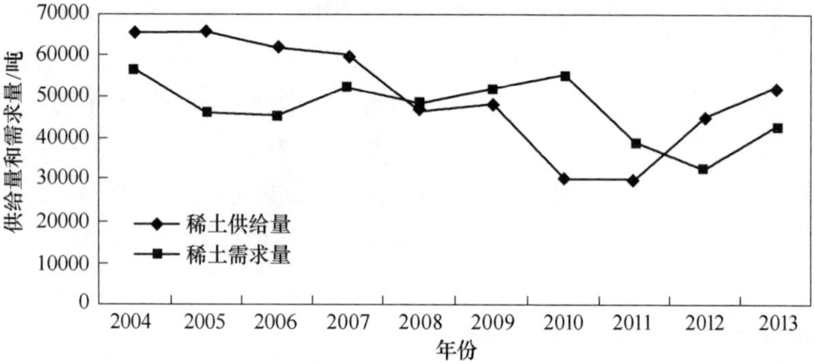

图 7.2　2004～2013 年稀土供需量对比

（资料来源：根据《稀土信息》2005～2014 年公布数据以及统计年鉴数据整理）

截至目前，作为世界主要的稀土供应国，我国已供应了 50 多年，这在一定程度上也造成了国内稀土资源储量急剧减少。根据《海关统计年鉴》(2013) 计算，中国稀土资源出口量已超过世界稀土资源出口总量的 90%。

从世界稀土产品市场来看，总体是供需不均衡的，而储备的时机则由供需差波动系数来决定。供需差波动系数表示稀土可供量偏离稀土趋势消费量的程度，该系数绝对值越大，说明供需平衡性越差。由于某种冲击，当供需差波动系数超过一定范围时，价格会出现大幅波动，国家主体就要运用战略储备实施吞吐调节，使供需差波动回归到合理的范围内，从而使得价格平稳，最终使供需和价格在新范围内达到动态平衡。

综上所述，供给和需求对储备的影响主要是通过供需差波动系数来体现，波动系数正值越大，越要收储调节，储备规模也变大，所以两者是呈正相关的。

C 稀土进口

作为世界上最大的稀土输出国，还存在着稀土产业链结构不合理，使得我国主要生产低附加值稀土产品，而高附加值产品只能通过进口实现。图 7.3 显示进口量和出口量的对比。2009 年以前出口量基本大于进口量，2009 年后稀土进口量波动幅度较大，在 2010 年达到峰值，此后大幅下降。

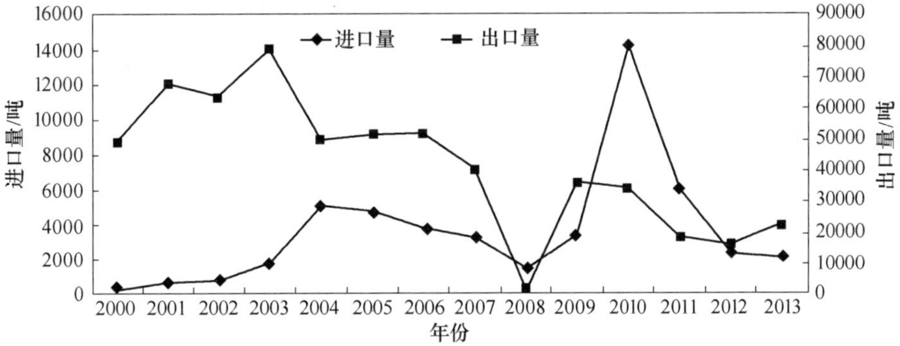

图 7.3 稀土进口量与出口量对比

（资料来源：根据《稀土信息》2001 ~ 2014 年公布数据以及统计年鉴整理所得）

随着我国越来越重视高科技行业的发展和新材料的研发，高端稀土产品的需求量也不断增大。我国进口的主要稀土产品如表 7.1 所示。

表 7.1 2014 年中国稀土产品进口情况

商品名称	进口数量/吨	进口金额/万美元	数量同比/%	金额同比/%
冶炼产品	3498	6472	5.0	-59.2
稀土永磁	2759	29978	11.0	-2.9
镍氢蓄电池/个	154996	14457	-30.1	-18.3

资料来源：中国稀土网 http：//www.cre.net/show.php？contentid = 117786。

由表中数据可以看出，稀土永磁材料是稀土最大的消费领域，目前应用较成熟的稀土永磁材料主要为钕铁硼永磁体（NdFeB）。永磁材料现阶段主要应用在节能家电、风力发电、新能源汽车等节能环保领域。随着高科技水平的提高，将会有更加广泛的应用前景。稀土进口影响稀土供给，从而影响储备量，两者呈正相关。

D　稀土出口

1996～1998 年，我国稀土出口量迅速增长，最高达到 7 万吨。我国自 1998 年开始实行出口配额制度，出口量开始下降，并于 2004 年降到 5 万吨左右。自 2004 年以后，虽然稀土出口量增长，但都是小幅增长。2004～2006 年我国稀土出口量逐渐增长。2008 年受国际金融危机影响，出口量大幅下降；2009 年稀土出口量又开始呈现出增长的趋势。究其原因，主要是价格的上涨在一定程度上对需求起到了抑制作用，再加上其他稀土供应国加大了生产，同时还有一些非稀土供应国有足够的储备，这些都共同抑制了稀土的需求量。2010～2011 年出口量下跌，主要原因是国家出台的限制出口政策，以及打击稀土走私。2012 年稀土出口下滑至 1.6 万吨。2013 年出口量又小幅上升。出口量会随着出口价格的变化而呈现与之相对的变化趋势。2001～2005 年稀土价格低迷，平均价格 4000 美元/吨左右，此时出口量相对较多；2006 年稀土价格增长，为 17193 美元/吨；2007 年价格下跌；随着 2008 年金融危机导致的稀土市场需求不振，出口价格再次下降。图 7.4 显示了出口平均单价和出口量变化趋势[210]。稀土出口对稀土国际市场需求有影响，从而也会影响稀土储备，两者呈负相关。

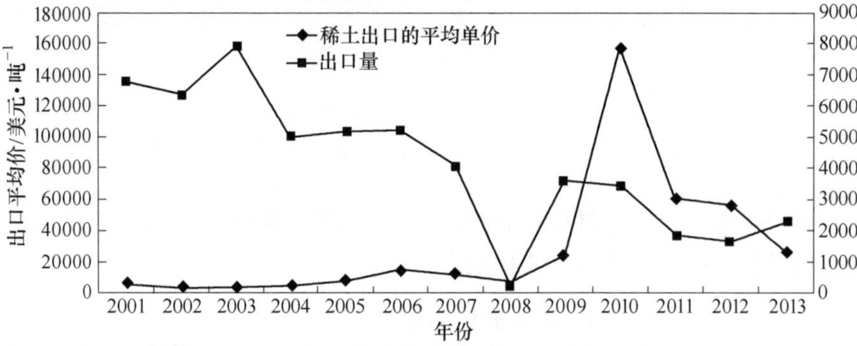

图 7.4　稀土出口平均单价与出口量变化趋势

（资料来源：根据《稀土信息》2002～2014 年公布数据以及统计年鉴整理计算所得）

E　出口配额

虽然我国 1998 年开始，执行稀土出口配额管制，但总供给量还是大于需求，至 2009 年出口配额低于国际市场需求，使得稀土价格大幅增加，到 2010 年价格达到峰值，如图 7.5 所示。

2010～2013 年，稀土出口配额远小于稀土国际市场需求，导致一些稀土出口企业恶性竞争，走私猖獗，肆意打压稀土价格，使得稀土价格低廉，严重损害了中国的经济利益。在当前稀土需求大幅上升之际，中国正逐渐出台收紧稀土出

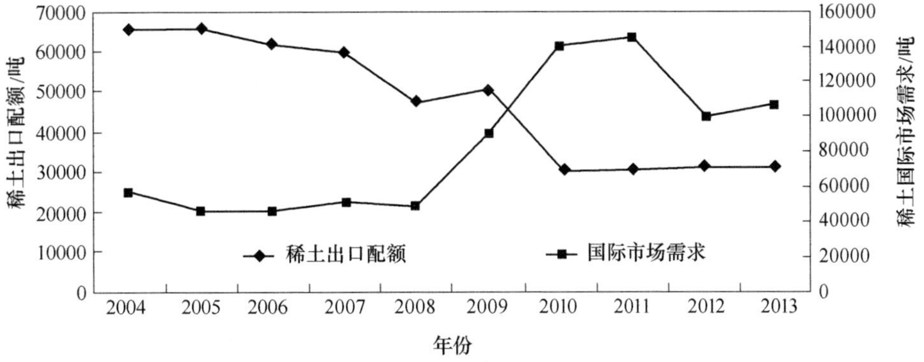

图 7.5 我国稀土出口配额和稀土国际市场需求对比

（资料来源：根据《稀土信息》2005～2014 年公布数据以及美国地质调查局整理）

口方面的规定，其中包括削减出口配额。2015 年 1 月 21 日，商务部发布决定从 2015 年 1 月 1 日开始取消稀土出口配额管理，目的是加强对稀土价格控制和稀土行业的有效监管。由于出口配额会对出口量产生直接影响，从而也会对储备产生影响，两者呈正相关。

F 储备成本

建立战略稀土储备要花费资金，从经济效益的角度考虑，还要考虑储备成本，包括购买成本、建设成本和运营维护成本等，其中购买成本是储备成本重要的组成部分，而且它与价格有密切关系，基于经济学原理中“成本最低化”原则，储备成本与储备量显然是呈负相关。

G 高新技术产业总产值

国内稀土需求量在逐年攀升，特别是新材料领域增长尤为迅速，如表 7.2 所示，2011～2013 年稀土应用于新材料领域比例逐年增加。现阶段国家培育发展战略性新兴产业，而稀土作为战略性新兴产业的核心材料，随着科学技术的迅猛发展，在我国的战略地位越显重要。

表 7.2 2011～2013 年我国国内稀土主要消费状况

年份		2011		2012		2013	
		数量/t	占比/%	数量/t	占比/%	数量/t	占比/%
高科技材料领域	荧光材料	4800	5.78	5000	6.11	5322	6.85
	冶金抛光	4800	5.78	5100	6.35	5300	6.65
	永磁材料	36600	44.04	40125	48.21	45733	53.11
	贮氢材料	4430	5.33	6403	7.24	6955	7.54
	催化材料	4380	5.27	4800	5.87	4922	5.99
	合计	55010	66.2	61428	73.78	68232	80.14

资料来源：根据国家发展和改革委员会产业协调司稀土年评整理。

战略新兴产业产值与稀土需求量相关，由于新兴产业产值数据难以收集，所以采用高新技术产业总产值代替。高新技术产业总产值越高，对稀土需求量越大，从而对供需差额有影响，继而影响稀土储备规模。

H　资源环境承载力

资源环境承载力指某区域有限时间内，在保护资源合理科学的开发利用同时生态环境还不被破坏的前提下，既满足区域持续发展的需要同时也能保证维持区域环境的稳态效应的情况下，区域资源环境能满足人类社会开展经济活动需求的能力。资源环境承载力是一个包含了资源以及环境因素的综合承载力概念。但现在开采稀土破坏环境日益严重，导致整个稀土矿周围的生态环境都是恶性循环，资源环境承载力减弱，影响了经济活动，从而会降低开采，减少产量，继而减少稀土供应量，储备规模变小。所以，资源环境承载力与稀土储备规模呈正相关。

I　稀土资源利用率

随着我国稀土产业的快速增长，开采粗放、资源回收利用率低、环境污染等问题日益凸显了现阶段我国稀土产业发展的问题，稀土消费量逐渐增加，同时稀土废料也迅速累积增加，如包头稀土矿资源利用率仅10%～15%；四川德昌稀土矿选矿回收率不到30%，其尾矿中的稀土含量很高，须加以回收利用。综上所述，稀土产业现状问题有必要提高能源高效清洁循环利用，并建立科学合理的行业规范准则以及监管体系，从而提高尾矿回收率，满足循环再利用需求。

稀土资源利用率的提高可以使得资源再次利用，再次消费的机会增加，从而使得需求量增加，影响储备。

J　财政补贴

2010年，内蒙古自治区政府批复了《内蒙古自治区稀土资源战略储备方案》，用于为实施包钢贸易公司实施原料产品战略储备方案提供资金支持。储备资金由三部分构成，一部分是自治区贴息一千万元，包头市贴息一千万元，其余部分由包钢贴息。此次储备方案具体包括：大力投资兴建十个稀土氧化物储备设施，建成之后容纳规模在二十万吨以上。

2014年，财政部公布《国家物联网发展及稀土产业补助资金管理办法》，提出要对按照国家政策提出对已整体完成稀土开采监管系统建设的地方政府给予一次性奖励，奖励金额一般情况下不超过项目实际投资额的五分之一。补助主要用于监管基础建设项目，采选、冶炼环保技术改造，稀土高端应用技术研发等。这一办法的颁布目的，是为了促进产业的健康有序发展，可见政府补贴推动着稀土储备体系的建立，所以两者是呈正相关的。

7.2　系统因果回路图

上述10个因素是主要影响因素，凭借这10个因素构成一个系统的主要回路，以及由其每个因素分别构成附属主系统的子系统，该系统的因果回路图如图7.6所示。

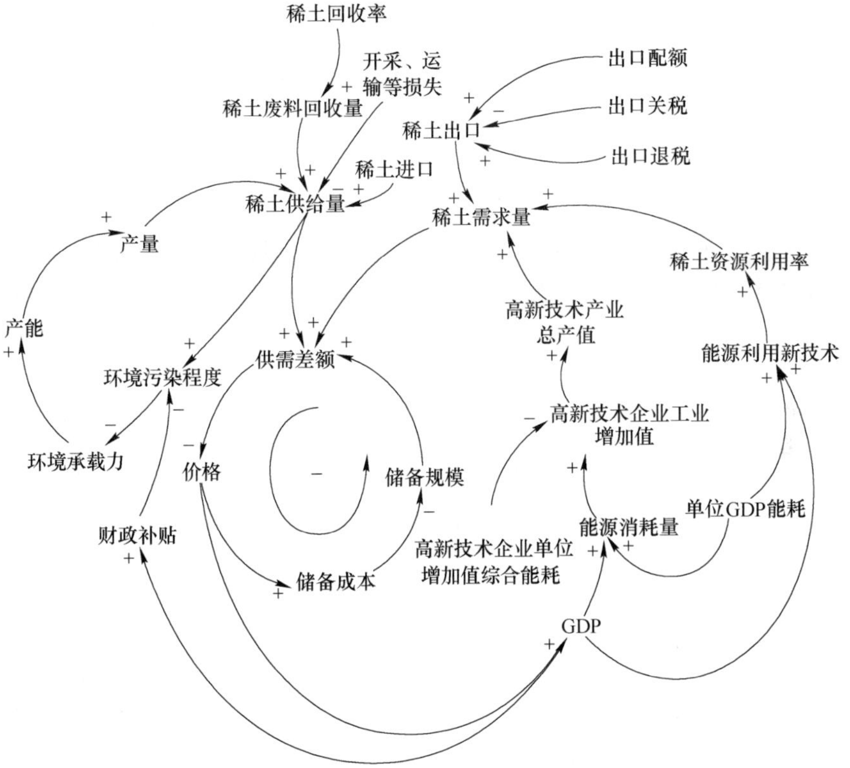

图7.6　稀土储备系统因果回路图

本模型中最主要的回路为供需差额—稀土价格—储备成本—储备规模—供需差额。该回路是负反馈回路。

8 我国稀土储备规模的系统仿真模拟

8.1 系统流程图

考虑到保证模型的正确性、可操作性以及可采集数据的范围限制，本章采用简化因果关系图，忽略次要因素和难以量化因素，选取主要因素，来绘制系统流程图。如图 8.1 所示。

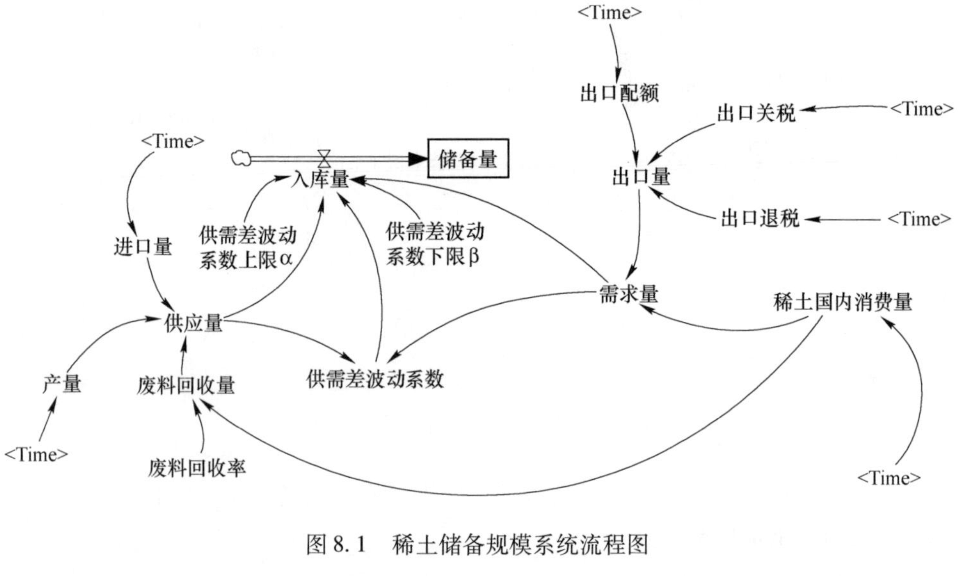

图 8.1　稀土储备规模系统流程图

8.2 稀土储备规模模型构建

由于储备规模受大量可变因素影响，如供求状况、政府支付能力和经济景气程度等，很难有一个十分精确并且易于操作的动态模型进行计算。本章主要选择关键影响因素，即供求差，根据供给状况去进行动态的判断和调整，利用系统动力学模拟出未来 15 年的储备规模。

A　稀土储备供给

稀土储备供给可用年供给量来描述，年供给量就是指一国每年可以提供的稀土数量，由当年的稀土产量和进口量以及废料回收量来计算，设为 S_t

$$S_t = S_{产量} + S_{进口量} + S_{废料回收量} \tag{8.1}$$

式中，$S_{产量}$指当年全国所生产稀土的总量；$S_{废料回收量}$为模型中采用滞后两年的稀土国内消费量的10%计算[209]。

B 稀土年需求趋势值

年需求趋势值可用 $\hat{D}_t$ 表示，D_t 表示年消费量，模型中采用国内消费量和出口量计算表示，三者关系如式（8.2）所示，$\hat{D}_t$ 反映稀土资源随时间变化的趋势，它代表需求发展的基本方向，可以用计量软件利用简单回归模型，把时间作为自变量，D_t 作为因变量进行回归计算：

$$D_t = D_{国内消费量} + D_{出口量} \tag{8.2}$$

C 稀土供需差波动系数

随着国内外经济状况以及经济政策和技术变革等因素的动态变化，稀土的供求呈现出一定的波动性，这种波动可以用波动系数 v_t 来表示。v_t 反映供给量偏离需求量的程度，即 v_t 绝对值越大，稀土供给量偏离消费量趋势值越远，供求越不平衡；反之，则越平衡。

$$v_t = (S_t - \hat{D}_t) \div \hat{D}_t \tag{8.3}$$

D 供需差可波动范围

用 $\alpha(\alpha \geqslant 0)$ 和 $\beta(\beta \leqslant 0)$ 分别表示供需差可波动的波动范围，α 表示供需差可波动的允许上限，β 表示供需差可波动的允许下限。

$$Q_t = \begin{cases} S - (1+\alpha) \times \hat{D}_t & 0 \leqslant \alpha < v_t \\ 0 & \alpha \leqslant v_t \leqslant \beta \\ S - (1+\beta) \times \hat{D}_t & v_t < \beta \leqslant 0 \end{cases} \tag{8.4}$$

$$R_t = |Q_t|$$

式中，Q_t 为第 t 年储备量；R_t 为第 t 年储备量绝对值。

由式（8.4）可以看出，当 $v_t > \alpha$，说明稀土市场供给远大于需求，此时需要进行战略储备，入库 R_t 的量；当 $v_t < \beta$ 时，表明稀土市场供给不足，则要从库存里释放战略储备 R_t 的量。

E 稀土战略储备规模

$$\begin{aligned} M_t &= \max\left(\sum_{t=1}^{1} Q_t, \sum_{t=1}^{2} Q_t, \cdots, \sum_{t=1}^{n} Q_t\right) \\ N_t &= \min\left(\sum_{t=1}^{1} Q_t, \sum_{t=1}^{2} Q_t, \cdots, \sum_{t=1}^{n} Q_t\right) \\ Q_{累计} &= |N_t| + |M_t| \end{aligned} \tag{8.5}$$

式中，M_t 为 n 年的最大累计入库量，表示超过波动范围为了平抑供需差额所需的连续入库量；N_t 为最小累计出库量，表示超过波动范围为了平抑供需差额所需的连续出库量；$Q_{累计}$为稀土战略储备规模，它等于过去历年最大累计入库量和最大累计出库量的和。

8.3　模型主要数据

此模型运行时间 2000 ~ 2030 年，主要选取 2000 ~ 2013 年这 14 年的矿产品总产量、总进口量、废料回收量、出口量和稀土国内消费量。由这些数据可以分别计算出稀土供给量和需求量，见表 8.1。

表 8.1　模型主要数据

年份	矿产品总产量 ($S_{产量}$)/吨	稀土总进口量 ($S_{进口量}$)/吨	废料回收量 ($S_{废料回收量}$)/吨	稀土出口量 ($D_{出口量}$)/吨	稀土国内消费量 ($D_{国内消费量}$)/吨
2000	73000	264.28	966	48930	19200
2001	80600	658.36	1345	67750	20000
2002	88400	792.83	1920	63527	22000
2003	92000	1805.5	2000	79100	29500
2004	98300	5053	2200	50200	33400
2005	118709	4743	2950	51827	51900
2006	132506	3818	3340	52128	62793
2007	120800	3253	5190	40787	72600
2008	124800	1485	6279.3	1805	67680
2009	129400	3394	7260	36074	73000
2010	89300	14300.14	6768	34552	87025
2011	84900	6003.22	7300	18600	83110
2012	81000	2347.5	7290	16264	89100
2013	82000	2211	11480	22493	90000

数据来源：《稀土信息》2001 ~ 2014 年公布数据以及统计年鉴数据。

用计量软件 Eviews 最小二乘法的原理，根据表 8.1 的数据，可得出需求量，建立需求量和时间的关系，得出如下回归方程：

$$\hat{D}_t = -4443545 + 2263.892 \times t$$

$$(2.3073)(-2.3010) \tag{8.6}$$

$$R^2 = 0.8864,\ F = 34.4129$$

式中，t 为时间，且方程可决系数高，说明方程模拟效果较好，而且系数也通过了显著性检验，回归方程整体通过了显著性检验，所以该方程即可表示稀土消费的预测方程。

利用上述方程，可以计算出 2000 ~ 2013 年稀土供需差波动系数，见表 8.2。

表 8.2　稀土供需量以及供需差波动系数

年份	供给量(S_t)/吨	需求量（D_t）/吨	需求量趋势（$\hat{D}_t$）/吨	稀土供需差波动系数（v_t）/%
2000	74230.28	68130	84239	-11.88
2001	82603.36	87750	86502	-4.51
2002	91112.83	85527	88766	2.64
2003	95805.51	108600	91030	5.25
2004	105553.00	83600	93294	13.14
2005	126402.00	103727	95558	32.23
2006	139664.00	114921	97822	42.77
2007	129243.00	113387	100086	29.13
2008	132564.32	69485	102350	29.52
2009	140054.00	109074	104614	33.88
2010	110368.14	121577	106873	3.27
2011	98203.22	101710	109141	-10.02
2012	90637.54	105364	111405	-18.64
2013	95691.00	112493	113665	-15.81

数据来源：作者整理计算。

8.4　稀土储备规模仿真预测分析

利用上述数据，输入变量方程（见附录 B）进行仿真模拟。模型仿真是在两种方案下预测的，利用表 8.1、表 8.2 的数据，选取波动范围 α，β 分别取值为（0%，0%），（20%，-20%）两种情况下，计算各年的储备量、累计储备量和绝对储备量。方案一波动范围为（+0%，-0%），方案二波动范围（20%，-20%），两种方案的输出结果如图 8.2～图 8.4 所示。

模型中影响供给量的因素有产量、废料回收量、进口量。如图 8.2 中仿真预测结果所示，方案一和方案二这四个变量走势相同，未来 15 年产量处于平稳波动的趋势，废料回收量随着二次资源高效清洁回收利用关键技术等方面的提高会逐渐增加。同时，进口量也会随着我国不断重视以及不断研发生产具有高技术含量和高附加值产品的增加而出现减少的趋势。

模型中需求量的影响因素有出口量和国内消费量。如图 8.3 中仿真预测结果所示，方案一和方案二这三个变量走势相同，未来 15 年出口量呈下降的趋势，国内消费量呈上升的趋势。这与我国坚持走可持续发展道路，逐渐重视保护稀土资源和保护环境以及加快工业化进程，转变经济发展方式息息相关。两种方案模拟结果对比如图 8.4 所示。

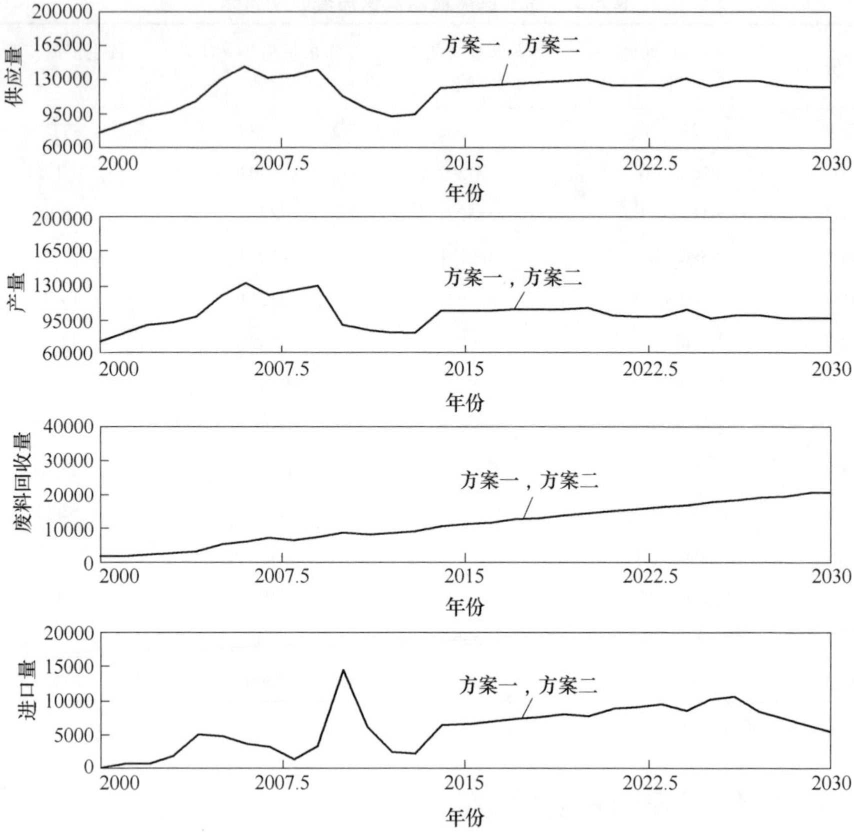

图 8.2　两种方案下影响供给量因素的仿真结果

由图可以看出，在两种方案下各年储备量基本都是从 2008 年左右开始增长。方案一到 2021 年达到最大值，然后开始下降；方案二到 2025 年达到峰值，然后开始下降。2014 ~ 2030 年的储备量模拟结果见表 8.3。上述计算结果表明从 2014 ~ 2030 年，在方案一波动范围为（+0%，-0%）前提下得出我国稀土最大累计入库量 535900.6 吨，而最小累计出库量 -184650.4 吨，稀土未来 15 年累积量为 720551 吨，即战略储备规模达到 720551 吨。该方案说明：不论供需差如何波动，国家都会进行储备或释放调节，这时政府可以采取高度储备策略。在方案二波动范围（20%，-20%）前提下得出我国稀土最大累计入库量 417763 吨，最小累计出库量 43568 吨，那么战略储备规模达到 461331 吨。国家在这个波动范围以外可以进行收储调节，使供需差波动回归到既定的范围内，防止稀土价格大幅波动。现实中由于财政能力等方面的限制，实际储备规模与仿真模拟结果会有不小的出入，供需差波动范围也可以根据不同情况而定，所以该模型模拟结果也只能作为实际储备规模和储备时机的参考。

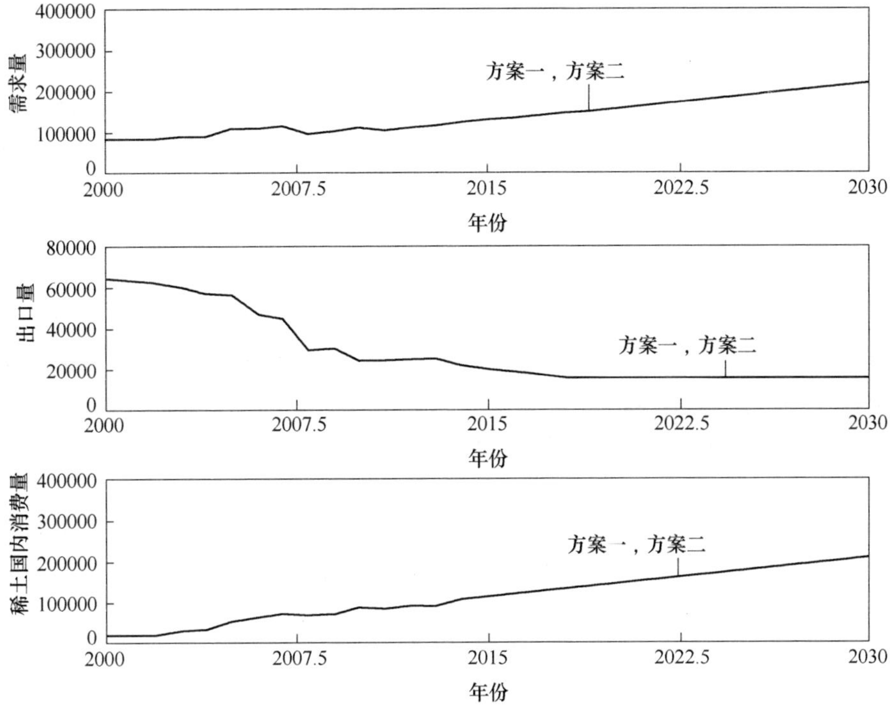

图 8.3　两种方案下影响需求量因素仿真结果

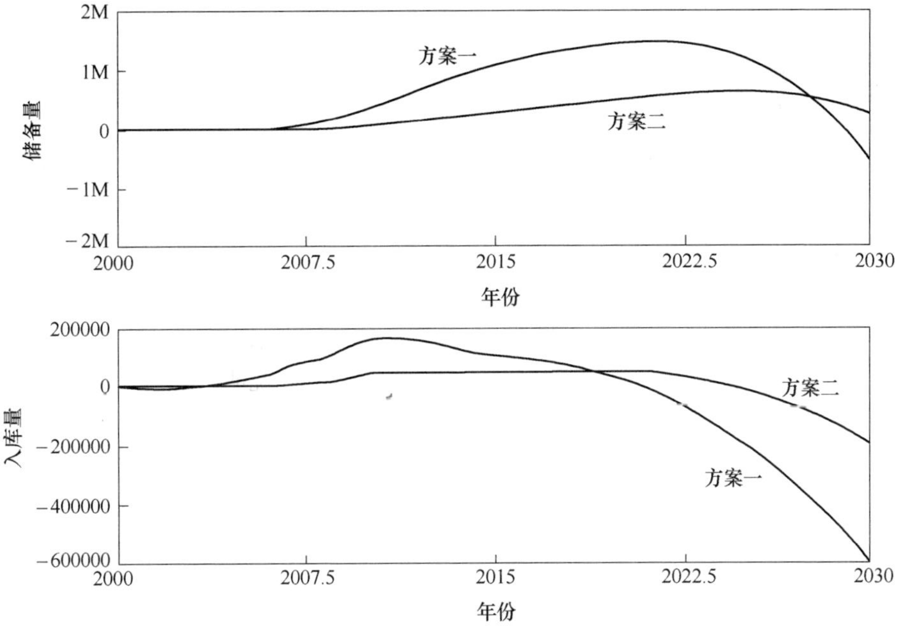

图 8.4　两种方案稀土战略储备量和入库量仿真结果

表 8.3　两种方案年储备量预测结果和累计储备量计算结果

年份	方案一			方案二		
	年储备量（Q_t）/吨	累计储备量（R_t）/吨	储备量绝对值（$Q_{累积}$）/吨	年储备量（Q_t）/吨	累计储备量（R_t）/吨	储备量绝对值（$Q_{累积}$）/吨
2014	111514	111514	111514	43581	43581	43581
2015	105149	216663	105149	43581	87162	43581
2016	95408.7	312071.7	95408.7	43581	130743	43581
2017	82292.2	394363.9	82292.2	43581	174324	43581
2018	65800.5	460164.4	65800.5	43581	217905	43581
2019	45932.9	506097.3	45932.9	43581	261486	43581
2020	21446.5	527543.8	21446.5	46738	308224	46738
2021	8356.8	535900.6	8356.8	51432	359656	51432
2022	-49559	486341.6	49559	35361	395017	35361
2023	-98220	388121.6	98220	20954	415971	20954
2024	-152906	235215.6	152906	1792	417763	1792
2025	-206383	28832.6	206383	-14892	402871	14892
2026	-27292	1540.6	27292	-43366	359505	43366
2027	-34206	-32665.4	34206	-73176	286329	73176
2028	-41790	-74455.4	41790	-34211	252118	34211
2029	-50441	-124896.4	50441	-98765	153353	98765
2030	-59754	-184650.4	59754	-109785	43568	109785

数据来源：作者根据 Vensim 输出结果计算整理。

9 基于价值补偿和储备机制的内蒙古稀土资源效益优化对策建议

9.1 价值补偿视角下内蒙古稀土资源效益优化对策建议

9.1.1 完善稀土资源价值补偿机制

基于价值补偿视角的研究发现，内蒙古稀土资源的效益变化幅度较大，有、无价值补偿对稀土资源效益的高低有一定的影响，但整体补偿规模不足，稀土资源的单位效益较低。我们认为，应对以上问题的关键在于完善稀土资源价值补偿机制，主要包括以下几方面：

第一，出台稀土资源价值补偿专项政策。中央及地方政府可根据白云鄂博矿中稀土资源的特点设定有针对性的补偿措施。通过向发达国家学习已有经验，将稀土资源的补偿方式与资源的使用者价值、矿业权价值和生态环境价值相对应，促进稀土资源的合理开发利用，实现稀土资源使用的代际公平，寻求稀土资源效益的最大化。此外，还应根据内蒙古稀土资源储量及结构特性，设立稀土资源开发利用专项补偿基金，以帮助内蒙古稀土产业建立完善的生态链，提升内蒙古稀土产业的市场竞争力。

第二，对资源税进行改革，并增加环境税的征收。目前，我国深入推动了稀土资源税的改革，稀土资源税以从量计征向从价计征方式的转变，虽增加了一定的稀土资源效益，但是整体效益的提升并不显著。这与稀土税费未将环境税考虑在内有一定关系。资源税征收的目的是促进资源的合理利用，而环境税的征收是为了保护环境或是进行环境修护。资源税没有有效用于修复受损的生态环境，削弱了资源税对环境污染的调控力度。内蒙古稀土资源的勘探、开采过程对生态环境造成了极大的破坏，对人们的身体健康也产生了很大的影响。因此，分别征收资源税和环境税，不仅有利于稀土资源的保护，还有利于生态环境的恢复与周边居民健康权利的维护；此外，环境税的征收还可以更好地弥补现行资源税收制度的缺陷，将环境污染所引起的外部性内部化；以环境税的形式让企业为环境污染付费，可以间接地增加稀土资源的生态环境效益，并最终实现整体效益的提升。独立征收环境税时，应注意避免与资源税的重复征收，同时要与其他税种相协调；针对内蒙古稀土资源的特性对环境税进行细分，强化环境税征收的目的性。

9.1.2 强化稀土资源环境保护措施

环境损害增加了内蒙古稀土资源的生态环境成本，而生态环境成本的提升导致了稀土资源效益的下降。因此，需要从根本改善生态环境问题，强化稀土资源环境保护措施。可以通过减少污染物排放量和增加环保设施建设等措施，降低环境损害成本，以达到提升稀土资源效益的目的。

第一，加强对“三废”的处理力度，从根本上减少污染物的排放，从而提高稀土资源的环境效益。内蒙古稀土资源勘探、开发、利用过程中“三废”产生量和排放量的减少，可以改善当地的生态环境；“三废”的回收利用，则可以增加稀土资源的综合利用率；“三废”排放量的减少，还可以改善受到环境污染影响的周边地区人民的生活质量，同时也为优化内蒙古空气及水的质量奠定了基础。环境状况的改善，可以降低环境损害成本即生态环境成本，而生态环境成本降低则可以进一步提升稀土资源总效益。减少“三废”产生量和排放量，还可以采用如下措施：利用通风措施对锅炉废气与颗粒粉尘等污染进行治理；建立尾矿坝回水系统，对井下涌水再利用等。以上措施的实施可以有效地减少井下涌水的排放量和粉尘的排放量。

第二，将补偿税费直接用于受污染的生态环境的恢复，或对勘探、开采稀土资源的管理人员进行培训，增加管理人员的环保意识。将补偿费用直接用于环境保护设施的建设，能促进区域内的稀土资源的有序开采，集中出矿与选矿，有利于矿山结构的调整和矿山的规模化经营，进而提高矿产资源开发的综合利用率，从而提升稀土资源的总效益。而管理人员环保意识的提升，不仅能在企业内部形成良好的低碳环保管理理念，还能对企业员工的环保意识及环保行为施加正向影响，在企业内部形成稀土资源合理开发利用的价值导向，促进稀土资源的可持续发展。

第三，加强对盗挖盗采的打击力度，提升稀土资源勘探开采的科学性。在打击盗挖盗采方面，稀土开采企业应加强与地方政府的合作，采用建立矿山定期巡查制度和非法盗采举报机制等方式防止盗挖盗采情况的发生，有效降低因盗挖盗采造成的环境污染与破坏，提升稀土资源的生态环境效益。在稀土资源勘探开采方面，通过建立稀土资源储备及市场需求导向机制，按照市场上稀土资源的消费预期制定科学的稀土资源开采计划，提升稀土资源的综合利用率，降低因过度开采对生态环境造成的影响。

9.1.3 建立有效的稀土资源定价模式

稀土价格不仅直接影响着内蒙古稀土资源的总收入，还对资源税费的征收、成本的核算有着直接或间接的影响。稀土资源价格是制约内蒙古稀土资源效益的首要因素，因此需要建立有效的稀土资源定价模式：

第一，进一步推动企业联合与重组，占据市场主导地位，增加定价话语权。内蒙古的稀土企业除了完成政府宏观调控下的集团化整合，还应积极加强企业部门之间的重组，以及与国内其他稀土企业的联合，降低生产成本，增加生产优化分工，从而提升生产率，实现稀土资源的可持续利用，使内蒙古稀土资源、稀土产品以绝对优势参与市场的竞争，在国际市场上占有一席之地，从而增加定价的权重。

第二，制定稀土价格协商机制。现阶段，我国对稀土资源并未掌握定价的权重，这一现象与国内混乱的“价格战”是分不开的。内蒙古北方稀土集团应与其他地区的稀土产业集团相互协调，不应当只顾眼前利益和个体利益，应当以长远利益和共同利益为目标，进行强强联合。通过学习铁矿石相关企业的联盟方式，建立我国稀土资源的定价联盟，制定稀土价格协商机制。此外，还应加强政府在稀土资源产业联盟中的主导作用，根据国家稀土产业相关政策，采取灵活的稀土资源定价措施，以应对国际市场稀土资源交易价格的波动，从而稳定内蒙古稀土资源的效益额。

第三，大力发展国内稀土期货市场。通过建立和发展国内稀土资源期货市场，形成稀土国际定价中心。稀土资源期货市场有稳定稀土价格，规避风险的功能。此外，期货市场上稀土的价格能够实际反映出稀土的价值以及稀土的供需情况，企业可以根据稀土期货市场上的信息制定生产、销售计划，避免过度开采或供不应求情况的发生。稀土期货市场在建立的过程中要注意交易过程中的行为规范，设立相对独立的市场监管主体。总而言之，应该将期货市场预测价格、规避风险的功能放在首位，以确保定价权的获得。

9.1.4 提升稀土资源开发与利用的技术水平

稀土资源的效益会受到技术研发水平的影响，稀土资源开发与利用技术水平的提升有利于稀土效益的增加。目前世界上大部分稀土专利都掌握在美日等发达国家手中，日本拥有很高的稀土资源效益值，关键在于其可以进行高附加值的稀土资源加工，即拥有专利技术。由此可知，想要增加稀土资源的效益额，就要加强技术创新水平，突破各种技术壁垒，使中国从稀土大国走向稀土强国。

第一，加大科技创新资金投入，培养稀土科技人才。中央及内蒙古地方政府应该为稀土资源开发与利用技术的研发搭建平台，对稀土资源的深加工产业拨发专项资金，以进行稀土产品技术创新支持。培养创新性人才，奖励具有创新精神的稀土科技研发人员，为科研人员的研发营造良好的学习、工作环境；同时，引进外国先进的研究设备，为科研人员的创新奠定良好的物质基础。稀土资源开发与利用技术水平的提升，可以使我国早日摆脱“中国出口稀土原料，日美以高科技深加工，赚取巨额利润”的局面，同时也会给内蒙古稀土资源带来巨额的经济效益。

第二，鼓励稀土开发、利用技术的专利申请。随着经济的进步和科学技术水平的提升，虽然我国稀土大国的优势使我们拥有较多的先进技术，但是相关技术并没有取得知识产权，使得我国相关稀土资源勘探、开采和利用方面的关键技术常受制于人，因此要增加稀土产品专利申请意识。对于无法攻克的技术难题，可以通过引进国外的专利技术以及促进国内外的交流与合作的手段，吸取国外在稀土研发相关领域的优势及经验，突破国内的技术难题，提升我国稀土资源的开采与利用效率。此外，在学习国外先进技术基础上，还应进行二次研发，通过技术的再创新实现核心专利申请的目的。

第三，促进稀土企业与科研机构及高校间建立长久的合作机制，形成产学研一体化。在稀土资源开发利用过程中，稀土企业或多或少都会遇到相关技术难题；而科研机构及高校掌握着大量的技术创新资源，但由于缺乏市场导向，这些技术并没有被较好的应用于实际的生产应用，造成了一定程度上的技术闲置和浪费。稀土企业的实际技术需求给科研机构及高校提供了了解应对现实科学技术难题的机会，且通过与稀土企业的合作，还可得到相关技术研发的资金支持，形成一个稀土企业与科研机构及高校相互扶持共同发展的良性循环，最终促进科研机构及高校科研成果的转换及稀土企业技术能力的提升。

9.2　稀土储备体系建设的对策建议

笼统地将 17 种稀土元素定位于战略资源有失偏颇。不加区分地将稀土视为战略资源，将影响中国稀土行业的长远发展。轻稀土存量大，应用广；重稀土资源稀缺，应用独特，优势无法替代，用于满足国防战略及尖端技术需求，应作为战略资源，严格控制，加以保护。而对于那些存量多、主要为民用、应用普及的轻稀土如镧、铈等，则应让它们走下“神坛”，加大开发应用。这样才能既保护资源，又应用资源；既保持了中国稀土的资源优势，又放开了稀土行业的发展空间[179]。

9.2.1　明确稀土储备目标

稀土储备目标应根据国内工业发展以及世界稀土市场供需变化，根据不同情势采取低度储备、中度储备和高度储备。稀土储备作为一项国家政策，既要保障国家的安全和经济发展的需要，又要综合考虑国内外市场供需形势变化、正常时期对稀土资源消费需求、非常时期对稀土资源的消费需求以及结合我国国情、资源储量等因素，科学合理地确定稀土储备规模，以及针对分阶段实施方案进行有效长久规划，并随着变化的市场形势而采取动态调整储备目标的措施。

在制定我国稀土战略储备具体政策的过程中，要全面系统地认识到现阶段我国经济社会面对的各种复杂多变的内部外部形势，分析研究稀土储备的重大战略意义，及其在各领域中的重大作用，探究我国稀土战略储备如何满足高新技术和国防科技发展的有效需求，并结合我国经济社会发展的综合实力和阶段特征，提出合乎实际的稀土战略储备目标，从宏观上为一个时期的稀土战略储备工作确定行动纲领。

9.2.2 根据稀土品种来确立合理的储备方式

矿产资源的储备方式有两种：矿产品储备和矿产地储备。矿产品储备需要人为地将稀土产品分离出来进行储备，在我国，稀土资源呈现了“北轻南重”的地理分布格局，在世界稀土储量中，就轻重稀土所占的比例而言，我国分别占世界的近50%和近90%。因此，对于不同特性的稀土品种，应采用多元化的储备方式。对于北方的轻稀土，应采用以矿产品储备为主，矿产地储备为辅的储备方式；而对于南方重稀土的储备，应以矿产地储备为主，以矿产品储备为辅。

9.2.3 建立稀土储备保障制度

建立稀土储备保障制度可从以下三个方面加以考虑：

第一，建立稀土法律制度。稀土储备作为一项国家政策，要配套这些政策，就要有相应的法律法规配套，法律制度的诞生仍是目前保障我国稀土储备健全体系建立的重要手段。首先，需要确定我国稀土资源战略储备作为一项独立立法的法律体系。西方国家对于资源储备都有自己独立的法律体系，如日本的《石油储备法》。稀土储备保障制度是国家进行全方位建设尤其是上升到国家战略层面的国家建设和国防建设所需要的紧缺急需的重要战略资源重要法律依据。其次，要确定我国具体的稀土资源战略储备法律依据及法律条文，对储备目标、储备主体、储备种类以及相关管理机构等拟定具体清晰的准则。我国在确立稀土资源战略储备主体时，国家应当将重要稀缺资源储备且国家储备占主导地位，企业进行商业储备，主要是以平抑市场价格为主，起辅助作用[203]。

第二，确立稀土储备的管理机构。建立稀土资源战略储备体系，应设立专业的管理机构来对国家战略稀土资源储备工作进行科学合理有效的管理。根据我国的稀土资源储备政策，制订全国的分阶段的稀土资源储备规划，明确稀土储备品种、规模以及储备方式、储备主体等建立科学合理的规章制度，以此作为依据，可以对全国的资源储备工作进行宏观调控和指导，并对稀土资源储备情况的监管和督查直接负责。对于权力机构的管理层次，可以构建高级战略指导层、中级执行层和操作层三个层级的管理运行机构。同时，建立稀土产品价格波动系数数据库，以便随时监测稀土原材料以及产品价格波动，并根据波动范围，对全国稀土进行收储和释放。

第三，提供稀土储备资金保障。事实上，无论预测的方法多么科学，结果多么准确，实现稀土的资源储备是有成本的，是需要一定的资金保障的。稀土资源储备与国家安全息息相关，所以应充分发挥政府在稀土战略储备中的主导作用，将稀土战略储备资金列入国家预算。这部分由国家财政拨款，是稀土国家战略储备的强大资金保障。同时，可通过相关稀土企业出资的方式建立稀土资源商业储备基金，政府可以通过稀土收储和释放获得的利润，依据各企业上缴的储备基金比例来对其进行利润分配。稀土收储也可以考虑发行国家储备债券筹集储备资金，专门用于保障稀土资源储备体系的建设。还可以尝试动用一些外汇储备来进行稀土资源储备，从而不仅可以提供资金保障，同时还能实现资金增值的收益。这些资金收益以及资金补助主要用于监管基础建设项目，采选、冶炼环保技术改造，稀土高端应用技术研发等，达到促进产业的健康有序发展的目的。

Ⅱ 案例篇

白云鄂博矿稀有金属钪、铌和钍的可持续利用研究

ANLI PIAN

BAIYUNEBOKUANG XIYOU JINSHUKANG NI HE TU DE KECHIXU LIYONG YANJIU

10 稀有金属矿产资源概况

稀有金属通常是指地壳中丰度低、分布稀散，难于从矿石中提取，开发较晚但在现代工业应用广泛的金属矿产资源。进入工业化后期和后工业化时期，稀有金属用途日益广泛，特别是在航天、原子能、电子、国防工业等高科技产业。锂的同位素 6Li 是制造氢弹不可缺少的原料，在核反应堆中锂用做控制棒冷却剂和传热介质，锂还常用做飞机、火箭、潜艇的燃料等；金属铍被用做原子能反应堆的防护材料和制备中子源、高能燃料的添加剂等；铌、钽用于制作电子计算机记忆装置、超导合金及大功率磁铁等[204]。

10.1 稀有金属铌、钪和钍矿产资源分布的特点

全球稀有金属储量大部分分布在非洲、东欧地区及中国。中国是世界上有色金属矿产资源比较齐全的国家，尤其是稀有金属，如钨、钼、锡、锑、稀土、镁、铟、钛、铋、铌等，在全球都具有绝对的资源优势，资源储量和产量均居世界前列。

10.1.1 国外稀有金属铌、钪和钍矿产资源分布简况

10.1.1.1 铌的产量、消费和储量

铌（Niobium），元素符号 Nb，原子序数 41，是 VB 族金属。铌的密度为 8.57g/cm^3，熔点为 2477℃，沸点为 4744℃。铌是一种银灰色、质地较软且具有延展性的稀有高熔点金属。常温下，铌不与空气发生反应，在氧气中红热时也不会被完全氧化。铌在高温下能与硫、氮、碳直接化合。

英国化学家查理斯·哈契特在 1801 年报道了一种类似钽的新元素，并命名为钶。1809 年，英国化学家威廉·海德·沃拉斯顿错误地认为钽和钶是一致的。德国化学家海因里希·罗斯于 1846 年发现钽矿中还有另一种元素，他称之为铌。1949 年正式命名为铌。直到 20 世纪初铌才首次商业化。由于铌具有良好的超导性、熔点高、耐腐蚀、耐磨等特点，被广泛应用到钢铁、超导材料、航空航天、原子能等领域。

铌在地壳中的含量为 20×10^{-6}，主要矿物有铌铁矿、烧绿石、黑稀金矿、褐钇铌矿、钽铁矿和钛铌钙铈矿。根据美国地质调查局 2018 年发布的数据，全球铌资源储量超过 430 万吨，铌资源分布也相对集中，仅巴西一国铌资源储量就占

到了全球总储量的95%左右。

世界上大部分已探明的铌资源以碳酸盐岩中的烧绿岩的形式存在于矿床，美国已探明资源中大约有15万吨铌，但由于品位低，自1959年以来，其国内不再生产。美国公司利用进口铌矿物生产含铌材料、氧化物和铌铁。铌大多用于钢铁工业生产铌铁、铌合金和用于航空航天工业的铌金属。报告的铌消费量的主要最终用途分布是：约76%用于钢和约24%用于超级合金。截止到2017年8月，美国铌表观消费量（含铌量）估计为9,800吨，比2016年增长12%。2017年，铌消费的估计值按进口额计算为2.9亿美元。

目前世界铌的供给状况为：巴西仍然是世界主要的铌生产商 Companhia Brasileira de Metalurgia eMineração（CBMM）和 Anglo American Brazil（Anglo American plc 的子公司），其产量占全球的89%；其次是加拿大（Magris Resources Inc. 位于加拿大的 Niobec 矿），占10%；美国一家公司继续在内布拉斯加州开发 Elk Creek 项目方面取得进展，计划将于2018年开始生产，该项目将是美国自1959年以来唯一的铌主要加工厂；2016年9月，中国一家公司收购了一家英国公司的铌磷酸盐业务。该项目位于巴西戈亚斯州，由 Boa Vista 矿山组成，有三个加工厂、两个非经营性矿山和两个矿藏（表10.1）。

表10.1　2017年世界部分铌产量和储量

	世界矿山生产量/公吨		矿产量储量/公吨
	2016年	2017年	
美国	—	—	—
巴西	57,000	57,000	4,100,000
加拿大	6,100	6,000	200,000
其他国家	800	800	NA
世界总计(四舍五入)	63,900	64,000	>4,300,000

资料来源：Mineral Commodity Summaries 2018 – NIOBIUM[205]。

埃克莱斯通（Ecclestone）2015年报道，前三名主要铌生产公司在西半球：Anglo American（巴西），CBMM（巴西），and Magris Resources（加拿大）。含铌矿是经过选矿处理产生氧化铌，随后将氧化铌加工生产铌铁或铌金属。铌铁用于合金钢，铌金属用于有色合金。铌矿在巴西、加拿大、中国及其他国家被逐步处理和使用[206]。

铌资源没有公开交易，买卖双方间购买合同是保密的，但是贸易商申报他们进出口的铌材料的价值（表10.2，表10.3）。

表 10.2 2011～2015 年世界铌产品进出口均价及产量

年 份	2011	2012	2013	2014	2015
铌矿石和精矿（美元/千克）	39.34	23.54	17.15	14.94	7.59
氧化铌（美元/千克）	37.69	44.43	43.47	37.04	36.19
铌铁（美元/千克）	26.43	27.63	27.29	25.78	24.27
世界上生产铌精矿（铌含量公吨）	50,200	62,700	57,100	68,700	60,500

资料来源：Minerals Yearbook 2015（Niobium）。

表 10.3 世界铌资源储量及主要铌矿床（区）品位

国别	储量（Nb_2O_5）/万吨	分布率/%	矿山名称	含铌矿物	矿石储量/万吨	平均品位/%
加拿大	325.6	6.78	尼沃贝克	黄绿石	7711	0.73
			奥卡	黄绿石	4260	0.43
			木索尼	黄绿石	6200	0.52
巴西	3681.9	55.87	阿腊夏	黄绿石	46175	2.5
苏联	873.1	18.19	赤塔州钨锡矿	铌铁矿	—	—
			伊尔库茨克	铌钽铁	—	—
			维什涅威耶山	黄绿石、铌钙矿	—	—
			塔吉克北部	铌钽铁矿	—	—
			阿勒泰	铌钽铁矿	—	—
			科拉	黄绿石	—	—
尼日利亚	46.4	0.97	卓斯砂矿	铌铁矿	—	650g/m^3
			卡沸河谷	黄绿石	—	—
扎伊尔	65.0	1.35	马诺砂锡矿	铌铁矿	—	0.9～1.6
			卢什河谷	黄绿石	—	—
肯尼亚	72.6	1.51	姆里马山	黄绿石	20(Nb_2O_5)	0.7
坦桑尼亚	27	0.56	姆贝亚	黄绿石	27(Nb_2O_5)	0.4
中国	—	13.75	白云鄂博	黄绿石，铌铁金红石，易解石		0.08～0.14
			宜春	铌钽铁矿		0.0097
			可可托海	铌铁矿		0.0063

数据来源：世界铌资源概况及其特征[207]。

国外铌矿主要工业类型有碳酸岩风化壳型、铌铁矿花岗岩（伟晶岩）型和砂矿型 3 种。其中碳酸岩风化壳型最为重要，占铌资源量 90% 以上，主要产于巴西、俄罗斯、加蓬、澳大利亚等国，含铌工业矿物为烧绿石。含铌砂矿，一般规模较小，但砂矿易采选，并常与钽铁矿、锡石等一起产出，因而具有一定的经济意义。泰国、马来西亚、扎伊尔、澳大利亚等国开采砂矿时获得的含铌铁矿——钽铁矿的锡石精矿，经冶炼粗锡剩下的炉渣中含 10% ~20% 的 Nb_2O_5，被作为重要的副产品回收[204]。

10.1.1.2　钪的产量、消费和储量

钪（Scandium）元素符号 Sc，原子序数 21，是化学元素周期表ⅡB 族中的一种过渡金属，是最轻的稀土元素，但它不属于轻稀土，也不是重稀土。钪柔软、轻巧，呈银白色，外观和密度与铝相似。

1879 年，瑞典的化学教授尼尔森（L. F. Nilson，1840 ~ 1899）和克莱夫（P. T. Cleve，1840 ~1905）差不多同时在稀有的矿物硅铍钇矿和黑稀金矿中找到了一种新元素，即钪。从钪的发现到 1937 年制成纯度为 95% 金属钪，至 20 世纪 80 年代钪的应用日益广泛，包括国防、电光源、冶金、化工、医疗等领域，历时一百余年。钪是一种很典型的稀散元素，自然界中含钪的矿物多达 800 余种，在花岗伟晶岩类型矿的副产物中，几乎都可以找到钪的踪迹。但是，单独的矿床，目前还只有以下三种：钪钇矿、铁硅钪矿和水磷钪矿。Sc_2O_3 品位高于 0.05% 的储量为数甚少，而多数是与其他矿物伴生在一起。由于钪在各种矿物中的含量甚微，过去一直很难在工业上直接利用[208]。

据美国地质调查局发布的 Mineral Commodity Summaries 2018 报告称，世界上钪资源丰富，地壳中钪的丰度大于铅。由于钪对常见的成矿阴离子缺乏亲和力，因此它广泛分布在岩石圈中，在超过 100 种矿物质中形成低浓度固溶体。已探明的钪资源主要在澳大利亚、加拿大、中国、哈萨克斯坦、马达加斯加、挪威、菲律宾、俄罗斯、乌克兰和美国。

美国国内的生产和消费情况为：2016 年，既没有从含钪矿物中开采也未从尾矿中回收。以前在其国内生产的钪主要来自钪 - 钇硅酸盐矿物的硫铁矿和来自铀的副产物浸取溶液，生产能力有限。钪金属和钪化合物主要是从中国进口的。

2017 年，钪的主要用途是铝钪合金和固体氧化物燃料电池（SOFC）。钪的其他用途包括陶瓷、电子、激光、照明和放射性同位素。在 SOFC 中，电力是直接由氧化燃料产生，将钪添加到氧化锆基电解质中以提高功率密度并降低电池的反应温度。对于钪金属应用来说，通常是由金属钙还原氟化钪；铝钪合金用于体育用品、航空航天和其他高性能产品；钪在很多电子产品中微量使用；一些含有钪的激光用于防御应用和牙科治疗；在照明中，碘化钪用于产生汞蒸气高强度灯光以模拟自然光；钪同位素被用做炼油的追踪剂。

全球钪的供应和消耗量估计为每年 10 ~15 吨。钪在 SOFC 和有色合金中的消耗量正在增加。全球钪市场相对于大多数其他金属来说仍然很小，但供应来源则是越来越多。在美国，多金属矿床的开发商，包括阿拉斯加州的 Bokan 项目、得克萨斯州的 Round Top 项目和内布拉斯加州的 Elk Creek 项目，计划将钪回收纳入他们的项目计划。Elk Creek 项目的业主宣布完成了可行性研究，符合加拿大的 National Instrument 43 – 101，即约 3200 万吨矿石的可能储量，每吨矿石约含 72 克钪。与此同时，能源部正与工业界和学术界合作研究从煤和煤副产品中回收钪和其他稀土元素。

在澳大利亚，新南威尔士州的 Nyngan 钪项目获得了采矿租约。Nyngan 的储量估计为 144 万吨，使用百万分之 155 的钪截止等级估算，约含有 590 吨钪。开发商预计将于 2019 年开始生产，预计每年生产高达 38.5 吨的氧化钪。新南威尔士州 Syerston 项目的矿商们预计将在年底之前完成可行性研究，以推动采购协议和项目融资。Syerston 项目的测量和显示的钪资源增长了 63% 达到 4570 万吨，使用百万分之 300 的钪截止等级估算，含有 19，200 吨氧化钪。在昆士兰州，钪钴镍矿（SCONI）项目的所有权得到巩固，20 吨矿石的试验正在示范工厂加工。SCONI 项目的勘测和指示资源是估计有 1200 百万吨含有约 3000 吨氧化钪，使用百万分之一百二十二的钪截止等级。计划于 2018 年完成旨在帮助确保项目融资的可行性研究。

在中国，据报道，氧化钪生产能力逐年扩大到 100 吨以上。

在印度，环境奥里萨邦正在寻求建造一个每年 2.4 吨的氧化钪的项目厂。预计印度的钪生产将成为二氧化钛生产的副产品。该项目也包括铁合金作业和燃煤动力装置。

在菲律宾，正在建设一座商业工厂 Taganito 高压酸浸工厂，每年回收 7.5 吨的氧化钪，从浸出镍红土的镍钴硫化物中回收，预计将于 2018 年开始生产中间体浓缩物。

日本预计于 2018 年将在 Harima 将中间产品转化为氧化钪的生产。

在俄罗斯，乌拉尔山脉的一家炼铝厂正在进行中试研究。该据报道，中试生产的纯度大于 99% 的氧化钪。根据中试结果，为每年 3 吨氧化钪生产能力的商业工厂制定了计划。在莱蒙托夫，库尔干地区正在进行试点研究，以测试铀回收作为铀生产的副产品。每年 1.5 吨的试验工厂预计 2017 年将生产成品氧化钪。未来计划将生产铝钪合金。

在欧盟，正在开发用于生产钪化合物的回收方法和来自冶金副产品的铝合金。在土耳其，一家公司正在开发副产品钪，在现有的高压酸浸操作中从红土中回收。

世界钪生产和储量：钪的独立矿床极为稀少，工业上是在综合处理有色和稀有金属时伴生回收分散的钪。近年来，钪作为副产品材料在中国（钛和稀土）、哈萨克斯坦（铀）、俄罗斯（磷灰石）和乌克兰（铀）生产，美国没有开采钪资源（表 10.4）。

表 10.4　国外钪资源的主要分布状况

国家或地区	钪资源分布区
前独联体国家	科拉半岛和俄罗斯地台是最大的，科拉半岛的磷灰石中 Sc 的质量分数为 16μg/g，整个矿床储量达 1.6 万吨；俄罗斯地台北部托姆托尔的风化壳淋滤型磷酸盐岩矿床中，Sc_2O_3 的平均质量分数为 650μg/g
美国	科罗拉多高原的含铀砂岩矿床中含 Sc_2O_3 的质量分数为 100μg/g；Fairfield 含磷铝石矿床中 Sc_2O_3 的质量分数为 300～1500μg/g
马达加斯加、挪威	集中在富含钪钇石的花岗伟晶岩中
澳大利亚	镭山（Radfum Hill）热液铀钛磁铁矿矿床中 Sc_2O_3 的质量分数为 3000μg/g

资料来源：金属钪资源及我国回收利用技术[209]。

公吨锭规格的钪铝合金涨幅较大，其他产品价格相对平稳，随着一些项目的投产，价格估计稳中有降（表 10.5）。

表 10.5　2013～2017 年钪产品价格　（美元）

化合物/克	规格	2013	2014	2015	2016	2017
醋酸钪，纯度 99.9%	5－g	51.90	43.00	43.00	44.00	44.00
氯化物，纯度 99.9%	5－g	148.00	123.00	123.00	126.00	124.00
多氟多，纯度 99.9%	1－5－g	253.00	263.00	263.00	270.00	277.00
碘化物，纯度 99.9%	5－g	228.00	187.00	187.00	149.00	183.00
氧化物，纯度 99.9%	5－kg	5.00	5.00	5.10	4.60	4.60
金属：						
钪，蒸馏树枝状/克	2－g	175.00	134.00	134.00	107.00	132.00
钪锭/克	5－g,	155.00	386.00	220.00	340.00	350.00
钪铝合金/公斤	公吨锭	213.00	221.00	221.00	228.00	226.00
净进口依存度		100	100	100	100	100

10.1.1.3　钍的产量、消费和储量

钍（Thorium），元素符号 Th，原子序数 90，是 1828 年由瑞典化学家伯齐利厄斯 JJ（BerzelsusJJ）发现的；1593 年发现钍存在于独居石中；1898 年，居里夫人（Madame Curie）和施密特 . CG（Sehmidt CG）分别发现了钍的放射性[210]；1939 年，格兰特发现了钍核裂变。世界上钍的主要来源是稀土和磷酸钍矿物的独居石。早期钍及其化合物仅用于白炽灯罩的制造，后来随着科学技术的发展，其应用不断扩大到耐火材料、陶瓷、灯泡、焊接电极、三极管、高折射玻璃、光敏电阻、计算机存储元件，照相机和科学仪器的高质量镜头，以及航空、航天领域。钍经过中子轰击，可得铀－233，因此它是潜在的核燃料。由于钍广泛分布

在地壳中，是一种前景十分可观的能源材料[211]。一些公司和国家积极致力于将钍作为核反应堆的一种新型燃料进行商业化。基于钍的核研究和开发计划已经或将在比利时、巴西、加拿大、中国、捷克、法国、德国、印度、以色列、日本、荷兰、挪威、俄罗斯、英国和美国等国家进行。美国环境保护局（EPA）正在征求公众对 EPA 的修订关于“铀和钍矿尾矿对健康和环境保护标准”提案的意见，新标准将适用于铀原位回收生产的副产品材料。目前在全球范围内，钍的商业用途包括催化剂、高温陶瓷、研究目的和焊条[213]。

在全球范围内，独居石是重要的含钍矿物，也是世界上钍资源开采的主要对象。自 20 世纪 50 年代起，巴西、印度和美国就将独居石作为稀土和钍资源矿物进行大规模开采。20 世纪 90 年代初，澳大利亚是最大的独居石供应国，其次为印度、巴西和中国，年总产量约为 15000 吨[212]。目前，印度是独居石的主要生产国，中国是独居石的主要进口国，巴西和泰国是主要出口国。2017 年，美国没有生产钍产品，所有的工业消耗钍化合物和合金均为进口。由于担心钍天然存在的放射性，大多数情况下使用钍的产品受到限制。进口钍由于消费量的变化和库存水平的波动，2017 年国内工业进口用于消费的钍化合物的估计价值约为 730,000 美元，而 2016 年为 284,000 美元[213]。

据经济合作与发展组织的核能机构和国际原子能机构能源署报道，估计全球钍资源总计超过 600 万吨。钍资源遍布全球，尤其是澳大利亚、巴西和印度。印度原子能部估计重矿物砂中含有 1200 万吨独居石。据报道，印度的独居石平均氧化钍含量为 9% 至 10%。澳大利亚的推断资源约为 50 万吨钍，大多数已探明的钍资源属于重矿物矿床。澳大利亚的钍资源没有一个被归类为经济可回收。巴西的钍资源量估计为 60 万吨[213]。表 10.6 是 2011 ~2015 年美国进口钍资源的量和价，价格平稳。

表 10.6　2011 ~2015 年美国进口钍资源的量和价

	2011	2012	2013	2014	2015
出口钍化合物（毛重）/公吨	4.28	3.16	1.01	15.30	2.16
进口消费（毛重）：					
钍矿和精矿（包括独居石）	30	43	—	—	—
钍化合物	5.71	4.40	2.83	11.00	2.74
钍化合物年底价格/美元 · 千克$^{-1}$					
法国	158	153	NA	NA	NA
印度	58	60	65	65	63

表 10.7 是 2011 ~2015 年独居石精矿世界主要国家及世界生产量，印度由于大力发展核电，独居石的产量多年来保持世界首位，其次是巴西，东南亚地区的产量也在增加。

表 10.7 2011～2015 年独居石精矿世界主要国家及世界生产量 （公吨）

国家	2011	2012	2013	2014	2015
巴西	290	2,700	600	—	1,600
印度	3,000	3,000	3,000	3,000	3,000
马来西亚	571	113	261	372	499
泰国	5,100	200	210	3,200	1,300
越南	360	370	180	—	460
世界总计	9,320	6,380	4,250	6,570	6,860

由于印度的雄心计划是建造 60 座核反应堆，到 2032 年将核电装机容量提升到 6.3 万兆瓦，到 2050 年能够利用核能提供 25% 的电力，既履行减少燃烧化石能源、扼制全球气候变暖的诺言，也令自己成为仅次于中国的全球第二大核能市场。但是，印度目前的核能现实距离梦想还有相当长的一段路要走。国际原子能组织（IAEA）数据显示，目前全球可运行的核反应堆共 442 座，另有 64 座正在建设之中，其中，印度有 21 座核反应堆已经在运行之中，正在建设的核反应堆有 6 座[214]。

随着勘探技术的提高，全球钍资源的储量和产量都在增加（表 10.8）。钍在各类矿石中的分布见表 10.9。

表 10.8 世界钍（Th）资源量分布

国家或地区	已查明常规资源（Th 金属）/t	预测储量（Th 金属）/t
澳大利亚	452000	—
巴西	302000	330
加拿大	44000	128000
埃及	100000	280000
格陵兰	54000	32000
印度	319000	—
挪威	132000	132000
俄罗斯联邦	75000	—
南非	18000	130000
土耳其	380000	500000
美国	400000	274000
委内瑞拉	300000	—
其他	33000	81000

资料来源：中国钍资源特征及分布规律[212]。

表 10.9 各类钍资源分布

类 型	资源量/%
碳酸岩	40
脉状矿床	31
砂矿	19
碱性侵入矿床	4
石英卵石砾岩	4
其他	2

资料来源：钍资源及其利用[211]。

10.1.2 国内稀有金属铌、钪和钍矿产资源分布状况

10.1.2.1 中国铌资源状况

中国也是铌资源较丰富的国家，储量占世界总量的17%左右，居世界第二位，仅次于巴西，主要分布在包头的白云鄂博，广西的泰美、栗木，江西的宜春和新疆的可可托海等地，其中白云鄂博铌资源储量最大，占我国铌资源储量的95%，其远景储量达660万吨，工业储量为157万吨[204]。

中国铌矿资源有以下特点：（1）产地分布广泛，资源又相对集中。已探明的铌矿地分布于全国17个省区，但高度集中在内蒙古和湖北两省区。占全国铌资源量95.5%。（2）我国已利用铌矿的 Nb_2O_5 品位为0.0083%～0.0437%，大大低于国外铌矿石品位。（3）共生矿物复杂，选冶困难。我国几个大型铌矿包括白云鄂博、巴尔哲、庙垭等，均为多组分稀有稀土共伴生矿，矿物粒度细、选冶难、回收率低，一般为23.61%～47.64%。精矿品位也低（2.80%～34.62%）。（4）矿资源量很大，但可供利用的矿产地和储量却很少[204]。

10.1.2.2 中国钪资源状况

世界钪资源的工业储量约200万吨（以Sc计）。中国是钪资源较为丰富的国家，工业储量约65万吨，占世界总工业储量的33%。但世界及中国的远景储量更大。这为今后开发钪工业打下坚实的基础。

中国钪资源的回收多集中于生产钛白粉的硫酸废液与钛生产过程中的氯化烟尘，其次是从稀土、选矿尾矿、钨渣中提取。每年伴随开采出的钪的量是非常大的，但绝大部分还未回收。探求有效的分离方法，建立合理的回收工艺流程，是钪工业生产的关键。

中国一些矿物中含钪的状况如下：黑钨矿高于0.05%，钛铁矿60g/t，铝土矿40～150ppm/t（Sc_2O_3 比国外高出1～4倍），选钛尾矿77ppm/t（Sc_2O_3），锡石含 Sc_2O_3 0.01%。

我国一些原矿物含 Sc_2O_3 的状况如下（ppm/t）：铝土矿 40～150，磷矿 10～25，钒钛磁铁矿 13～40，钨矿 78～377；离子型稀土矿 20～50；铁铌稀土矿 50（平均）；盆锰矿 181；还有氟碳铈矿，钽铌矿和铀矿等含有钪量。

钪是典型的稀散元素，在地壳中的平均丰度 36ppm，比 Ag，Au，Pb，Sb，Mo，Hg 和 Bi 更丰富，而与 B，Br，Sn，Ge，As 和 W 的丰度相当。因为含钪的矿物很多，所以从矿物直接提取钪制品既复杂又困难，而是从处理含钪矿物的副产物如废渣\废水和回收烟尘中提取 Sc_2O_3，再以高纯 Sc_2O_3 制备金属 Sc。我国含钪废物的状况如下：处理钨矿的废渣含 Sc_2O_3（150～600）$\times 10^{-6}$/t；处理钛铁矿生产钛白的水解母液中为 10～25 $\times 10^{-6}/m^3$；高钛渣氧化时的烟生中为 736 $\times 10^{-6}$/t；处理铝土矿生产 Al_2O_3 时的赤泥中为 40～150 $\times 10^{-6}$/t，选钛尾矿中为 77 $\times 10^{-6}$/t[180]。

10.1.2.3 中国钍资源状况

中国钍资源较为丰富，仅次于印度，位居世界第二，钍资源遍布 23 个省，其中内蒙古、广东、海南、湖南、四川等地较为集中。以独居石砂矿类型的钍资源分布最广、储量最大，其次为与稀有、稀土矿产资源伴生的钍资源，还有与变质岩有关的钍资源。按照赋存围岩的不同，钍资源可以分为岩浆岩型、沉积岩型和变质岩型。沉积岩型钍矿床、矿点和异常区共有 60 处，其中独居石矿床达 33 处，分布于黑龙江、吉林、辽宁、河北、湖北、湖南、广东、广西、福建、海南及台湾等省区。岩浆岩型钍资源多与稀有、稀土放射性元素矿产资源相伴生，共 112 处，矿床 14 个，分布范围极广，包括黑龙江、吉林、辽宁、河北、河南、湖北、湖南、山东、安徽、内蒙古、新疆、甘肃、青海、四川、云南、贵州、江西、广西、广东及江苏。变质岩型钍资源有 11 处，分布于河北、云南、福建、安徽及江苏[212]。

10.2 白云鄂博矿区稀有金属矿产现状

10.2.1 概况

白云鄂博矿床是我国最大的铌矿，集中了全国探明铌储量的 63.4% 和工业储量的 82.7%，铌矿绝大部分储量集中于大中型矿床中。我国铌矿类型主要有白云鄂博型铁－铌－稀土矿床、碱性岩－碳酸岩型矿床、花岗岩及碱性花岗岩型、花岗伟晶岩型矿床及砂矿床。

白云鄂博矿床的铌－稀土矿分布在铁矿体、白云岩、板岩中，呈厚大的层状、似层状产出，整个矿带内的岩层普遍具铌和稀土矿化。工业矿石有：（1）磁铁矿矿石，Nb_2O_5 平均品位 0.126%～0.141%；（2）白云岩矿石，Nb_2O_5 平均品位 0.110%～0.168%。含铌矿物有铌铁矿、铌易解石、铌金红石等。由于铌矿物嵌布颗粒细（20μm），又与铁、稀土共生，铌的选矿问题至今尚未解决，目前只能生产低级铌铁。碱性岩－碳酸岩型铌矿床，代表矿床是湖北竹山县庙垭正长岩－碳酸岩型铌、稀土矿床。含铌、稀的碳酸岩和正长岩类组成一个杂岩体，同位素年龄255Ma。主要铌矿物为铌铁矿、铌金红石。铌铁矿主要富集于黑云母碳酸岩中，铌金红石在混染正长岩、正长斑岩中较为富集。目前庙垭矿床尚未开发利用。

花岗岩型铌矿在我国较为发育，矿产地较多，比较重要的有江西宜春414矿、广西恭城栗木矿、湖南茶陵金竹垄矿、广东博罗泰美矿等，这些矿床规模以中型为主，次为小型，没有大型铌矿，品位一般较低（$Nb_2O_5$0.01%～0.02%），工业矿物为含钽铌铁矿，是我国目前铌精矿的来源之一。碱性花岗岩型铌矿一般规模较大，而且品位相对较高，如内蒙古哲盟巴尔哲矿，由于矿石成分复杂回收率低，目前尚未开发利用。

花岗伟晶岩型铌矿，是目前我国铌精矿的主要来源。江西横峰县黄山矿是该类型最为重要的矿床。矿区花岗伟晶岩脉分布在燕山期花岗岩体的外接触带，计有70余条，工业矿物为铌铁矿，还有钛钽铌矿，规模为中型。

还有一种碱性伟晶岩型铌矿，见于四川会理县路枯矿区，矿区碱性伟晶岩脉及钠长岩脉产于印支期碱性正长岩体外接触带辉长岩相带中，脉体形态复杂且分带不明显。铌矿物为铈铀烧绿石，可选性好，中型规模，品位较富（0.17%），但目前尚未开发利用[219]。

白云鄂博矿是一座世界罕见的多金属共生矿床，是包钢生存和发展的重要原料基地。矿床分布在东西长18km，南北宽约3km，总面积48km^{2}的范围内，现已探明矿体内蕴藏有170多种矿物，其中铁矿物11种，稀土矿物16种，铌矿物20种，钛矿物6种、钍矿物4种。表10.10为白云鄂博矿区主要矿产储量及资源量。白云鄂博矿资源具有储量大、种类多、品位低、结晶粒度细和矿物组成复杂等特点，其工艺矿物学特征概括为贫、杂、多、细四大特征，给分离、提取、冶炼等技术带来了很大困难。表10.11为白云鄂博矿主要元素赋存状态。

表10.10 白云鄂博矿区主要矿产储量及资源量

矿产种类	储量	保有储量	资源量	平均品位/%
铁矿/(铁矿石/亿吨)	14.68	12.27	20.33	32
稀土矿/(REO/万吨)	4350	—	大于10000	5.6
铌矿/(Nb_2O_5/万吨)	320	277	660	0.1
萤石矿/(矿物量/亿吨)	—	—	1.3	15
钍矿/(ThO_2/万吨)	—	—	22.1	0.38
钪/(Sc_2O_3/万吨)			14	0.008

资料来源：白云鄂博共伴生矿资源综合利用技术开发与产业化[180]。

表 10.11 白云鄂博矿有用元素赋存状态一览表

有用元素	赋存状态特征
铁	铁矿物共12种，独立矿物主要有磁铁矿、赤铁矿、褐铁矿、菱铁矿等，约占铁总量的90%，绝大部分赋存于磁铁矿和赤铁矿中；多呈粒状结构，条带状、层纹状、浸染状和细脉状产出；粒度细小，多为0.04~0.07mm，当磨矿粒度小于200目95%时，铁矿物单体解离度为83.4%
稀土	稀土矿物及其变种达28种，其中新矿物和新变种14种；具有钡稀土氟碳酸盐矿物品种齐全、易解石族矿物种类繁多、褐钇铌矿族富钇和富铈单元矿物共同出现以及钕矿物品种众多等特色；以铈族元素为主，其中镧、铈、钕氧化物含量多，钇族元素含量很少。稀土元素主要赋存在氟碳铈矿和独居石中，其他分布在铁矿物、萤石和别的矿物中；矿物粒度0.01~0.06mm，小于0.04mm的占80%
铌	矿区有铌矿物共20种，主要的有铌铁矿、铌铁金红石、黄绿石、铌易解石、铌钙矿等，其分布率为52.5%~80.5%，其他呈分散状分布在铁矿物及其他矿物中；铌矿物粒度均小于0.04mm
钪	白云鄂博矿中共发现三个富含钪矿物，分别是霓石、珀硅钛铈石和铌铁矿，其含量分别达到0.34%~0.345%、2.84%~3.64%和0.20%~1.04%。选铌尾矿80%的钪赋存在镁钠铁闪石、霓石－霓辉石和铌铁金红石中，它们的占比分别为48.68%、32.65%和7.88%。
氟	氟元素94.26%~97.84%存在于萤石中，有少量存在于氟碳铈矿中
钾	钾在板岩中含量最高达16%（K_2O），其中约有95%以上赋存于钾长石中。在其他各类矿石中，钾主要赋存在黑云母、金云母及钠闪石中
钍	本矿区富钍贫铀，含钍矿物很多，共23种。钍除以类质同象的形式赋存于稀土矿物中外，还形成独立矿物：方钍石、钍石等。其共生矿物有霓石、黑云母、钠闪石、独居石、氟碳铈矿、烧绿石、锆石等。地段不同，含量分布也不同
钛	钛大部分以独立矿物的形式存在。在沉积变质时期，主要出现金红石和钛铁矿；在热液作用阶段，除形成钛铁矿以外，主要与铌、稀土等形成钛、铌稀土的氧化物（如易解石、铌铁金红石）和硅酸盐（包头矿、钡铁钛石、硅钛铈矿）等。此外，矿床中的磁铁矿、黑云母、霓石、钠闪石、铌铁矿、褐帘石等一般均含有少量钛

资料来源：同表10.8。

10.2.2 白云鄂博矿区铌资源现状

10.2.2.1 基本情况介绍

白云鄂博矿区是中国国内规模较大的铌－稀土－铁金属的共生矿床，铌储量（Nb_2O_5 含量）居全国首位，全球第二，仅低于巴西。铌的矿物有铌铁矿、易解石和烧绿石等18种。金属铌的熔点很高，为了使钢管的强度增强，一般需要加入铌，能够有效改良钢的焊接功能，大大提高了钢管的抗腐蚀性。铌还可以应用于电容器和航天材料等[218]。

金属铌赋存于铌铁矿的金红石、铌铁解石和黄绿石等矿物中，分布率大约在52.5%~80.5%的范围之内，并呈分散状分布于铁矿石和其他矿物中，赋存状态见表10.12。

表 10.12　各类型矿石中 Nb_2O_5 的赋存状态　（含量%）

矿物种类	块状物		萤石型		钠辉石型	钠闪石型
	主矿	东矿	主矿	东矿	东矿	东矿
浅色铌铁石金红石	8.66	8.04	7.410	7.41	8.1	8.04
深色铌铁石金红石	8.66	10.43	13.490	14.65	12.75	10.43
金红石	3.511					3.511
铌铁矿	73.72	30.27	13.490	14.65	12.75	10.43
黄绿石	59.60	63.10		62.833	63.10	59.60
易解石 钛易解石	29.89	29.35	31.810	28.107	27.895	23.06
包头矿					20.83	

数据来源：《白云鄂博特殊矿采选冶工艺攻关与技术进步》[219]。

10.2.2.2　白云鄂博矿床的铌资源储量具有以下特点：

（1）储量大。Nb_2O_5 的工业储量 157 万吨，储量为 660 万吨，当中在主矿区铁矿内部含 Nb_2O_5 29.5 万吨。

（2）分布广。主矿和东矿的铁矿区以及有待开采的西矿区的铁矿中；东部接触带和东矿主矿的上盘以及白云岩中都富含金属铌，含量也都较高。

（3）铌的品位较低。主、东矿铁矿体矿石中 Nb_2O_5 为 0.068% ~0.14%，东部接触带 2 号矿体中 Nb_2O_5 为 0.2% ~0.25%。

（4）在各个矿段中，含铌的颗粒物大部分小于二十微米，部分不到三微米；而在二号矿体中，则大于等于二十微米。

（5）铌金属有较高的分散程度，大部分都分布在含铌的硅酸盐和稀土矿物中。

（6）铌的矿物种类繁多，并且大部分重点含铌的化学和物理性质也略有不同，可选择的差异性非常大，并且铌的共生能力强又造成了其可选性差异小，所以增加了选矿的难度[220]。白云鄂博含铌矿物有铌铁金红石、铌铁矿、易解石、铌钙矿、黄绿石等 20 余种[221]。

10.2.3　白云鄂博矿区钪资源现状

白云鄂博矿区金属钪的主要特点为：

（1）覆盖广。本矿区的金属钪丰度较高，高出地壳平均值的 4 ~8 倍。据有关人士统计，白云鄂博矿区的多个矿石中的 Sc_2O_3 的含量为 $(50 \sim 160) \times 10^{-4}$，

平均为 82×10^{-6}，相对于其他地壳中的富集程度高了 3～10 倍，当中 Sc_2O_3 含量最高的达 169×10^{-4}。矿区内各种岩石中的 Sc_2O_3 的平均含量为 50×10^{-4}。白云鄂博矿区的矿床中基本所有矿物都多多少少含有金属钪，即便如此，在白云鄂博矿区也至今没有发现金属钪的独立矿物存在。

在白云鄂博的含钪矿物中，硅镁钡石是迄今发现含钪最高的矿物，其 $w(Sc_2O_3)$ 为 2.1%，其次在铌铁金红石中的钪含量较高，$w(Sc_2O_3)$ 为 0.154%，成为本区含钪量仅次于硅镁钡石的矿物。可是这两种矿物资源在白云鄂博的矿床中含量都较少，不能够成为提取金属钪的原材料。由此可以看出，白云鄂博矿区中的钪金属大部分是分散的状态，富集特征并不明显。

(2) 贫化富集现象明显。钪在目前的白云鄂博矿选矿流程中出现不同程度的贫化和富集现象，为钪的回收利用提供了有利条件。特别是在中贫氧化矿，经弱磁—强磁—浮选流程选铁和稀土后的稀选尾矿中，钪出现明显的富集现象，其 $w(Sc_2O_3)$ 高达 250×10^{-4}%，使之成为较理想的提钪原料。目前钪的矿区相对地壳的钪富集系数为 3～10。各类岩石、矿石类型中的 Sc_2O_3 的含量见表 10.13。

表 10.13　钪在不同种矿石中的富集程度（$w(Sc_2O_3)$）

矿石类型	$w(Sc_2O_3)/10^{-6}$	矿石类型	$w(Sc_2O_3)/10^{-6}$
霓石型铌稀土铁矿石	169	云母型铌稀土矿石	61
条带状铌稀土铁矿石	155	云母型铌稀土铁矿石	53
霓石型铌稀土矿石	103	近矿板岩	53
块状铌稀土铁矿石	99	远矿白云岩	22
钠闪石型铌稀土铁矿石	96	透灰石型铌矿石	100
白云石型铌稀土矿石	75	镁矽卡岩	150
白云石型铌稀土铁矿石	71	内接触带花岗石	5.5

数据来源：《白云鄂博特殊矿采选冶工艺攻关与技术进步》。

10.2.4　白云鄂博矿区铀和钍资源现状

白云鄂博矿不仅是世界第一的稀土资源，也是世界第二的钍资源，钍是未来最重要的能源。我国天然铀资源不多，如用天然铀中只含 0.71% 的铀 235 来发展核能，要达到我国能源需求的 20%，只能支持 40 年[222]。

10.2.4.1　基本情况

钍、铀在白云矿区的赋存状态为：矿区中含钍的矿物很多，一共有 23 种。钍含量差别很大，如方钍石、铀钍矿、铁钍矿等。该矿区富钍贫铀。钍除以类质同象的形式赋存于稀土的矿物中外，还形成独立矿物如钍石等。其共生矿物有霓石、黑云母等。表 10.14 列出了各种矿物钍、铀的含量，不一样的地段和矿物类型中含量各有不同。

表 10.14　白云矿区不同地段铀和钍的含量统计

岩石、矿石名称	样品数	平均值 $w(U)/10^{-6}$	平均值 $w(Th)/10^{-6}$	平均值 $w(Th)/w(U)$
砂岩 H4 中粒石英	25	2.0	5.9	2.9
板岩 H9 硅质板岩	16	3.0	11.7	3.9
碳酸盐岩白云岩	58	2.4	81	34
铁矿铌稀土铁矿石	44	2.5	596	239
海西期花岗岩	15	1.9	17	7.1

数据来源：《白云鄂博特殊矿采选冶工艺攻关与技术进步》。

10.2.4.2　铀矿资源的特点

铀矿资源具有以下主要特点：

(1) 矿床主要产于走廊两厢，74% 的储量集中在中生代，侏罗纪储量达 41%，元古代储量只占 5%。

(2) 目前发现的铀矿床有九类，主要是火山岩和花岗岩，其中花岗岩占 41.16%，火山岩占 20.49%，砂岩占 18.09%，碳硅泥岩占 9.53%。

(3) 矿床规模以中小为主，铀储量小于 3000 吨的中小型铀矿床个数占总数的 92.6%，储量占总储量的 65.3%。

(4) 矿石品位以中、低为主。铀品位高于 0.3% 的富矿占储量的 4.2%；铀品位 0.1% ~0.3% 的中矿占储量的 65.6%；品位 0.05% ~0.1% 的贫矿占储量的 30.2%。全部矿床的平均品位仅 0.1% 左右。

(5) 铀矿数量较多且厚度较薄，平均厚度在 1 ~ 3m 左右的占矿床总数的 68%。

中国是贫铀国，资源储量不多。2016 年哈萨克斯坦的铀矿产量最大，占全球的 39%；其次是加拿大占 22%，澳大利亚占 10%，中国只占 2.6%，见表 10.15。

表 10.15　2007 ~ 2016 年世界及主要国家铀产量　（吨铀）

国　家	2007	2008	2009	2010	2011	2012	2013	2014	2015	2016
哈萨克斯坦	6637	8521	14,020	17,803	19,451	21,317	22,451	23,127	23,800	24,575
加拿大	9476	9000	10173	9783	9145	8999	9331	9134	13325	14039
澳大利亚	8611	8430	7982	5900	5983	6991	6350	5001	5654	6315
尼日尔	3153	3032	3243	4198	4351	4667	4518	4057	4116	3479
纳米比亚	2879	4366	4626	4496	3258	4495	4323	3255	2993	3654
俄罗斯	3413	3521	3564	3562	2993	2872	3135	2990	3055	3004
乌兹别克斯坦	2320	2338	2429	2400	2500	2400	2400	2400	2385	2404

续表 10.15

国家	2007	2008	2009	2010	2011	2012	2013	2014	2015	2016
中国	712	769	750	827	885	1500	1500	1500	1616	1616
美国	1654	1430	1453	1660	1537	1596	1792	1919	1256	1125
乌克兰	846	800	840	850	890	960	922	926	1200	1005
南非	539	655	563	583	582	465	531	573	393	490
印度	270	271	290	400	400	385	385	385	385	385
捷克共和国	306	263	258	254	229	228	215	193	155	138
罗马尼亚	77	77	75	77	77	90	77	77	77	50
巴基斯坦	45	45	50	45	45	45	45	45	45	45
巴西	299	330	345	148	265	326	192	55	40	44
法国	4	5	8	7	6	3	5	3	2	0
德国	41	0	0	8	51	50	27	33	0	0
马拉维			104	670	846	1101	1132	369	0	0
世界	41,282	43,764	50,772	53,671	53,493	58,489	59,331	56,041	60,496	62,366
U_3O_8	48,683	51,611	59,875	63,295	63,084	68,976	69,969	66,089	71,343	73,548
世界需求	64%	68%	78%	78%	85%	86%	92%	85%	90%	98%

资料来源：World Uranium Mining Production[223]。

从表 10.15 和表 10.16 可以看出，澳大利亚铀是全球铀矿储量最丰富的国家之一（储量世界占比 29%），也是世界主要的产铀国家（2016 年铀矿产品世界占比 10%）。83% 的储量是 1961 ~ 1971 年间在澳大利亚北部地区发现的。澳大利亚的铀矿类型多种多样，矿石埋藏较浅，品位较高，大部分可以露天开采。主要的采铀矿公司有 BHP Billiton 全资子公司（澳大利亚西部矿业公司）、ERA，主要的铀矿有奥林匹克坝、兰杰矿和贝利佛；另一可地浸矿山哈尼姆（Honeymoon）仍在建，可望投入开发[224]。

表 10.16 2015 年世界探明可采铀资源状况

国家	铀/吨	世界占比/%	国家	铀/吨	世界占比/%
澳大利亚	1,664,100	29	蒙古	141,500	2
哈萨克斯坦	745,300	13	乌兹别克斯坦	131,100	2
加拿大	509,800	9	乌克兰	115,800	2
俄罗斯	507,800	9	博茨瓦纳	73,500	1
南非	322,400	6	美国	62,900	1
尼日尔	291,500	5	坦桑尼亚	58,100	1
巴西	276,800	5	约旦	47,700	1
中国	272,500	5	其他国家	232,400	4
纳米比亚	267,000	5	世界总量	5,718,400	

资料来源：同表 10.13。

U_3O_8 的价格在2000年达到最低7.13美元/磅，当时铀的现货价格比大部分铀矿的生产成本还低。2006年，由于加拿大、澳大利亚铀矿山相继发生意外，导致预期铀产量和实际产量减少，致使2007年 U_3O_8 的价格达到最高136美元/磅，随后受美国能源部宣布出售其库存铀等因素的影响，致使 U_3O_8 的价格整体趋于下降趋势[225]。

近年来，U_3O_8 的价格维持在90欧元/千克左右，波动不大（图10.1）。2020年以后，世界将迎来核电发展的高峰期，对天然铀的需求量大幅增长，致使供需缺口进一步拉大。同时，随着二次铀供给的消耗，在10~20年依赖二次铀源之后（弥补供需缺口），转回到以初次生产的铀来供给铀市场，是当前面临的最大挑战[226]。

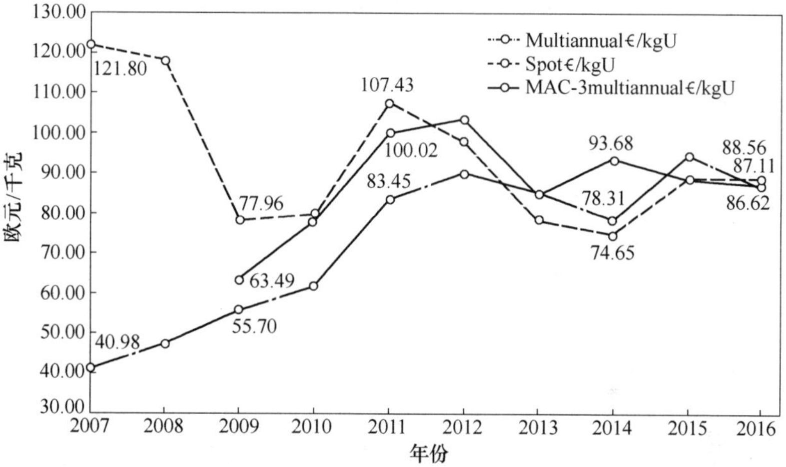

图10.1　2007~2016年欧洲铀价

（资料来源：欧洲航天局年度报告2016（ESA ANNUAL REPORT 2016））

http://ec.europa.eu/euratom/ar/Annual_Report_2016_presentation.pdf

注：（1）ESA现货 U_3O_8 价格：2016年 U_3O_8 价格是由欧盟公用事业公司根据现货合同支付给铀供应商的加权平均值（ESA Spot U_3O_8 price：weighted average of U_3O_8 prices paid by the EU utilities for U delivered under spot contracts in 2016）；

（2）ESA长期 U_3O_8 价格：2016年 U_3O_8 价格是由欧盟公用事业公司根据长期合同支付给铀供应商的加权平均值（ESA Long－term U_3O_8 price：weighted average of U_3O_8 prices paid by the EU utilities for U delivered under longterm contracts with deliveries in 2016）；

（3）ESA MAC－3 U_3O_8 价格：2016年 U_3O_8 价格是由欧盟公用事业公司根据长期合同支付给铀供应商的加权平均值，仅仅包括在2014~2016年签署/修改的长期协议（ESA MAC-3 U_3O_8 price：weighted average of U_3O_8 prices paid by the EU utilities for U delivered only under newly signed long-term contracts i.e. signed/amended within the last three years（2014~2016）with deliveries in 2016）。

10.2.4.3　钍矿资源的特点

钍矿资源具有以下主要特点：

白云鄂博矿不仅含有大量的铁、稀土、铌等元素，还含有天然放射性元素钍，有5种钍矿物；在另外15种稀土、铌的矿物中也含有钍。白云鄂博矿的钍/铀比很高，铀的含量很低，铌稀土矿石中钍/铀比在26~250之间，铌稀土铁矿石中为90~377。钍的去向主要有3个：铁精矿、稀土精矿和尾矿，铁精矿中的钍进入高炉渣，高炉渣中的钍含量为0.02%左右，是难以回收的；稀土精矿中的钍进入了废渣，也是难以回收的，废渣中的钍含量为0.2%~0.3%，已专门设地堆存；仅有尾矿中的钍还可以二次利用，与稀土一起回收[227]。表10.17为主东矿稀土储量和钍资源量。

表10.17　主东矿稀土储量和钍资源量

产地	稀土氧化物（REO）		氧化钍（ThO_2）	
	储量/万吨	品位/%	资源量/万吨	品位/%
主矿	2165.3	6.19	13.46	0.038
东矿	1340.4	5.71	8.64	0.037
合计	3505.7	5.99	22.10	0.038

资料来源：关于包头钍资源战略储备的剖析[230]。

依据我国实际情况来看，目前国内正在投入使用的核电机组容量总数为910.8万千瓦，正在建造的核电机组容量总数为1644万千瓦，计划到2030年之前国内总运行核电机组容量将超过1.4亿千瓦，但是具体数值需要根据近年来国内核电发展与需求的走势进行分析。在未来的20年以后，国内核电规模即将实现新的突破，可能呈现出高、中、低三个层次：分别是2.7亿千瓦、2亿千瓦、1.3亿千瓦，届时我国核电规模将占发电总量6%以上，已经大大高于当前1%的指标，占国际的比例也将大大增多，我国即将成为世界第一核电大国。

根据以上三种状态进行分析，可以得出在未来20年间国内铀矿合计需求量的预算结果：即高方案达到51.8万吨，中方案达到40.7万吨，低方案达到28.4万吨，如表10.18所示。

表10.18　中国2030年之前核电装机容量及铀矿需求预测

预测年份	低方案			中方案			高方案		
	当年投运机组/MWe	当年需求/吨	累计需求/吨	当年投运机组/MWe	当年需求/吨	累计需求/吨	当年投运机组/MWe	当年需求/吨	累计需求/吨
2010	10148	4075	4075	4075	10148	4075	10148	4075	4075
2015	61948	10272	42104	48206	61948	48206	61948	14340	54308
2020	70003	13024	102721	130089	100003	130089	130003	24817	157440

续表 10.18

预测年份	低方案			中方案			高方案		
	当年投运机组/MWe	当年需求/吨	累计需求/吨	当年投运机组/MWe	当年需求/吨	累计需求/吨	当年投运机组/MWe	当年需求/吨	累计需求/吨
2025	100003	17734	180974	249092	150003	249092	195003	35022	312243
2030	130003	22444	283776	407344	200003	407344	260003	45227	517870

数据来源：《白云鄂博特殊矿采选冶工艺攻关与技术进步》。

根据以上数据以及与国际原子能机构发布的 2015 年数据结合分析，当前国内已探明金属铀资源的总储量为 27.25 万吨，预计在 2030 年之前，国内金属铀资源的需求都将短缺。加强中国钍矿的开发和利用，具有较为深远的意义。

10.3　白云鄂博稀有金属资源可持续利用面临的问题

10.3.1　资源面临挑战

白云鄂博资源综合利用主要是主矿和东矿，主矿和东矿铁矿石总储量为 6.5 亿吨，主矿 4.2 亿吨、东矿 2.3 亿吨。开采五十年来，一直是以铁为主，综合利用也只是利用了 10% 左右的稀土，但矿山开采速度一直在加快，最近三年达到了 1200 万吨的最大年开采量。截至 2007 年底，主矿和东矿的累计开采量为 2.48 亿吨，而综合利用问题却一直没有得到解决，按现在的速度，再开采不到 30 年白云鄂博资源就会枯竭。不能综合利用白云鄂博资源，就必然导致浪费资源，而且开采越多浪费越大，同时对环境保护造成严重影响，但钢铁冶炼需要原料又不得不开采，所以，白云鄂博资源必然面临越来越大的挑战。

10.3.2　综合利用面临困境

白云鄂博资源是世界罕见的多金属共生矿，是我国三大共生矿中最重要的一个共生矿，从包钢建设开始，国家就制定了“以铁为主、综合利用”的方针，全国各有关科研院所、大专院校为包头白云鄂博资源的综合利用做了大量的科研工作，原国务院副总理方毅曾七下包头，组织全国科技力量进行技术攻关，从 1978 年至 1990 年，召开了八次包头矿综合利用科技汇报会，到 1993 年才基本确定了现在的选铁工艺，其回收率在 70% 左右，其他有用元素的选矿工艺除稀土外，在生产中没有得到很好的解决。但在实际生产中，稀土作业回收率低，只有 50% ~60%，总回收利用率为 10% 左右，稀土精矿绝大部分产品品位只有 50% 左右，低品位稀土精矿导致了只能用浓硫酸高温焙烧生产工艺来生产稀土产品，而该工艺是有严重污染的。稀土精矿中的钍也没有得到回收，铌的选矿工艺也没得到解决，其他如萤石、磷灰石和稀土中的磷、重晶石等也没有得到回收利用。

这就表明：包头白云鄂博资源的综合选矿利用技术没有得到很好解决。

10.3.3　环境面临挑战

由于白云鄂博资源的选矿综合利用工艺技术没有得到解决，因此在选矿生产中，大部分稀土、钍和少部分铁以及铌、氟、磷、其他矿物等都没有得到回收。这不仅浪费了资源、消耗了大量能源，而且还给周围环境带来恶劣影响。在现在选矿工艺中，有少量氟和稀土留在铁精矿中，在烧结工艺中排出大量氟，对节能减排造成很大压力，由于铁精矿中稀土含量在1%左右，使高炉渣中的放射性元素钍含量稍高，影响了高炉渣的应用，长期堆放也给周围环境带来污染。除了进入铁精矿中的很少量氟和稀土外，其他的稀土、铁、铌、氟和磷等都排进了尾矿坝，至今排入尾矿坝的尾矿量已达1.6亿吨，是国内最大的尾矿坝，坝占地11平方千米，关于尾矿坝对环境的影响，环保部门已做过评价，主要是三方面：一是废水渗透对周围地下水和土地的影响；二是因为尾矿坝露出表面有1/3面积未被水覆盖，矿粉随风迁移对大气的影响；三是尾矿坝是平地筑坝，坝体已高出地面十几米，如有地震等自然灾害发生将会造成坝体崩堤，其后果十分严重。另一方面，包头稀土冶炼企业的生产污染严重，因采用了浓硫酸高温焙烧工艺，生产过程中排出大量废气、废水和废渣，都给环境带来严重污染。废气中有大量氟，废水中有大量氨氮和氟，其处理很困难并且成本很高，废渣中含有较高的放射性元素钍，而钍被烧死在渣中生成一种焦磷酸钍，是无法再回收的。这些废渣被环保部门指定堆放在固定地方，长期大量堆放会对环境和生态带来严重影响。白云鄂博矿区的资源属于多金属的共生矿床，是我国三大共生矿床中相对来说较为重要的一个矿床。在包钢建设初期，中国就制定了“综合利用”的方针政策。也是这个时候，中国的相关领域的研究所、研究人员为促进白云鄂博资源的综合利用进行了大量的研究，方毅副总理曾经七次去包头组织了我国全部技术科研人员进行技术研讨。历经15年的时间基本确定了选铁工艺。此时铁的回收率达到70%左右。只有稀土产品的回收利用问题得到了有效的解决，其他金属均未得到有效解决。可是，稀土品位在实际生产中都较低，这样品位较低的精矿只能用浓硫酸高温焙烧等工艺来进行生产，会产生较为严重的环境污染。钍的回收也没有实现，金属铌的选矿工艺更没有得到有效的解决。其他资源比如磷灰石、萤石和稀土中的许多副产品也同样没有得到有效的回收利用。这样的情况让我们明白：白云鄂博矿区的矿产资源的综合利用技术没有得到很好的解决[231]。

11 承载力与最适耗竭模型构建

11.1 承载力模型构建

在对白云鄂博矿区的稀有金属矿产资源的承载力评价中，建立了矿产资源承载力分析指标，分为2009～2029年两个系列指标：现有稀有金属矿产资源经济平衡与现有稀有金属矿产资源的经济承载力。

稀有金属矿产资源的现有经济承载力，是指当前的矿产资源储量对目前的国民生产总值的支撑程度。其承载力旨在说明在未来很长一段时间里，在当前的科学技术、社会经济以及自然环境的条件下，矿产资源拥有的生产能力对社会发展的承载程度的大小。也就是指它对当前社会生产中的物质、环境和生产的支撑能力。评价模型如下：

A 现有稀有金属矿产资源经济承载力

现有稀有金属矿产资源经济承载力计算公式为：

$$K_x = (K_l \times K_c - K_p \times K_n)/K_d \tag{11.1}$$

式中，K_l 为可利用的矿产资源储量；K_c 为矿产资源经济可利用系数；K_p 为期末矿产品产量；K_n 为矿产品合理储备年限；K_d 为单位国民生产总值矿产品消耗系数。

B 现有矿产资源经济平衡

现有矿产资源经济平衡是在一段时期内依据当前的矿产资源储量计算出的矿产资源经济承载力，与根据国家规划的经济发展速度计算的累计国民生产总值之间的平衡。计算公式为：

$$P_x = K_x - \mathrm{GNI}_1 \tag{11.2}$$

式中，K_x 为现有矿产资源经济承载力；GNI_1 为累计国民生产总值。

此指标用以反映现有矿产资源对国民生产总值的间接承载能力。

11.2 最适耗竭模型构建

这里所指的稀有金属矿产资源的最适耗竭模型，就是对稀有金属在矿产资源开发的完整寿命周期中的最优开采速率，即研究每个时期的最优产量，才能够使其净现值实现最大。

11.2.1　最适耗竭静态模型

稀有金属矿产资源是在长期的地质作用下所形成的，用其稀缺性、有用性和存在性所表达出的所有权。稀有金属矿产资源本身的差异性，又决定了稀有金属矿产资源有品位之分。而稀有金属矿资源的不可再生性及可耗竭性，就形成了品位较低的稀有金属矿产资源耗竭的补偿性租金，在数量上等于

$$R_0 = P_0 - MC_0 \tag{11.3}$$

式中，P_0 为稀有金属矿产品的现价；MC_0 为开采稀有金属资源的边际成本（包含投资平均收益）；且有

$$P_0 - MC_0 \geqslant 0 \tag{11.4}$$

如果不是这样稀有金属矿产资源的投资者即将没有利益，资本则会被流入到其他一些领域。这样开采品位低的资源 MC 则大于开采出来的较为优质的稀有金属矿产资源的 MC。因此稀有金属矿产资源所有者，对品位较高的稀有金属矿产资源的收益（租金）为：

$$R_0 = P_0 - MC \tag{11.5}$$

将两个公式合并为：

$$R_0 = R_{\alpha 0} + (MC_0 - MC) \tag{11.6}$$

上式即为稀有金属矿产资源价值静态模型。然而，许多因素影响着稀有金属矿资源的总价值，这些因素不仅包含其总储量、赋存条件，还涉及开采规模、开采速度等因素，这样建立起来的动态模型才符合经济规律。

11.2.2　最适耗竭动态模型

稀有金属矿产资源的储量有限，不会因不开采而增多。稀有金属矿产资源所有者所关注的是：无论是现在就开采利用，或者是在未来开采利用这些资源，重要的是这些资源开采利用得到的收益。稀有金属矿产资源通过动态的方法分析，目的是为了得到在整个寿命周期内，稀有金属矿产资源开发的最佳开采速度，也就是说每个时期所得到的最佳产量，从而得到最大资源总价值。这个配置问题是关于资源随时间序列的变动的效率问题。

由于涉及时间变量的离散性质，为简化模型，还能分析出问题的实质，设稀有金属矿资源的寿命期为 T（整数）年，问题可分为相互联系的 T 个阶段，则第 T 年末（$t=0, 1, \cdots, T-l$）资源所有者所获得的资源租金为：

$$P_t X_t - C(X_t) \tag{11.7}$$

式中：P_t——第 t 年稀有金属矿资源的市场价格，为外生变量；

X_t——第 t 年稀有金属矿资源的产量，为决策变量；

$C(X_t)$——第 t 年稀有金属矿资源开采总成本（包括投资平均收益）。

而在整个寿命期内，稀有金属矿资源总价值现值为：

$$V = \sum_{t=0}^{T-1} \rho^t [P_t X_t - C(X_t)] \tag{11.8}$$

式中，ρ 为贴现系数，$\rho^t = (1+r)^{-t}$；r 为贴现率。

资源所有者的目标是使其达到最大，即

$$V_{\max} = \max \sum_{t=0}^{T-1} \rho^t [P_t X_t - C(X_t)] \tag{11.9}$$

此外，由于稀有金属矿产资源的不可再生性，随着开采利用逐渐减少，所以它的储量与开采量满足以下条件：

$$\begin{cases} Q_{t+1} - Q_t = -X_t (t = 0,1,\cdots,T-1) \\ Q_0 = S(0) \end{cases} \tag{11.10}$$

式中，Q_t 为第 t 年稀有金属矿产资源的储量（系状态变量）；$S(0)$ 为初始储量，已知。此式是一组差分方程，给出了状态 t 到状态 $t+1$ 的转移规律。

$$Q_{t+1} - Q_t = -X_t (t = 0,1,\cdots,T-1) \tag{11.11}$$

式 11.11 即为稀有金属矿产资源价值动态模型。

11.2.3　最优开采速率

现在考虑当寿命期满，资源被全被开采用尽的这样一种现实情况。设它的总开采成本为二次函数：

$$C(X_t) = a + bX_t^2 (a > b, b > 0) \tag{11.12}$$

式中，a、b 为与总成本有关的系数；

a 取决于不同矿山的开采情况，一般根据经验进行取值；

b 值与资源优势有关：高纯度的稀有金属矿产资源的 b 值相对较小，而低纯度的稀有金属矿产资源的 b 值相对较大。在期末无存量的情况下，$S(T) = 0$，则

$$\sum_{t=0}^{T-1} X_t = S(0) \tag{11.13}$$

计算可得：

$$X_t^* = \frac{1}{2b}\left[P_t - \frac{\left[\sum_{t=0}^{T-1} Pt - 2bS(0)\right](1+r)^t}{\sum_{t=0}^{F-1}(1+r)^t}\right](t = 0,1,\cdots,T-1) \tag{11.14}$$

式中，X_t^* 为最优开采速度；各参数与以上所述的参数意义相同。

设定产品价格 P、期初储量为 $S(0)$、资源的寿命周日为 T、矿石的品位参数为 b 和贴现率为 r 时，就可以得到我们所研究稀有金属矿产资源的最优开采速率 X_t^*。

一些研究可耗竭资源的最优耗竭问题的学者对这个问题提出了意见，他们认

为最好的耗竭资源政策应该取决于下面几个部分：技术的进步可否研发出相关替代商品，资源的开发利用数量是不是社会发展所必需的，在开发的新资源是不是已经探明以及资本和资源两者之间替代性是不是不可确定的因素。

可持续发展问题的核心问题和重要的战略组成部分都是对非可再生能源的可持续利用问题的研究。非可再生能源的可持续利用问题实质上就是其最适耗竭问题。关于非可再生能源的最适耗竭问题，最适耗竭理论引入非可再生能源的勘探开发，以全社会的利益最大化为目标设计的非可再生能源最优利用效率模型，通过利用米鹏（2007）[231]的 Pontryagin 庞特里的最大值原理，得到最佳利用非可再生能源的条件，从而探索资源和经济环境之间能够相互协调发展的内在联系，从而实现非可再生资源能够长期可持续利用的目标。

12 稀有金属矿产资源可持续利用实证研究

本书在综合国内外稀有金属矿产资源可持续利用相关理论的基础上，揭示了稀有金属矿产资源可持续利用体系的可行性研究，将这些研究成果运用到白云鄂博矿区稀有金属矿产资源的具体问题的分析中。通过实证分析法分析中国稀有金属矿产资源的发展现状，并运用实证分析法结果判断是否应该开发使用白云鄂博地区稀有金属矿产资源，并估算最优耗竭速率。

12.1 稀有金属资源承载能力分析

根据中国统计年鉴可知中国 2009 ~2013 年的国民生产总值及经济年增长率。中国的国民生产总值以每年 8.9% 的速度增长。根据国家相关政策及重视程度，推测 2014 ~2025 年增长数量见表 12.1。

表 12.1 我国国民生产总值预测

年份	国民生产总值/亿元	年份	国民生产总值/亿元
2009	340319.95	2018	811042.32
2010	399759.54	2019	874303.62
2011	468562.38	2020	942499.30
2012	516810.05	2021	1016014.25
2013	557121.23	2022	1095263.36
2014	600576.69	2023	1180693.90
2015	647421.67	2024	1272788.03
2016	697920.56	2025	1372065.49
2017	752358.37	总计	20190776.59

数据来源：中国统计年鉴。

将矿产资源的合理储备年期取 20 年。依据以上列出的指标和对应的算法，对白云鄂博矿区从 2009 年和 2025 年的三种主要稀有金属矿产资源的承载能力做出了计算分析。

12.1.1 稀有金属钪承载能力分析

根据我国采矿平均技术指标，钪金属贫化率取 3.28%，回收率取 65%。

根据中国统计年鉴可知，全国2012年纯钪产量为150公斤，预测2015年纯钪产量为190公斤，预测2025年纯钪产量为270公斤。各项指标计算结果见表12.2。

表12.2　金属钪指标计算结果分析

各项指标参数	2008 ~ 2015	2008 ~ 2025
预期国民收入累计值/百亿	314.10	1473.604
单位国民生产总值钪消耗量/kg · 百亿$^{-1}$	0.38	0.38
现有资源经济承载力/百亿	319578.95	151800
现有资源经济平衡/百亿	319264	151652
承载情况	+	+

通过上表分析看出，中国有着丰富的稀有金属资源钪，假设没有“限采保城”的限制，按照当前的开采速度和规模，中国的钪资源能够满足当前开采和中国经济发展对其需求。其资源承载力是可持续的。钪金属资源的当前资源经济承载力为正值，且它的现有资源经济平衡也为正值，说明金属钪的资源经济与国民经济发展保持平衡。钪金属的发展速度与经济发展速度持平，说明没有必要开采白云鄂博的钪资源。从长远看，我国用于提取钪的原料主要是四川的钒钛钽矿和炼铝的赤泥，主要原因在于其矿物量大，钪的总含量多，适合用于长期的开发利用，且提取钪的技术可以实现[234]。

12.1.2　白云鄂博矿区稀有金属铌承载能力分析

根据我国采矿平均技术指标贫化率（0.75）、回采率（85%）和回收率（63.5%）计算铌的承载能力。

对铌资源承载能力结果分析：铌金属资源的当前和未来资源经济承载力为正值，且它的现有资源经济平衡也为正值，说明金属铌的资源经济与国民经济发展保持平衡。铌金属的发展速度与经济发展速度持平，说明没有必要开采白云鄂博的铌资源（表12.3）。

表12.3　铌资源承载能力分析

时　期	2009 ~ 2014	2009 ~ 2024
预期国民收入累计值/百亿	181.8118	1470.239
单位国内生产总值消耗系数/吨 · 万元$^{-1}$	0.149	0.149
现有矿产资源经济承载力/百亿	443.55973	442.7189
现有矿产资源经济平衡/百亿	261.247	172.1972
承载情况	+	+

尽管白云鄂博稀有金属资源自然禀赋较强，但从白云鄂博矿中直接提铌是不可行的，只有在回收稀土、铁、萤石的基础上才能回收铌，又由于白云鄂博铌矿物种类较多，性质差异较大，如果采取选矿－火法－湿法－火法联合提铌工艺，可能会产生好的效果。另外，白云鄂博尾矿中含有大量的有价元素，如钛、锰、稀土等，这些元素在冶炼的过程中会进入合金中，造成产品是一种多元素合金，有些元素可能在使用中产生有害作用，应用受限，所以为此类合金寻找应用领域至关重要[235]。

12.1.3　白云鄂博矿区稀有金属铀承载能力分析

根据全国采矿平均技术指标，铀矿贫化率取 31.38%，其中采矿回收率取 78.78%，回收率为 94.34%。

每单位的国民生产总值的金属铀消耗量为 0.049 吨/亿元，该地区的金属铀资源的可用储量占其本身已探明储量总数的35.7%左右。其各项指标的计算结果见表 12.4。

表 12.4　铀资源承载能力分析结果

各项指标参数	2008～2015	2008～2024
预期国民收入累计值/亿元	16401.91	122400.6
单位国内生产总值消耗系数/吨·亿元$^{-1}$	0.049	0.049
现有资源承载力/万亿	6.4207	4.8230
现有资源经济平衡/万亿	4.78	<0
承载情况	+	-

通过分析上表得出，中国的铀资源能够满足当前开采和中国经济发展对其需求，其拥有着可持续的资源承载力。据推测，到 2015 年，虽然铀矿资源经济承载力仍然表现出正值，然而，它的现有资源经济平衡承载力却出现负值情况，从而得到，中国国民经济发展和铀矿资源的发展呈现出发展不平衡的情况。铀矿的发展速度将跟不上经济的发展速度。

中国的钍资源量是非常丰富的，已查明我国钍资源量为 28.6 万吨（ThO_2，下同），仅次于居世界第一位的印度（34.3 万吨），其中包头白云鄂博矿钍资源量 22.1 万吨，占全国的 77.3%。合理开发和利用钍资源，可有效地补充铀资源在核能中应用的不足，有利于我国核电长期稳定发展，防止放射性污染对包头市的环境污染。

1 吨钍相当于 200 吨铀、350 万吨煤提供的能量，可提供 10 亿千瓦时的电力。由于钍矿在地球上的蕴藏量约为铀储量的 3～4 倍，它将有效弥补铀资源的不足，并保证未来人类对能源的持续需求。因此，钍反应堆必将成为未来核电发展的新方向，它将更安全、更环保、更高效、更可持续[217]。

12.1.4 模型结果分析

目前，我国金属铌和金属钪资源的供求关系能够满足国内经济增长的需要，暂不需对白云矿区的以上两种金属进行开采。但是依据模型可得国内对于金属铀已经出现发展不均衡的情况，由于中国是贫铀（铀储量占世界的2.6%）富钍（钍储量28.6万吨，居全球第二，仅次于印度），有必要加快对钍资源的利用的步伐。

12.2 白云鄂博矿区稀有金属资源的最优耗竭分析

12.2.1 金属铌的最优耗竭速率分析

铌矿储量为660万吨，由于各种因素的影响，据有关部门对铌金属价格的预测分析，本次研究模型设定铌铁国际价格为 $P_t=37781$ 美元/吨，并由统计数值和经验数据来设定的金属铌的品位参数 $b=0.141\times10^{-3}$ 按白云鄂博矿区的自然资源条件和生产技术条件，得出最适耗竭模型计算参数见表12.5。

表12.5　金属铌的最优耗竭速率

（$T=20$ 年；$P_t=37781$；$b=0.141\times10^{-3}$；$S(0)=0.2856*10^4$；$r=8.5\%$）

状态编号	年份	X_t*/万吨·年$^{-1}$	状态编号	年份	X_t*/万吨·年$^{-1}$
1	2010	2.7843	11	2020	2.6724
2	2011	2.7646	12	2021	2.6629
3	2012	2.7528	13	2022	2.6529
4	2013	2.7438	14	2023	2.6449
5	2014	2.7329	15	2024	2.6328
6	2015	2.7281	16	2025	2.6281
7	2016	2.7147	17	2026	2.6081
8	2017	2.7014	18	2027	2.5821
9	2018	2.6981	19	2028	2.5389
10	2019	2.6825	20	2029	2.5109

计算得到金属铌的最适耗竭模型的模拟计算结果（图12.1）以后，我们

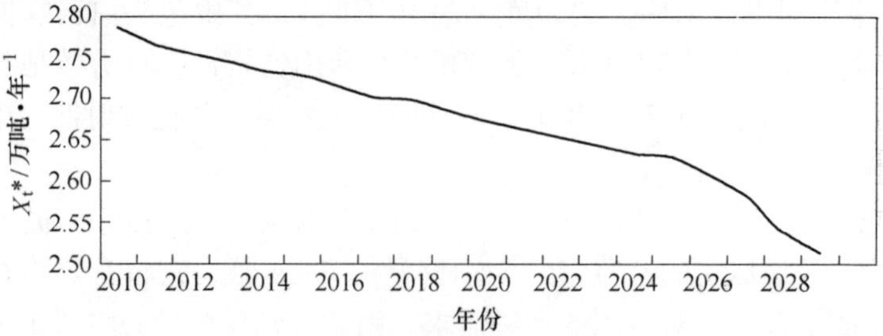

图12.1　铌的最优耗竭速率标准图

考虑通过改变计算公式中的参数变化来观察最适耗竭模型的计算结果究竟与哪些因素有着怎样密不可分的关系，基于以上的研究目的现进行一下模拟计算。具体计算情况如下：

当其他条件不变单独提高贴现率 r 的情况下计算结果见表 12.6 和图 12.2。

表 12.6　金属铌的最优耗竭速率

（$T=20$ 年；$P_t=37781$；$b=0.141\times10^{-3}$；$S(0)=6600000$；$r=9.35\%$）

状态编号	年份	X_t^*/万吨·年$^{-1}$	状态编号	年份	X_t^*/万吨·年$^{-1}$
1	2010	2.7972	11	2020	2.6812
2	2011	2.7798	12	2021	2.6738
3	2012	2.7629	13	2022	2.6627
4	2013	2.7527	14	2023	2.6576
5	2014	2.7487	15	2024	2.6401
6	2015	2.7329	16	2025	2.6370
7	2016	2.7216	17	2026	2.6287
8	2017	2.7157	18	2027	2.6027
9	2018	2.7027	19	2028	2.5787
10	2019	2.6988	20	2029	2.5329

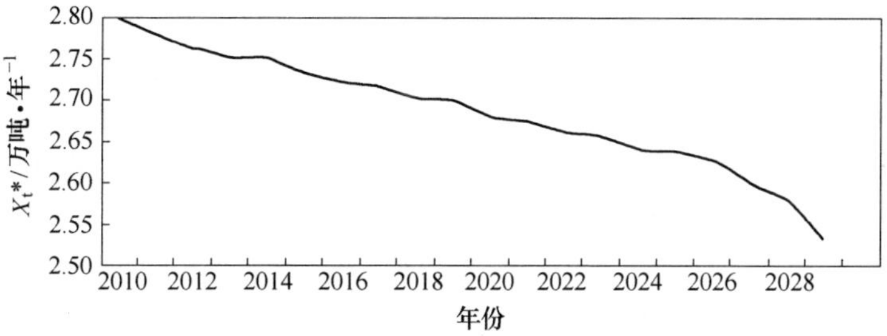

图 12.2　金属铌的最优耗竭速率走势图（$r=9.35\%$）

由图 12.2 可见，当提高贴现率则会提高对资源的使用效率，如果想要对资源的使用效率提高则应该适当提高贴现率。

当其他条件不变单独降低贴现率时计算结果见表 12.7。

由图 12.3 可见，当提高贴率则会提高对资源的使用效率，如果想要对资源的使用效率提高则应该适当提高贴现率。

表 12.7　金属铌的最优耗竭速率

（$T=20$ 年；$P_t=37781$；$b=0.141\times10^{-3}$；$S(0)=6600000$；$r=7.65\%$）

状态编号	年份	X_t^*/万吨·年$^{-1}$	状态编号	年份	X_t^*/万吨·年$^{-1}$
1	2010	2.7728	11	2020	2.6628
2	2011	2.7559	12	2021	2.6565
3	2012	2.7428	13	2022	2.6476
4	2013	2.7326	14	2023	2.6389
5	2014	2.7291	15	2024	2.6281
6	2015	2.7129	16	2025	2.6179
7	2016	2.7015	17	2026	2.6024
8	2017	2.6918	18	2027	2.5981
9	2018	2.6829	19	2028	2.5873
10	2019	2.6738	20	2029	2.5781

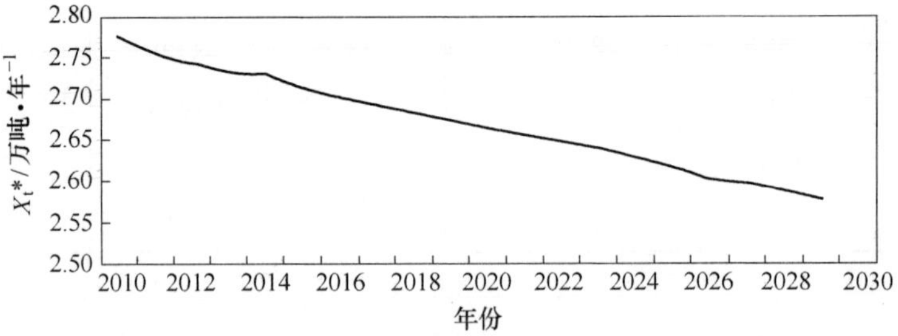

图 12.3　金属铌的最优耗竭速率走势图（$r=7.25\%$）

图 12.4 是将贴现率的三种变化集中表现出来的结果，以此更加清晰的体现出当贴现率变化的时候对最优耗竭速率的影响变化程度。

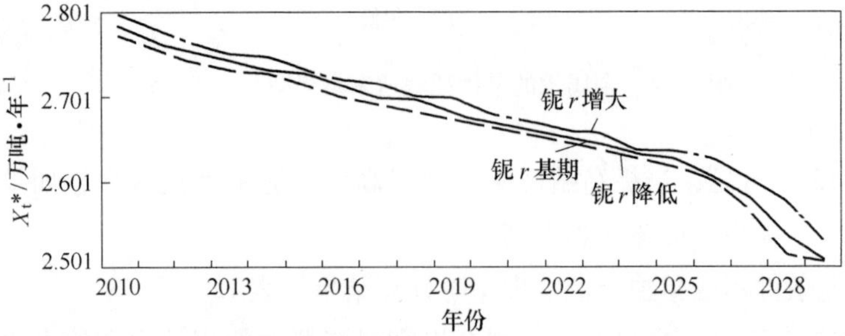

图 12.4　金属铌的最优耗竭 r 变化对耗竭速率的影响示意图

在对贴现率变化的三种情况比较分析中得出如下结论：在其他条件相同的情况下，如果提高贴现率，就会使现期可以开采的资源量增大，然而到后期可用于开采利用的资源就较少。所以我们得出的结论就是如果想要实现稀有金属矿产资源的可持续利用，那么就应该适当的将贴现率 r 降低。

当将铌金属价格提高到 41000，其他条件不变时，最优耗竭速率模拟计算结果见表 12.8。

表 12.8　金属铌的最优耗竭速率

（$T=20$ 年；$P_t=41000$；$b=0.141$；$S(0)=6600000$；$r=8.5\%$）

状态编号	年份	X_t^*/万吨·年$^{-1}$	状态编号	年份	X_t^*/万吨·年$^{-1}$
1	2010	2.9686	11	2020	2.2109
2	2011	2.8127	12	2021	2.1045
3	2012	2.6971	13	2022	1.9720
4	2013	2.5329	14	2023	1.8651
5	2014	2.4718	15	2024	1.7489
6	2015	2.3619	16	2025	1.5429
7	2016	2.3508	17	2026	1.4651
8	2017	2.3379	18	2027	1.2718
9	2018	2.3249	19	2028	1.1613
10	2019	2.3129	20	2029	0.9679

由图 12.5 可以看出，当其他条件不变时，价格提高了会提高早期的开采数量导致后期能够为人类开采的资源数量减少。这个模拟计算告诉我们，如果想要保证铌资源的可持续利用，就应该努力争取定价权，对铌资源进行合理定价。

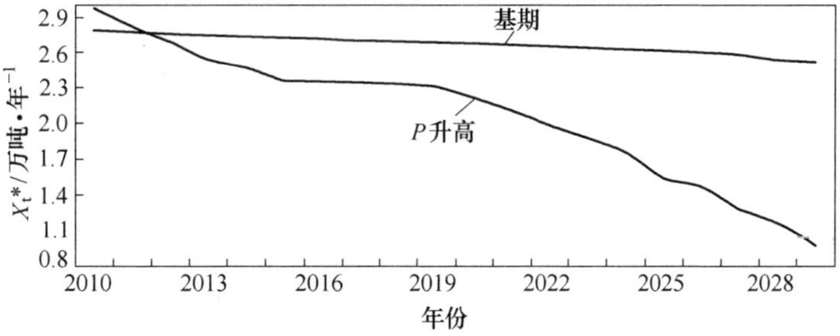

图 12.5　金属铌的最优耗竭速率走势与基期对比图（$P=41000$）

当其他条件不变，将合理储备年限提高到 25 年的时候，最优耗竭速率的模拟计算结果见表 12.9。

表 12.9 金属铌的最优耗竭速率

（$T=25$ 年；$P_t=37781$；$b=0.141\times10^{-3}$；$S(0)=6600000$；$r=8.5\%$）

状态编号	年份	X_t^*/万吨·年$^{-1}$	状态编号	年份	X_t^*/万吨·年$^{-1}$
1	2010	2.6282	14	2023	2.2874
2	2011	2.6178	15	2024	2.2615
3	2012	2.6081	16	2025	2.2648
4	2013	2.5917	17	2026	2.2317
5	2014	2.5826	18	2027	2.2025
6	2015	2.4679	19	2028	2.1561
7	2016	2.4518	20	2029	2.1177
8	2017	2.4012	21	2030	1.7845
9	2018	2.3936	22	2031	1.5623
10	2019	2.3728	23	2032	1.2513
11	2020	2.3579	24	2033	0.9315
12	2021	2.3380	25	2034	0.7352
13	2022	2.3052			

由图 12.6 可以看出，当其他条件不变时，开采年限提高了会降低早期的开采数量因而留给后期的开采量就多。这个模拟计算告诉我们，如果想要保证铌资源的可持续利用，就应该适当延长稀有金属矿产资源的合理储备年限。以保证后代人对铌资源的需求。

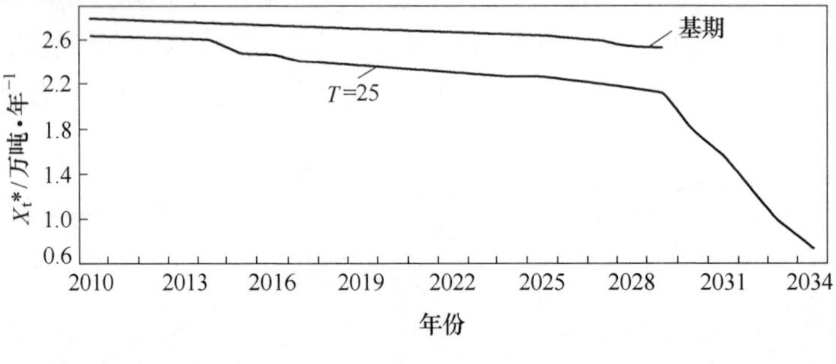

图 12.6 金属铌的最优耗竭速率 $T=25$ 与基期比较

12.2.2 金属钪的最优耗竭速率分析

钪矿储量为 240000 吨，由于各种因素的影响，据国家对金属钪价格的有关规定，本次研究将模型中钪的国际价格设定为 $P_t=8.6$ 万元/千克，并由统计数据和经验测定将金属钪的品位参数设定为 $b=0.082$，则按照当期生产条件设定模型参数见表 12.10 和图 12.7。

表 12.10 金属钪的耗竭速率

（$T=20$ 年；$P_t=86000$；$b=0.082$；$S(0)=240000$；$r=8.5\%$）

状态编号	年份	X_t^*/千克·年$^{-1}$	状态编号	年份	X_t^*/千克·年$^{-1}$
1	2010	26.3621	11	2020	25.7546
2	2011	26.3351	12	2021	25.6901
3	2012	26.2706	13	2022	25.6256
4	2013	26.2061	14	2023	25.5611
5	2014	26.1416	15	2024	25.4966
6	2015	26.0771	16	2025	25.4321
7	2016	26.0126	17	2026	25.3676
8	2017	25.9481	18	2027	25.3031
9	2018	25.8836	19	2028	25.2386
10	2019	25.8191	20	2029	25.1741

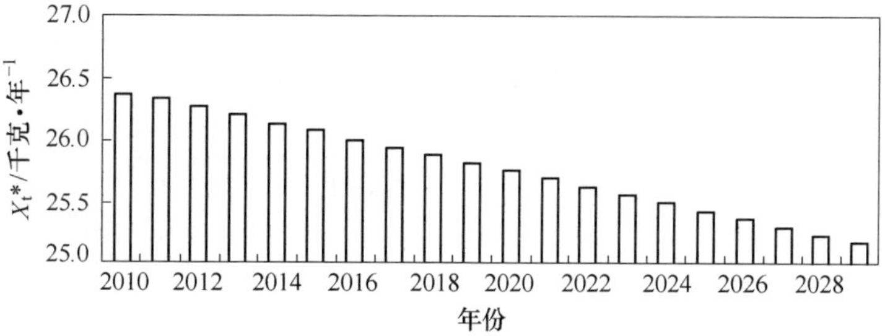

图 12.7 金属钪的最优耗竭速率走势图（$r=8.5\%$）

在计算出金属钪的最适耗竭模型的模拟计算结果以后，我们考虑通过改变计算公式中的参数变化来观察最适耗竭模型的计算结果究竟与哪些因素有着怎样密不可分的关系，基于以上的研究目的现进行一下模拟计算。具体计算情况如下：

当其他条件不变单独提高贴现率 r 的情况下，计算结果见表 12.11 和图 12.8。

表 12.11 金属钪的最优耗竭速率

（$T=20$ 年；$P_t=86000$；$b=0.082$；$S(0)=240000$；$r=9.35\%$）

状态编号	年份	X_t^*/千克·年$^{-1}$	状态编号	年份	X_t^*/千克·年$^{-1}$
1	2010	26.4862	11	2020	25.8412
2	2011	26.4217	12	2021	25.7767
3	2012	26.3572	13	2022	25.7122
4	2013	26.2927	14	2023	25.6477
5	2014	26.2282	15	2024	25.5832
6	2015	26.1637	16	2025	25.5187
7	2016	26.0992	17	2026	25.4542
8	2017	26.0347	18	2027	25.3897
9	2018	25.9702	19	2028	25.3252
10	2019	25.9057	20	2029	25.2772

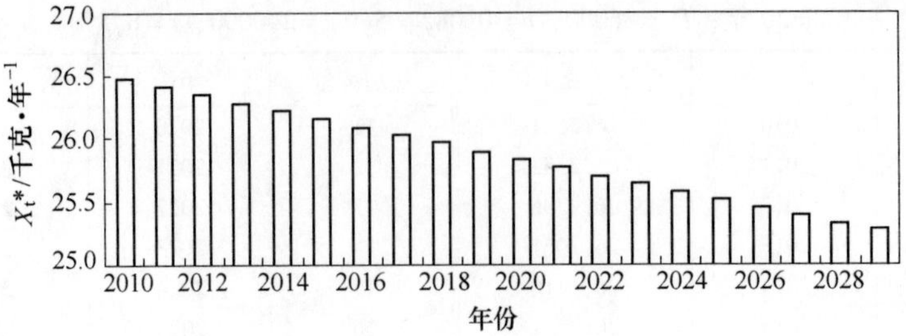

图 12.8　金属钪的最优耗竭速率走势图（$r=9.35\%$）

当其他条件不变单独降低贴现率 r 的情况下计算结果见表 12.12 和图 12.9、图 12.10。

表 12.12　金属钪的最优耗竭速率

（$T=20$ 年；$P_t=86000$；$b=0.082$；$S(0)=240000$；$r=7.25\%$）

状态编号	年份	X_t*/千克·年$^{-1}$	状态编号	年份	X_t*/千克·年$^{-1}$
1	2010	26.2171	11	2020	25.6587
2	2011	26.1992	12	2021	25.5942
3	2012	26.1747	13	2022	25.5297
4	2013	26.1102	14	2023	25.4652
5	2014	26.0457	15	2024	25.4007
6	2015	25.9812	16	2025	25.3362
7	2016	25.9167	17	2026	25.2717
8	2017	25.8522	18	2027	25.2072
9	2018	25.7877	19	2028	25.1427
10	2019	25.7232	20	2029	25.0782

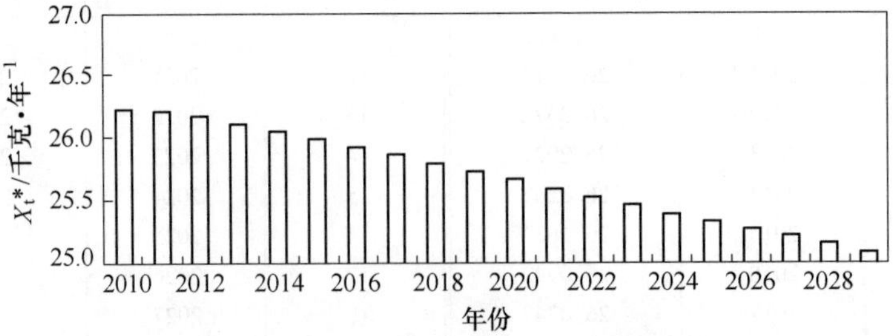

图 12.9　金属钪的最优耗竭速率走势图（$r=8.5\%$）

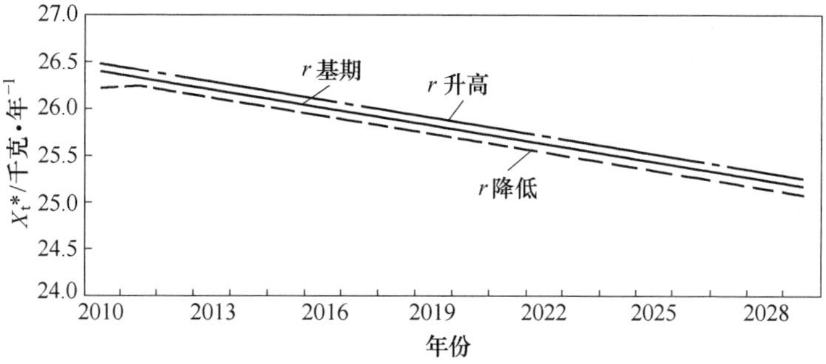

图 12.10 金属钪的最优耗竭 r 变化对耗竭速率的影响示意图

在对贴现率变化的三种情况比较分析中得出如下结论：在相同的情况下，如果提高贴现率就会使现期可以开采的资源量增大，然而到后期可以用于开采利用的资源就较少。所以我们得出的结论就是如果要实现稀有金属矿产资源的可持续利用，那么就应该适当的将贴现率 r 降低。

当将钪金属的价格提高到 93000，其他条件不变时，模拟计算结果见表 12.13 和图 12.11。

表 12.13 金属钪的最优耗竭速率

($T=20$ 年；$P_t=93000$；$b=0.082$；$S(0)=240000$；$r=8.5\%$)

状态编号	年份	X_t^*/千克·年$^{-1}$	状态编号	年份	X_t^*/千克·年$^{-1}$
1	2010	29.5694	11	2020	18.0089
2	2011	28.4094	12	2021	17.1087
3	2012	27.1865	13	2022	15.3027
4	2013	26.5684	14	2023	14.2081
5	2014	25.3726	15	2024	13.3071
6	2015	24.2896	16	2025	11.8323
7	2016	23.3826	17	2026	10.0435
8	2017	22.0153	18	2027	9.0221
9	2018	21.0244	19	2028	8.3262
10	2019	21.1803	20	2029	7.3622

上图可以看出当其他条件不变时，价格提高了会提高早期的开采数量即 2010 年的开采数量比基期提高一些，导致后期能够为人类开采的资源数量减少即使得后续年限对资源的供给大幅降低。这个模拟计算告诉我们，如果想要保证钪资源的可持续利用，就应该对金属钪进行合理定价。当其他条件不变，将合理储备年限提高到 25 年的时候，模拟计算结果见表 12.14 和图 12.12。

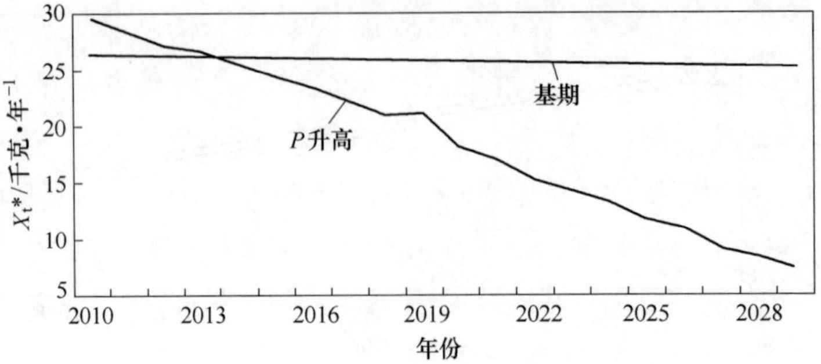

图 12.11　金属钪的最优耗竭速率走势图（$P=93000$）

表 12.14　金属钪的最优耗竭速率

（$T=25$ 年；$P_t=86000$；$b=0.082$；$S(0)=24\times10^4$；$r=8.5\%$）

状态编号	年份	X_t^*/千克·年$^{-1}$	状态编号	年份	X_t^*/千克·年$^{-1}$
1	2010	26.1634	14	2023	13.3354
2	2011	25.4237	15	2024	12.4363
3	2012	24.3235	16	2025	11.7453
4	2013	23.2263	17	2026	10.7345
5	2014	22.7372	18	2027	10.0235
6	2015	21.8246	19	2028	9.2236
7	2016	20.6374	20	2029	8.9345
8	2017	18.7374	21	2030	8.4238
9	2018	17.9462	22	2031	7.9241
10	2019	17.1634	23	2032	7.5248
11	2020	15.8364	24	2033	7.1174
12	2021	15.1364	25	2034	6.9712
13	2022	14.2791	26	2035	5.3278

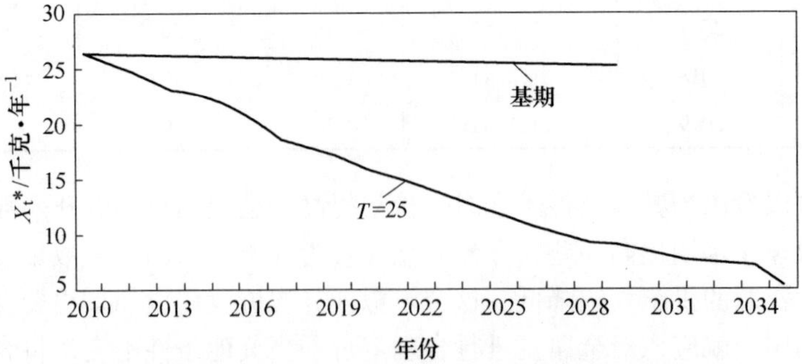

图 12.12　金属钪的最优耗竭速率走势图（$T=25$）

12.2.3　金属铀的最优耗竭速率分析

铀矿储量为6.84万吨，由于各种因素的影响，据国家对铀矿价格的有关规定，本次研究模型设定铀矿的国际价格为 $P_t = 733200$ 元/吨，并由统计数值和经验数据来设定的金属铀的品位参数 $b = 3.5 \times 10^{-4}$，按白云鄂博矿区的自然资源条件和生产技术条件，得出最适耗竭模型计算参数为 $b = 0.00035$。表12.15为白云矿区铀资源最优耗竭速率计算表。

表12.15　金属铀的最优耗竭速率

（$T=20$；$P_t=733200$；$b=0.00035$；$S(0)=68400$；$r=8.5\%$）

状态编号	年份	X_t^*/万吨·年$^{-1}$	状态编号	年份	X_t^*/万吨·年$^{-1}$
1	2010	0.9651	11	2020	0.2220
2	2011	0.8443	12	2021	0.1797
3	2012	0.8179	13	2022	0.1301
4	2013	0.7455	14	2023	0.0937
5	2014	0.6974	15	2024	0.0619
6	2015	0.5830	16	2025	0.0580
7	2016	0.4549	17	2026	0.0508
8	2017	0.3677	18	2027	0.0499
9	2018	0.3084	19	2028	0.0463
10	2019	0.2738	20	2029	0.0423

在计算出金属铀的最适耗竭模型的模拟计算结果以后（图12.13），我们考虑通过研究计算公式中的参数变化来观察最适耗竭模型的计算结果究竟与哪些因素有着怎样密不可分的关系，基于以上的研究目的现进行一下模拟计算。

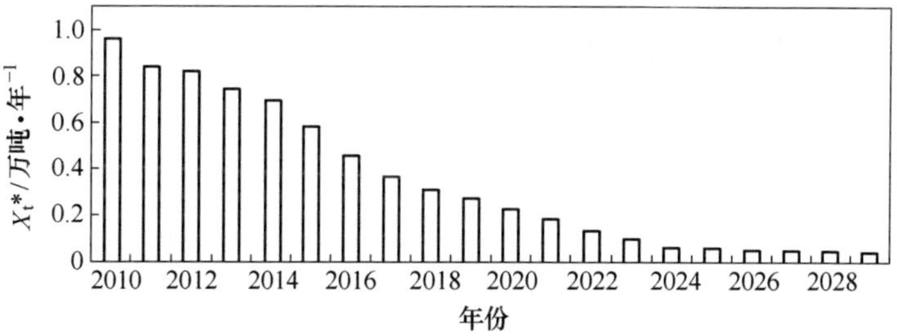

图12.13　金属铀的最优耗竭速率走势图（$r=8.5\%$）

具体计算情况如下：

当其他条件不变单独提高贴现率 r 的情况下计算结果见表12.16和图12.14。

表 12.16　金属钍的最优耗竭速率

（$T=20$ 年；$P_t=733200$；$b=0.00035$；$S(0)=68400$；$r=9.35\%$）

状态编号	年份	X_t^*/万吨·年$^{-1}$	状态编号	年份	X_t^*/万吨·年$^{-1}$
1	2010	1.0451	11	2020	0.2820
2	2011	0.9443	12	2021	0.2397
3	2012	0.8979	13	2022	0.1801
4	2013	0.8455	14	2023	0.1537
5	2014	0.7874	15	2024	0.1319
6	2015	0.6530	16	2025	0.0980
7	2016	0.5649	17	2026	0.0608
8	2017	0.4877	18	2027	0.0599
9	2018	0.3584	19	2028	0.0569
10	2019	0.3038	20	2029	0.0531

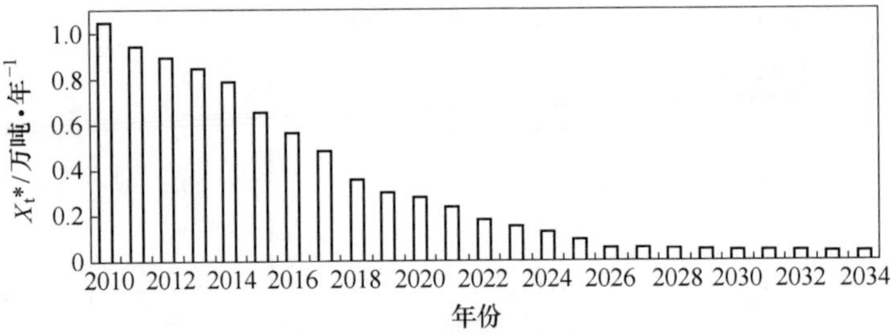

图 12.14　金属钍的最优耗竭速率走势图（$r=9.35\%$）

当其他条件不变单独降低贴现率时计算结果见表 12.17、图 12.15 和图 12.16。

表 12.17　金属钍的最优耗竭速率

（$T=20$ 年；$P_t=733200$；$b=0.00035$；$S(0)=68400$；$r=7.25\%$）

状态编号	年份	X_t^*/万吨·年$^{-1}$	状态编号	年份	X_t^*/万吨·年$^{-1}$
1	2010	0.9251	11	2020	0.2019
2	2011	0.8143	12	2021	0.1408
3	2012	0.7979	13	2022	0.1160
4	2013	0.7155	14	2023	0.0516
5	2014	0.6574	15	2024	0.0335
6	2015	0.5630	16	2025	0.0286
7	2016	0.4349	17	2026	0.0221
8	2017	0.3377	18	2027	0.0189
9	2018	0.3017	19	2028	0.0167
10	2019	0.2491	20	2029	0.0135

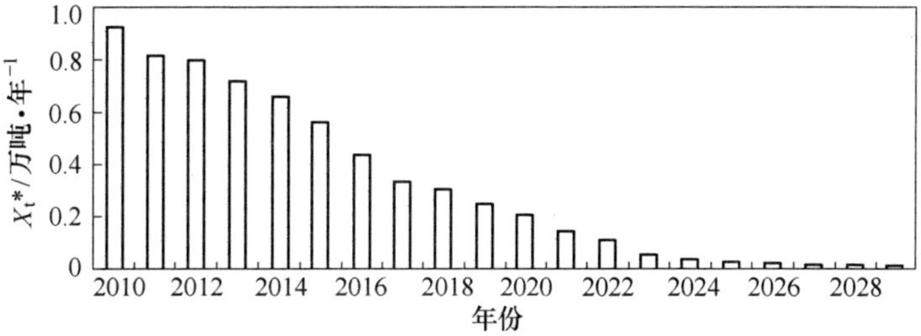

图 12.15　金属铀的最优耗竭速率走势图（$r=7.25\%$）

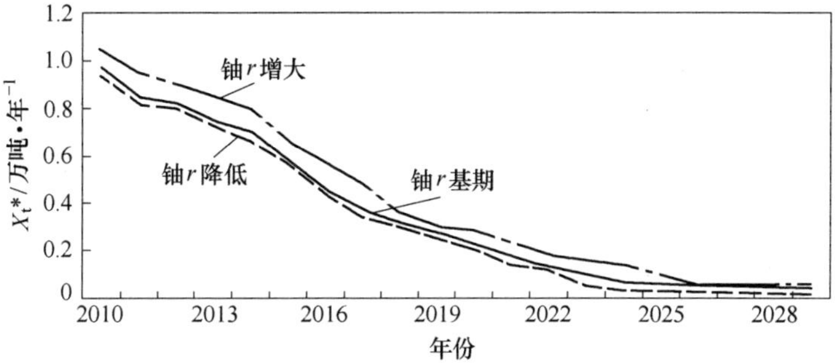

图 12.16　金属铀 r 的变化改变耗竭速率走势图

在对贴现率变化的三种情况比较分析中得出如下结论：在相同的情况下，如果提高贴现率就会使现期可以开采的资源量增大，然而到后期可以用于开采利用的资源就较少。所以我们得出的结论就是如果想实现稀有金属矿产资源的可持续利用，那么就应该适当的将贴现率 r 降低。

当将铀金属价格提高到 783200，其他条件不变时，模拟计算结果见表 12.18 和图 12.17。

表 12.18　金属铀的最优耗竭速率

（$T=20$ 年；$P_t=783200$；$b=0.00035$；$S(0)=68400$；$r=8.5\%$）

状态编号	年份	X_t^*/万吨·年$^{-1}$	状态编号	年份	X_t^*/万吨·年$^{-1}$
1	2010	1.3051	11	2020	0.2047
2	2011	1.2843	12	2021	0.1353
3	2012	1.1879	13	2022	0.0729
4	2013	1.0965	14	2023	0.0417
5	2014	0.8594	15	2024	0.0320
6	2015	0.7530	16	2025	0.0289
7	2016	0.5048	17	2026	0.0268
8	2017	0.3368	18	2027	0.0144
9	2018	0.2964	19	2028	0.0125
10	2019	0.2338	20	2029	0.0106

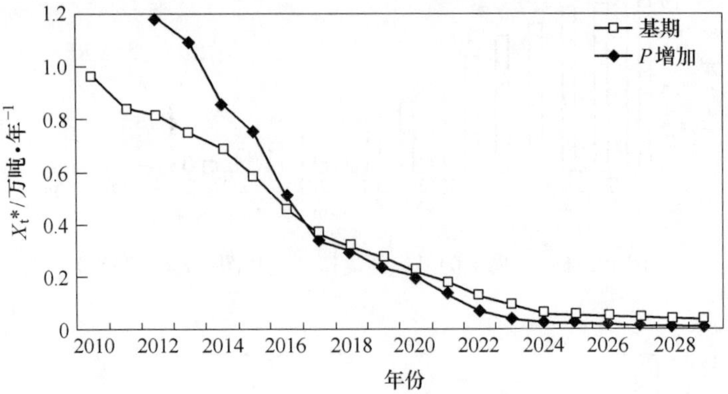

图 12.17　金属铀的最优耗竭速率走势图（$P=783200$）

由图 12.17 可以看出当其他条件不变时，价格提高了会提高早期的开采数量导致后期能够被人类开采的资源数量减少。这个模拟计算告诉我们，如果想要保证铀资源的可持续利用，就应该对金属铀进行合理定价。

当其他条件不变，将合理储备年限提高到 25 年时，模拟计算结果见表 12.19 和图 12.18。

表 12.19　金属铀的最优耗竭速率

（$T=25$ 年；$P_t=733200$；$b=0.00035$；$S(0)=68400$；$r=8.5\%$）

状态编号	年份	X_t^*/万吨·年$^{-1}$	状态编号	年份	X_t^*/万吨·年$^{-1}$
1	2010	0.8941	14	2023	0.1538
2	2011	0.8043	15	2024	0.090
3	2012	0.7979	16	2025	0.0447
4	2013	0.7053	17	2026	0.0409
5	2014	0.6503	18	2027	0.0379
6	2015	0.5692	19	2028	0.0340
7	2016	0.4302	20	2029	0.0307
8	2017	0.3369	21	2030	0.0302
9	2018	0.2805	22	2031	0.0279
10	2019	0.2492	23	2032	0.0253
11	2020	0.2048	24	2033	0.0201
12	2021	0.1593	25	2034	0.0198
13	2022	0.1059			

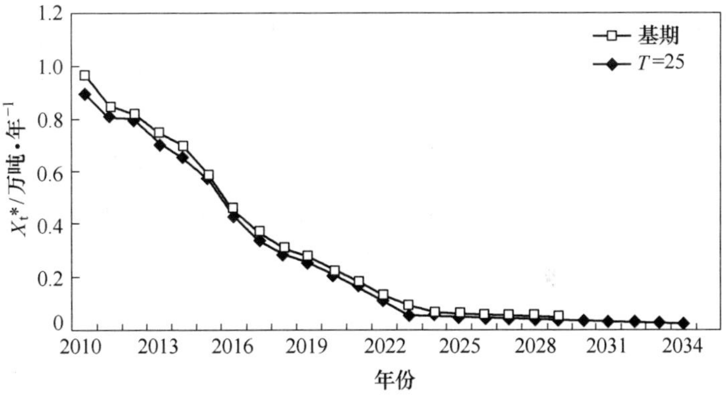

图 12.18 金属铀的最优耗竭速率走势图（$T=25$）

12.2.4 实证结果分析

在对贴现率变化的三种情况比较分析中，得出如下结论：在其他条件相同的情况下，如果提高贴现率就会使现期可以开采的资源量增大，然而到后期可用于开采利用的资源就较少。所以，我们得出的结论就是：如果想要实现稀有金属矿产资源的可持续利用，那么就应该适当的将贴现率 r 降低；当其他条件不变时，价格提高了会提高早期的开采数量，导致后期能够被人类开采的资源数量减少。这个模拟计算表明：如果想要保证稀有金属矿产资源的可持续利用，就应该对稀有金属进行合理定价；当其他条件不变时，开采年限提高了会降低早期的开采数量，因而留给后期的开采量就多。如果想要保证稀有金属资源的可持续利用，就应该适当延长稀有金属矿产资源的合理储备年限，以保证后代人对资源的需求。

私人所有的不可再生资源开采的最优条件是一个纯效率条件，在这一条件中，市场利息率起着决定性的作用。由于市场利息率是由当代人决定的，因此资源开采的高效率条件不能用于判断代际间利用资源的公平问题。社会贴现率与市场利息率之间的差异是处理不可再生资源最优耗竭问题面临的难题。社会贴现率的选择隐含的前提是：一种不可再生资源无论用于生产还是消费，现在被消耗掉比它在将来被消耗掉的价值要高。社会贴现率不像市场利息率可以观察到，但它又是确实存在的。社会贴现率受到许多因素的影响，如市场利息率，社会安全状况，人的平均剩余寿命等。我们认为，合理的社会贴现率应是低风险债券的实际利率与私人投资的税后收益率的加权平均值。由于低风险债券（如政府债券）相当于无风险的利率，这个利率能更好地体现人们的时间偏好。私人投资的税后收益率相当于政府利用税收收入投资于公共项目的机会成本率。因此，低风险债券的实际利率与私人投资的税后收益率的加权平均值，应该更加接近社会贴现率。

总而言之，如果想要使稀有金属矿产资源最终实现可持续利用，就应该重视在相同资源的储量条件下，通过延长开采年限，降低贴现率和保持价格稳定来保证后代人对资源需求的能力。通过对白云鄂博矿区最适耗竭速率的研究，制定出白云鄂博矿区的长远的发展战略，这将有很大的经济意义和社会价值。当然，整个模型系统本身还不是很完善，不足以完整地表现出白云矿区稀有金属利用的复杂情况，所以一定要与定性研究进行有效的结合。本模型的计算结果基本符合矿区经济发展的趋势，则说明目前情况下稀有金属矿产资源发展基本处于可持续利用状态。

13 白云鄂博稀有金属可持续利用对策措施

资源的综合利用与国家贯彻全面协调可持续发展的方针密切相关，这一重大科技创新项目与循环经济、节约资源、保护生态、节能减排都密切相关，是符合国家产业政策和发展方向重点支持的项目，可以向科技部、发改委、生态环境部和国土资源部等提出项目申请，取得上述部委的经费支持，同时也要取得内蒙古自治区和包头市两级政府及有关部门的大力支持。

在前面对分析了白云鄂博稀有金属矿产资源可持续利用进行实证分析的基础上，针对白云鄂博地区稀有金属矿产资源的现状，在定性和定量分析的基础上，提出白云鄂博稀有金属矿产资源实现可持续利用的对策。

A 制定节约型的资源消耗战略

节约型的资源消耗战略是指以提高资源利用效率、减少污染物排放和促进可持续发展为目的的资源利用模式。我国社会体制下实现经济可持续发展的核心任务，是建设资源节约型社会。在白云鄂博矿区建立资源节约型的消耗战略，目的是提高稀有金属铌、钪、钍和铀等稀有金属资源的利用效率，减少在金属提纯过程中的环境污染，促进可持续发展。通过使用相对综合的措施，在从生产到销售的各个环节中实现资源的合理配置以及综合高效的循环利用，从而使稀有金属矿产资源能够得到有效的替代和保护。要做到加大力度发展社会生产，从建立一个效率高、污染小的生产体系做起，进而构建与合理的消费体系相结合的产品结构，避免产能过剩，最终建立起节约型的资源消耗战略。

B 构建完善的价格体系，实现资源合理定价

2014 年关于稀土定价的 WTO 败诉的主要是原因，是由于中国长久以来的稀土经营上存在过多的主体，以至于造成了国际上供过于求的局面，各大企业厂家之间不得不通过降低价格来销售，因为对定价权毫无掌控的权力，国内国外价格更是相差巨大，把宝贵的稀土资源卖成了白菜价，把大量利润拱手让人。所以，当前最主要的工作就是要在现有资源储量的基础上，完善生产技术，促进市场发展，应将全国各家名企联合起来，组建大型的稀有金属生产集团，提高产业集中度，进而掌握稀有金属的产量和话语权。政府应在完善稀有金属资源市场结构的基础上，尽快争取到稀有金属矿产资源的定价权，实现各项成本在稀有金属矿产资源价格中的充分体现，并且加紧实施对稀有金属矿产资源的战略储备，促进资

源合理定价。

C　完善生产技术，加强应用研究

在 WTO 败诉也不一定是坏事，我国政府会因此对稀土资源进行较为深层次的整合，把它从资源密集型发展方式向技术密集型方式转变。技术进步在白云矿区稀有金属矿产资源的可持续利用发展中发挥着越来越重要的作用，经过模型分析，我国稀有金属铌和钪资源现有资源储量足以支持市场需求及应用，因此暂不需要进一步开采新资源。但是因其原料来源的品种多又复杂，且目前对稀有金属矿产资源的生产工艺技术方法较多，所以必须积极开展稀有金属制品应用的研究，开拓新用途，以获得更大的社会效益与经济效益。

D　加大环保力度，实现可持续发展

白云鄂博矿区在漫长的发展过程中，在对自然的改造与经济发展上终于取得了举世瞩目的成就，但同时对白云鄂博矿区生态的破坏和对环境的污染也让人们认识到，它们已经真实地威胁到了我们的生活。目前，如果想要实现可持续发展，就一定要从环境保护做起：第一，人们必须意识到在向自然索取的多种多样的物质的同时，应该给自然更多的补偿，使它能够恢复到正常的可再生循环的状态；第二，人类必须改变现有的发展道路和模式，使生态环境和社会经济增长共同发展，从而达到可持续发展的目标。

结　论

稀土资源是支持经济发展与进步的重要战略物资，更是高新技术和国防科技发展不可或缺的助推剂，被誉为“工业味精”。随着我国产业结构的升级，稀土资源应该发挥更大的作用。本研究结果表明：

（1）现阶段内蒙古稀土资源价值补偿规模较小，价值补偿所引起效益的增加值只相当于总效益的1% ~10%。尽管稀土资源单位效益较低，但增加了价值补偿后的单位稀土资源效益，比无价值补偿时单位稀土资源效益提升了将近3 ~20个百分点，且与2010年前的数据进行对比，有一定的增长。此外，稀土资源的单位效益变化趋势波动较大，2007 ~2009年间稀土资源单位效益为负值；从2010年开始，稀土资源单位效益为正值，但变化幅度较大。

（2）储备规模方面主要设计了两种方案：从2014 ~2030年，在方案一中，波动范围为（ +0%， -0%）前提下得出我国稀土最大累计入库量535900. 6吨，而最小累计出库量 -184650. 4吨，稀土未来15年累积量为720551吨，即战略储备规模达到720551吨。该方案说明，不论供需差发生如何波动，国家都会进行储备或释放调节，这时政府可以采取高度储备策略。在方案二中，波动范围为（20%， -20%）前提下得出我国稀土最大累计入库量417763吨，最小累计出库量43568吨，那么战略储备规模达到461331吨。国家在这个波动范围以外可以进行收储调节，使供需差波动回归到既定的范围内，防止稀土价格大幅波动。现实中由于财政能力等方面的限制，实际储备规模与仿真模拟结果会有不小的出入，供需差波动范围也可以根据不同情况而定，因此，该模型模拟结果也只能作为实际储备规模的参考。

根据研究结果提出对策建议，价值补偿方面：

（1）完善稀土资源价值补偿机制。基于价值补偿视角的研究发现，内蒙古稀上资源的效益变化幅度较大，有、无价值补偿对稀土资源效益的高低有一定的影响，但整体补偿规模不足，稀土资源的单位效益较低。笔者认为，应对以上问题的关键在于完善稀土资源价值补偿机制，主要包括以下几方面：第一，出台稀土资源价值补偿专项政策；第二，开征环境税并直接用于环境的保护与修复。

（2）强化稀土资源环境保护措施。环境损害增加了内蒙古稀土资源的生态环境成本，而生态环境成本的提升导致了稀土资源效益的下降。因此，需要从根本上改善生态环境问题，强化稀土资源环境保护措施。可以通过减少污染物排放量和增加环保设施建设等措施降低环境损害成本以达到提升稀土资源效益的目的：第一，加强对三废的处理力度，从根本上减少污染物的排放，从而提高稀土资源的环境效益；第二，将补偿税费直接用于受污染的生态环境的恢复或对勘探、开采稀土资源的管理人员进行培训，增加管理人员的环保意识；第三，加强对盗挖盗采的打击力度及提升稀土资源勘探开采的科学性。

（3）建立有效的稀土资源定价模式。稀土价格不仅直接影响着内蒙古稀土资源的总收入，还对资源税的征收、成本的核算有着直接或间接的影响。稀土资源价格是制约内蒙古稀土资源效益的首要因素，因此需要建立有效的稀土资源定价模式：第一，进一步推动企业联合与重组，占据市场主导地位，增加定价话语权；第二，制定稀土价格协商机制；第三，加快发展国内稀土期货市场的发展。

（4）提升稀土资源开发与利用的技术水平。稀土资源的效益会受到技术研发水平的影响，稀土资源开发与利用技术水平的提升有利于稀土效益的增加。目前世界上大部分稀土专利都掌握在美日等发达国家手中，日本拥有很高的稀土资源效益值，关键在于其可以进行高附加价值的稀土资源加工，即拥有专利技术。由此可知，想要增加稀土资源的效益额，就要加强技术创新水平，突破各种技术壁垒，使中国从稀土大国走向稀土强国：第一，加大科技创新资金投入，培养稀土科技人才；第二，鼓励稀土开发、利用技术的专利申请；第三，促进稀土企业与科研机构及高校间建立长久的合作机制，形成产学研一体化。

储备体系建设方面：要区别对待重稀土和轻稀土，储备的重点应在于重稀土，因为重稀土资源稀缺，应用独特，优势无法替代，用于满足国防战略及尖端技术需求，应作为战略资源，严格控制，加以保护。

（1）明确稀土储备目标。稀土储备目标应根据国内工业发展以及世界稀土市场供需变化，根据不同情势采取低度储备、中度储备和高度储备。稀土储备作为一项国家政策，既要保障国家的安全和经济发展的需要，又要综合考虑国内外市场供需形势变化、正常时期对稀土资源消费需求、非常时期对稀土资源的消费需求，以及结合我国国情、资源储量等因素，科学合理地确定稀土储备规模，针对分阶段实施方案进行有效长久规划，并随着变化的市场形势而采取动态调整储备目标的措施。在制定我国稀土战略储备具体政策的过程中，要全面系统地认识到现阶段我国经济社会面对的各种复杂多变的内部外部形势，分析研究稀土储备的重大战略意义，及其在各领域中的重大作用，探究我国稀土战略储备应在满足高新技术和国防科技发展的有效需求，并结合我国经济社会发展的综合实力和阶段特征，提出合乎实际的稀土战略储备目标，从宏观上为一个时期的稀土战略储备工作确定行动纲领。

（2）根据稀土品种来确立合理的储备方式。矿产资源的储备方式有两种：矿产品储备和矿产地储备。矿产品储备需要人为地将稀土产品分离出来进行储备，而矿产地储备则是对探明稀土储备作为一项国家政策。在我国，稀土资源呈现了“北轻南重”的地理分布格局，在世界稀土储量中就轻重稀土所占的比例而言，轻稀土，占世界轻稀土总量的近 50%，重稀土占世界重稀土总量的近 90%。因此，对于不同特性的稀土品种，应采用多元化的储备方式。对于北方的轻稀土应采用以矿产品储备为主，矿产地储备为辅的储备方式，而对于南方重稀土的储备，应以矿产地储备为主，以矿产品储备为辅。

（3）建立稀土储备保障制度。稀土储备作为一项国家政策，既要保障国家的安全和经济发展的需要，又要综合考虑国内外市场供需形势变化、正常时期对稀土资源消费需求、非常时期对稀土资源的消费需求以及结合我国国情、资源储量等因素，科学合理地确定稀土储备规模，针对分阶段实施方案进行有效长久规划，并随着变化的市场形势而采取动态调整储备目标的措施：第一，建立稀土法律制度，出台相应的法律法规；第二，确立稀土战略储备的管理机构，建立稀土资源战略储备体系，应设立专业的管理机构来对国家战略稀土资源储备工作进行科学合理有效的管理；第三，提供稀土储备资金保障；第四，稀土企业集团应积极开展稀土商业储备。

具体到白云鄂博矿山的铌、钪、铀和钍的利用，研究结果发现，只有当承载力和耗竭速率在可控范围内时才能实现资源的可持续利用，最终实现永续发展。特别是在白云鄂博矿区这个稀有金属资源较为丰富的地区，更应该从现在开始注意稀有金属资源的可持续利用。因此，在资源的开采和使用过程中要明确对资源的有效并有节制的开采更有助于实现稀有金属矿产资源的全面可持续发展。书中所运用的方法是采用最适耗竭模型和承载力模型所组合起来分析的一种综合评价方法，这两种基础方法都是基于定量分析之上仅从数据方面对问题进行剖析和处理之后得到的综合评价结果。从我们的实证结果来看，铀资源已经难以满足我国核电发展的需要，加之全球范围内核电发展对铀的需求增加，确有必要加快对白云鄂博钍资源的开发和利用。因为目前从技术是也具备一定的开发条件：中国科学院长春应用化学研究所从 20 世纪 60 年代开始就一直对钍的分离提纯进行研究，形成了一整套从矿石中分离富集、萃取纯化、各种高纯（核纯）钍盐、氧化钍及金属钍制备的工艺，形成了 16 项专利组成的专利包，其中授权 9 项，含授权美国和澳大利亚专利各 1 项。长春应化所已为中国科学院先进核能创新研究院提供了数十千克核纯钍样品，保障了中科院钍基熔盐堆核能系统先导专项对核纯钍的需求，目前已建成吨级核纯钍批量生产中试线。此外基于钍的核研究和开发计划已经或将在比利时、巴西、加拿大、中国、捷克、法国、德国、印度、以色列、日本、荷兰、挪威、俄罗斯、英国和美国等国进行。

不可再生资源的作用不可以被忽视，它是社会经济发展的保证和基础。从可持续发展的代际角度出发，不可再生资源是当代人及其后代共享的资源，不仅要服务于当代人，更要为后代人的发展服务。稀有金属矿产资源的不可再生特性，让代际之间的资源利用方面发生了利益冲突：稀有金属矿产资源在为当代人利用的时候，他们从自身的经济利益角度出发，多数时候造成资源的过度使用，而这样使用的后果是使后代人使用的资源数量相对减少。这些矛盾时刻敦促我们要研究如何实现不可再生资源的可持续利用，目的是使有限的资源在满足当代人需要的同时，不影响下一代对其资源需求的能力。

现实中，人们利用资源的基本方式是市场机制配置资源的方式。市场机制的运行中并未考虑后代人的需要，以至于后代人的利益被忽略。在当代人的行为对后代产生影响而市场不能发挥正确作用时，政府就要采取更为积极的保护资源和合理利用资源的措施，这主要包括在资源产权制度的建设上，以及对消费者行为和技术进步方面起到限制和引导作用。

当前，国内的稀有金属矿产资源形势相当严峻，较低的资源利用效率、浪费严重和资源供求矛盾日益突出，都是我国稀有金属矿产资源利用方面存在的重要问题。如何摒弃这些传统的“高消耗”工业化道路，转向新型的“低消耗资源”的新的发展道路，是我国目前面临的较为紧迫的任务。这就需要我们在充分发挥市场机制的调节作用、科技进步的基础作用以及政府的主导作用的基础上，通过三方的相互作用，最终实现稀有金属矿产资源可持续利用的目标。

附　　录

附录 A　模型相关变量方程

（1） INITIALTIME = 2007

Units： year

The initial time for the simulation.

（2） FINAL TIME = 2020

Units： year

The final time for the simulation.

（3） TIME STEP = 1

The time step for the simulation

（4） 使用者成本 = 土地使用成本 + 资源使用成本

（5） 净收入 = 稀土功能材料产品收入 + 稀土原材料产品收入 + 其他相关收入 - 营业成本

（6） 单位废气处理费用 = 7.65

（7） 单位废水处理费用 = 1.4

（8） 可开采年限 = 30

（9） 固体废物处理成本 = 单位固体废物处理费用 * 物体废物排放量

（10） 总成本 = 使用者成本 + 环境成本 + 矿业权成本

（11） 环境成本 = WITHLOOKUP(Time,([(2007,0) - (2020,1e + 009)],(2007,4.55494e + 008),(2008,4.53888e + 008),(2009,5.57734e + 008),(2010,5.19081e + 008),(2011,5.81866e + 008),(2012,5.82332e + 008),(2013,6.20221e + 008),(2014,6.49e + 008),(2015,6.77e + 008),(2016,7.05e + 008),(2017,7.32e + 008),(2018,7.6e + 008),(2019,7.88e + 008),(2020,8.16e + 008)))

（12） 销售收入 = WITH LOOKUP(Time,([(2007,0) - (2020,2e + 010)],(2007,2.49959e + 009),(2008,3.22456e + 009),(2009,2.59296e + 009),(2010,5.25794e + 009),(2011,1.15283e + 010),(2012,9.24175e + 009),(2013,8.47193e + 009),(2014,5.83783e + 009),(2015,8.08002e + 009),(2016,8.08e + 009),(2017,8.7902e + 009),(2018,9.50038e + 009),(2019,8.7902e + 009),(2020,9.95152e + 009)))

（13）总收入 = 销售收入

（14）折现率 = 0.05

（15）废水处理成本 = 单位废水处理费用 * 废水排放量

（16）生态环境成本 = INTEGER（环境损害成本）

（17）环境损害成本 = 固体处理成本 + 废水处理成本 + 废气处理成本

（18）矿产使用成本 = 净收入/(1 + 折现率)^可开采年限

（19）废气处理成本 = 单位废气处理费用 * 废气排放量

（20）资源效益 = INTEG(总收入 - 总成本，0)

（21）销售收入 = 其他相关收入 + 稀土功能材料产品收入 + 稀土原材料产品收入

（22）补偿税费 = IF THEN ELSE（Time < = 2014，销售收入 * 0.03 * 0.95，0）

（23）资源税 = IF THEN ELSE（Time > = 2015，销售收入 * 0.115，产量 * 税率）

（24）矿业权成本 = WITH LOOKUP(Time,([(2007,0) - (2020,4e + 009)],(2007,2.70273e + 009),(2008,2.81893e + 009),(2009,2.31817e + 009),(2010,2.39063e + 009),(2011,2.33465e + 009),(2012,2.13226e + 009),(2013,2.32337e + 009),(2014,1.76399e + 009),(2015,1.6387e + 009),(2016,1.33122e + 009),(2017,1.03838e + 009),(2018,7.59492e + 008),(2019,4.9389e + 008),(2020,2.40917e + 008)))

附录 B　模型相关变量方程

（1） 产量 = WITH LOOKUP (Time, ([(2000, 60000) － (2030, 200000)], (2000, 73000), (2001, 80600), (2002, 88400), (2003, 92000), (2004, 98300), (2005, 118709), (2006, 132506), (2007, 120800), (2008, 124800), (2009, 129400), (2010, 89300), (2011, 84900), (2012, 81000), (2013, 82000), (2014, 103535), (2015, 104048), (2016, 104560), (2017, 105072), (2018, 105584), (2019, 106096), (2020, 106609), (2021, 100021), (2022, 98000), (2023, 97345), (2024, 105000), (2024, 96365), (2024. 92, 96000), (2026, 98976), (2027, 100000), (2028, 96000), (2028. 26, 98070. 2), (2028. 44, 96842. 1), (2029, 96000), (2030, 96000)))

Units：吨

（2） 供应量 = 产量 + 废料回收量 + 进口量

Units：吨

（3） 供需差波动系数 = (供应量 − 需求量)/需求量

Units： * * undefined * *

（4） 供需差波动系数上限 α = 0. 2

Units： * * undefined * * [0, 0. 2, 0. 1]

（5） 供需差波动系数下限 β = −0. 2

Units： * * undefined * * [−0. 2, 0]

（6） 储备量 = INTEG(入库量, 0)

入库量 = INTEG(IF THEN ELSE(供需差波动系数 < 供需差波动系数下限 β, 供应量 − (1 + 供需差波动系数下限 β) * 需求量, IF THEN ELSE(供需差波动系数 <0, 0, IF THEN ELSE(供需差波动系数 < = 供需差波动系数上限 α, 0, 供应量 − (1 + 供需差波动系数上限 α) * 需求量))), 0)

Units：吨

（7） 出口关税 = WITH LOOKUP (Time, ([(2000, 0) − (2030, 1)], (2000, 0), (2001, 0), (2002, 0), (2003, 0), (2004, 0), (2005, 0), (2006, 0. 1), (2007, 0. 15), (2008, 0. 25), (2009, 0. 25), (2010, 0. 25), (2011, 0. 25), (2012, 0. 25), (2013, 0. 25), (2014, 0. 25), (2015, 0. 25), (2015. 41, 0. 247368), (2015. 6, 0. 242105), (2016, 0. 25), (2017, 0. 25), (2018, 0. 25), (2019, 0. 25), (2020, 0. 25), (2021, 0. 25), (2022, 0. 25), (2023, 0. 25), (2024, 0. 25), (2025, 0. 25), (2026, 0. 25), (2027, 0. 25), (2028, 0. 25), (2029, 0. 25), (2030, 0. 25)))

Units：元/吨[0,0.25]

(8) 出口退税 = WITH LOOKUP(Time,([(2000,0) - (2030,0.2)],(2000,0.17),(2001,0.17),(2002,0.17),(2003,0.13),(2004,0.13),(2005,0),(2006,0),(2007,0),(2008,0),(2009,0),(2010,0),(2011,0),(2012,0),(2013,0),(2014,0),(2015,0),(2016,0),(2017,0),(2017,0),(2018,0),(2018,0),(2019,0),(2019,0),(2020,0),(2021,0),(2022,0),(2023,0),(2024,0),(2025,0),(2026,0),(2027,0),(2028,0),(2029,0),(2030,0)))

Units：元/吨[0,0.17]

(9) 出口配额 = WITH LOOKUP (Time,([(2000,0) - (2030,100000)],(2000,90794),(2001,85787),(2002,80781),(2003,75774),(2004,65609),(2005,65609),(2006,61821),(2007,69643),(2008,47001),(2009,50145),(2010,30258),(2011,30184),(2012,31130),(2013,30996),(2014,20758.2),(2015,15765.8),(2016,10773.5),(2017,5781.13),(2018,788.79),(2019,5),(2020,0),(2021,0),(2022,0),(2023,0),(2024,0),(2025,0),(2026,0),(2027,0),(2028,0),(2029,0),(2030,0)))

Units：吨[30184,90794]

(10) 出口量 = 36999.9 + 0.295297 * 出口配额 - 85456.8 * 出口关税 + 5037.74 * 出口退税

Units：吨

(11) 废料回收率 = 10

Units：%

(12) 废料回收量 = 稀土国内消费量 * 废料回收率

Units：吨

(13) 稀土国内消费量 = WITH LOOKUP(Time,([(2000,0) - (2030,400000)],(2000,19200),(2001,20000),(2002,22000),(2003,29500),(2004,33400),(2005,51900),(2006,62793),(2007,72600),(2008,67680),(2009,73000),(2010,87025),(2011,83110),(2012,89100),(2013,90000),(2014,104849),(2015,111197),(2016,117545),(2017,123892),(2018,130240),(2019,136588),(2020,142936),(2021,149284),(2022,155632),(2023,161980),(2024,168328),(2025,174677),(2026,181024),(2027,187372),(2028,193720),(2029,200068),(2030,206416)))

Units：吨

(14) 进口量 = WITH LOOKUP(Time,([(2000,0) - (2030,20000)],(2000,264.28),(2001,658.36),(2002,792.8),(2003,1805.5),(2004,5053),(2005,4743),(2006,3818),(2007,3253),(2008,1485),(2009,3394),(2010,14300.1),

(2011,6003.22),(2012,2347.5),(2013,2211),(2014,6229.8),(2015,6580),(2016,6931),(2017,7282),(2018,7633),(2019,7984),(2020,7866),(2021,8767),(2022,9044),(2023,9387),(2024,8654),(2025,10088),(2026,10439),(2027,8342),(2028,7533),(2029,6544),(2030,5428)))

Units：吨

（15）需求量=出口量+稀土国内消费量

Units：吨

参考文献

[1] 包头稀土开采带来生态恶果，出现“癌症村”[N]. 财新报，2011-07-03.

[2] 毕淑娟. 稀土污染触目惊心千亿资金黑洞令人堪忧[N]. 中国联合商报，2012-05-18.

[3] 内蒙古自治区矿产资源总体规划（2016~2020年）http://www.nmg.gov.cn/fabu/ghjh1/fzgh/201712/t20171221_653299.html.

[4] World Commission on Environment and Development. Our Common Future [M]. Oxford University Press. 1987, 67.

[5] Forman R. T. Ecologically Sustainable Landscapes [J]: Ecological Perspective. New York, 1990: 278~621.

[6] IUCN, UNEP, WWF, 保护地球—可持续性生存战略（Caring for the Earth）[M]. 北京：中国环境科学出版社，1992.

[7] 杨云彦主编《人口、资源与环境经济学》出版日期：1999. SS号：10308254

[8] The world Resources Institute. World Resources [R]. 1992~1993.

[9] 范柏乃，郑峰，马庆国. 可持续发展理论综述[J]. 浙江社会科学，1998（3）：42~58.

[10] Rachel. Silent Spring [M]. NEW YORK: Science Press, 1962.

[11] Ward B, Dubos R. We have only one Earth [M]. Stockholm: UN, 1972.

[12] Forster B A. Optimal pollution control with a nonconstant exponential decay rate. Journal of Environmental Economics and Management, 2 (1), 1975, 1~6.

[13] Adisa Azapagic, Developing a framework for sustainable development indicators for the mining and minerals industry [J]. Journal of Cleaner Production 12 (2004): 639~662.

[14] 厉以宁，章铮. 环境经济学[M]. 北京：中国计划出版社，1995.

[15] 马世骏，王如松，社会—经济—自然复合生态系统理论[J]. 生态学报，1984，4（1）.

[16] 叶文虎. 可持续发展：理论与方法的思考[J]. 环境管理与技术文集. 北京：中国环境科学出版社，1994.

[17] 牛文元. 可持续发展导论[M]. 北京：科学出版社，1994.

[18] 周肇光. 马克思价值论与自然资源价值决定的内在联系[J]. 安徽大学学报：哲学社会科学版，2007，31（5）：145~148.

[19] 吴文洁，高黎红. 价值补偿与生态补偿概念辨析[J]. 南阳理工学院学报，2010，02（5）：102~105.

[20] 苏广实. 自然资源价值及其评估方法研究[J]. 学术论坛，2007，2007（4）：77~80.

[21] 孙毅，张如石. 资源的价值补偿浅议[J]. 经济纵横，1990（3）：10~13.

[22] 方大春. 自然资源价值理论与理性利用[J]. 安徽工业大学学报：社会科学版，2009，26（4）：22~24.

[23] 赵海燕，赵宝刚，胡玉红. 论自然资源的价值与价格[J]. 黑龙江八一农垦大学学报，2002，14（2）：126~128.

[24] 曹海霞. 矿产资源的产权残缺与租值耗散问题研究[D]. 山西财经大学，2013.

[25] 何仁春. 基于R-SCP的中国钨产业组织优化研究[D]. 中南大学，2007.

[26] 武捷，赵曦．浅析我国金属矿产资源储备体系的构建［J］．黑龙江科技信息，2014（1）：71.

[27] 程潇黎．浅析我国稀土安全及安全战略［D］．中国地质大学（北京），2006.

[28] 王晓东．战略性矿产资源储备规模及其管理研究［D］．中南大学，2005.

[29] 陈毓川．建立我国战略性矿产资源储备制度和体系［J］．国土资源，2002（1）：20～21.

[30] Gray L C. The Economic Possibilities of Conservation [J]. Quarterly Journal of Economics, 1913, 27 (3): 497～519.

[31] Hotelling. The Economics of Exhaustible Resource [J]. Journal of Dolitics Economy, 1931, 39: 137～175.

[32] Solow R M. The Economics of Resources or the Resources of Economics [M] // Classic Papers in Natural Resource Economics. Palgrave Macmillan UK, 1974: 1～14.

[33] Stiglitz J E. Growth with Exhaustible Natural Resources: The Competitive Economy [J]. Review of Economic Studies, 1974, 41 (5): 139.

[34] Dasgupta P G. Heal. The optimal depletion of exhaustible resources [J]. Review of Economics Studies, 1974, 128.

[35] 陈其慎，王高尚．我国非能源战略性矿产的界定及其重要性评价［J］．中国国土资源经济，2007，20（1）：18～21.

[36] https: //baike. baidu. com/item/% E7% 9F% BF% E7% 89% A9% E8% B5% 84% E6% BA% 90/592672? fr = aladdin&fromid = 673270&fromtitle = % E7% 9F% BF% E4% BA% A7% E8% B5% 84% E6% BA% 90.

[37] 什么是矿产资源?［J］．国土资源科技管理，2001（05）：9.

[38] 周海东，吴强，任忠宝．优势战略矿产资源矿产地储备的建模及按序推进的量化分析［J］．地球学报，2013（4）：485～490.

[39] 王娟．云南与周边国家战略矿产资源互补性研究［D］．云南财经大学，2009.

[40] 稀土等24种矿产列入战略性矿产目录 http: //www. cre. net/show. php? contentid = 127524

[41] 袁国华．确立我国的战略矿产和保护矿产［J］．中国发展观察，2010（7）：31～33.

[42] Roger Perman, Yue Ma, James Me Gilvray. 自然资源与环境经济学（第二版）［M］．侯元兆，译．北京：中国经济出版社，2002.

[43] Hicks J R. Value and Capital [M]. Oxford: Oxford University Press, 1946.

[44] Smith V K. Resource evaluation at the crossroads [J]. Resources, 1998, (9): 16～18.

[45] EI Serafy. The proper calculation of income from depletable natural resources, [C] //Ahmad Y J , EI Serafy Lutz E. Environmental Accounting for Sustainable Development. Washington D C: The World Bank, 1989: 10～18.

[46] Adelman M A. User cost in oil production [J]. Resources and Energy, 1991, 13 (3): 217～240.

[47] Young C E F, da Motta R S. Measuring sustainable income from mineral extraction in Brazil [J]. Resources Policy, 1995, 21 (2): 113～125.

[48] 刘正伟．煤炭资源采矿权价值评估及风险分析［D］．中国矿业大学（北京），2014.

[49] Hendricks D. Evaluation of value-at-risk models using historical data (digest summary) [J]. Economic Policy Review Federal Reserve Bank of New York, 1996, 2 (1): 39 ~ 67.

[50] Moyen N, Slade M, Uppal R. Valuing risk and flexibility: a comparison of methods [J]. Resources Policy, 1996, 22 (1): 63 ~ 74.

[51] Pigou A C. The Economics of Welfare [M]. China Social Sciences Publishing House, 1999.

[52] 谭旭红，张倩．国外矿产资源生态价值计量与补偿研究评述 [J]. 会计之友，2014 (3)：20 ~ 24.

[53] Alan Cottrell. Environmental Economics [M]. Washington: the Commercial Press, 1981.

[54] Coase R H. The nature of the firm [J]. economica, 1937, 4 (16): 386 ~ 405.

[55] Dales J H. Pollution, property & prices: an essay in policy-making and economics [M]. Edward Elgar Publishing, 2002.

[56] Lans Bovenberg A, de Mooij R A. Environmental tax reform and endogenous growth [J]. Journal of Public Economics, 1997, 63 (2): 207 ~ 237.

[57] Bovenberg A, Heijdra B J. Environmental tax policy and intergenerational distribution [J]. Journal of Public Economics, 1998, 67 (1): 1 ~ 24.

[58] Bosquet B. Environmental tax reform: does it work? A survey of the empirical evidence [J]. Ecological economics, 2000, 34 (1): 19 ~ 32.

[59] Lakshmanan T R, Bolton R. Regional energy and environmental analysis [J]. Psychopharmacology, 1987, 208 (3): 469 ~ 474.

[60] Spash C L. Non-economic motivation for contingent values: Rights and attitudinal beliefs in the willingness to pay for environmental improvements [J]. Land Economics, 2006, 82 (4): 602 ~ 622.

[61] Rowe R D, Schulze W D. Economic assessment of damage related to the Eagle Mine facility [J]. Energy and Resource Consultants, 1985: 15 ~ 30.

[62] Damigos D, Kaliampakos D. Assessing the benefits of reclaiming urban quarries: a CVM analysis [J]. Landscape and urban planning, 2003, 64 (4): 249 ~ 258.

[63] 张云．非再生资源开发中价值补偿的研究 [M]. 北京：中国发展出版社，2007.

[64] 张云，李国平．论矿产资源使用者成本的补偿机制 [J]. 中国地质大学学报（社会科学版），2005，5 (3)：43 ~ 46.

[65] 华晓龙，李国平．我国非再生能源资源定价改革构想—基于使用者成本视角 [J]. 人文杂志，2008 (3)：86 ~ 91.

[66] 杜真芝，谭旭红．使用者成本视角下的煤炭瓷源成本缺失问题及建议 [J]. 商业会计，2012 (4)：18 ~ 20.

[67] 李国平，杨洋．中国煤炭和石油天然气开发中的使用者成本测算与价值补偿研究 [J]. 中国地质大学学报：社会科学版，2009，9 (5)：36 ~ 42.

[68] 李志学，张倩．矿产资源耗减的使用者成本法计量模型及其应用 [J]. 干旱区资源与环境，2012，26 (1)：48 ~ 54.

[69] 曾先峰，李国平．非再生能源资源使用者成本：一个新的估计 [J]. 资源科学，2013，35 (2)：439 ~ 446.

[70] 李国平，李恒炜．使用者成本法的完善与美国油气资源使用者成本的估算［J］．自然资源学报，2013，28（6）：1046～1058.
[71] 赖丹，吴雯雯．资源环境视角下的离子型稀土采矿业成本收益研究［J］．中国矿业大学学报（社会科学版），2013，15（03）：63～70.
[72] 王俊．使用者成本法及其国内运用述评［J］．统计与决策，2015（22）：79～82.
[73] 牟小刚，牟小军．基于外部性对稀土价格扭曲及政策优化分析［J］．现代商贸工业，2016，37（09）：125～127.
[74] 时乐乐，赵军．资源耗减补偿视角下煤炭资源税税率选择问题研究——以新疆为例［J］．财会月刊，2016（09）：60～64.
[75] 李松青，王国顺．矿业权价值评估中主要参数的确定［J］．求索，2009（2）：13～15.
[76] 李春蕾，邬盛．基于价值补偿理论的我国矿业权交易市场发展分析［J］．商业经济研究，2011（34）：121～122.
[77] 刘勋涛，靳剑辉．论矿业权价值评估中存在的几个问题［J］．中国矿业，2011，20（2）：49～52.
[78] 邓泽华．收益法在煤矿企业价值评估和矿业权价值评估应用中的思考［J］．中国资产评估，2012（6）：9～11.
[79] 李焕培．共享经济模式下矿产资源价值评估与实现研究［D］．中国地质大学（北京），2017.
[80] 李遐桢．论我国矿业权有偿使用制度的整合［J］．甘肃政法学院学报，2013（06）：43～50.
[81] 谢贵明．矿业权价值和矿业权价款初步研究［J］．中国国土资源经济，2016，29（05）：31～38.
[82] 尹国平，陈甲斌，任忠宝．我国矿产资源勘查开发收益分配机制探析［J］．中国国土资源经济，2017，30（09）：25～29，39
[83] 孟昭健．基于和谐理论的矿产资源开发环境影响补偿机制的构建［J］．经济视角，2012（3）：30～31.
[84] 张德明，王荃．我国矿山环境治理资金的来源及影响因素分析［J］．国土资源情报，2004（4）：50～54.
[85] 裴辉儒．能源重镇对生态环境的外部效应及其价值补偿—基于陕北能源重化工基地的分析［J］．陕西师范大学学报（哲学社会科学版），2010，39（5）：157～166.
[86] 丁岩林，李国平．我国生态资源开发生态补偿政策演进与展望［J］．生态环境，2012（3）：47～54.
[87] 李国平，郭江．基于CVM的榆林煤炭矿区生态环境破坏价值损失研究—以神木县、府谷县和榆阳区为调研区域［J］．干旱地区资源与环境，2012，20（3）：17～22.
[88] 彭武珍．环境价值核算方法及应用研究［D］．浙江工商大学，2013.
[89] 徐辉，蒲志仲．矿产资源开发利用的生态环境价值补偿研究［J］．生态经济，2014，30（02）：135～138.
[90] 杨永均，侯湖平，黄安平．煤矿区生态环境非使用价值受偿意愿评估的实证研究［J］．中国矿业，2014，23（06）：59～62.

[91] 周一虹．生态环境价值计量的环境重置成本法探索 [J]．学海，2015 (04)：109～117.
[92] 项波，严丽玉堂．经济发展与生态保护的并行：生态物权是物权的新发展 [J]．江西理工大学学报，2016，37 (02)：29～35.
[93] 史丹，王俊杰．生态环境的经济价值评估方法与应用 [J]．城市与环境研究，2016 (02)：3～16.
[94] 郭江，李国平．CVM 评估生态环境价值的关键技术综述 [J]．生态经济，2017，33 (06)：115～119，126.
[95] National Research Council. Managing Materials for a Twenty-first Century Military [R]. National Academies Press. 2008：1～129.
[96] National Research Council. Mineral, Critical Mineral, and the U. S. Economy [R]. National Academies Press. 2008：1～245.
[97] Robert. Service Nations Moved Head Off Shortages of Rare Earths [J]. Science, 2010, 327 (5973)：1596～1597.
[98] U. S. Department of Energy. Critical Materials Strategy [EB/OL]. http：//energy. gov/sites/prod/files/DOE_ CMS2011_ FINAL_ Full. html, 2012-1-10/2013-8-19.
[99] Leslie H L, Simon J D S, Mark W, et al. Contrasting perspective China Rare Earth policies：reframe the debate through as take holder lens [J]. Energy Policy, 2013, (63)：55～68.
[100] Hiroshi Wahoo. Japan. Policies to be adopted on Rare Metal Resources. Science & Technology Trends. 2008 (4)：57～76.
[101] Cindy Hurst. China's Rare Earth Elements Industry：What Can the West Learn? [R]. Institute for the Analysis of Global Security, 2010.
[102] Marc Humphries. Rare Earth Elements：The Global Supply Chain [R]. CRS Reports for Congress, 2010.
[103] Wayne M. Morrison, Rachel Tang. China's Rare Earth Industry and Export Regime：Economic and Trade Implications for the United States [R]. CRS Reports for Congress, 2012.
[104] 日本没稀土却是储备稀土最多的国家 [J]．中国有色冶金，2015，44 (05)：43.
[105] 杨子健．加快建立我国优势矿产资源储备 [J]．宏观经济管理，2008，(1)：28～30.
[106] 任忠宝，余良晖．稀土资源储备刻不容缓 [J]．地球学报，2011，(4)：507～512.
[107] 杨斌清．江西稀土产业链 SWOT 分析研究 [J]．稀土，2012，33 (04)：94～98.
[108] 杨斌清，张贤平．我国稀土资源战略储备机制的构建 [J]．江西社会科学，2012，32 (02)：50～54.
[109] 胡海祥，郑延智，刘贻玲．我国稀土储备的功能及调控选择 [J]．矿产保护与利用，2016 (04)：1～7.
[110] 张晶，杨子健．当前我国稀土储备工作的问题及建议 [J]．宏观经济管理，2016 (10)：69～72.
[111] 郑礼顺．关于赣州建立稀土资源储备体系的几点思考 [J]．稀土信息，2008 (10)：16～18.
[112] 余良晖，薛亚洲，贾文龙，吴强，陈甲斌．矿产地战略储备规模研究 [J]．资源与产业，2012，14 (05)：18～23.

[113] 颉茂华，果婕欣，杜凤莲. 2014—2020 年中国稀土战略储备量研究——基于动态规划法视角 [J]. 资源与产业，2014，16 (04)：10 ~ 16.

[114] 陈庆德. 资源配置与制度变迁 [M]. 昆明：云南大学出版社，2007.

[115] 鞠建华. 矿产资源储备非常有必要 [EB/OL]，2009，(1).

[116] 张忠. 稀土价格仍未见顶 [N]. 上海证券报，2011，(7).

[117] 任忠宝. 我国重要矿产品市场状况及需求展望 [J]. 资源与产业，2011 (2)：152 ~ 155.

[118] 杨斌清，张贤平. 基于储采比分析的中国稀土矿种储备选择研究 [J]. 中国稀土学报，2013，31 (06)：762 ~ 768.

[119] 袁博，王国平，李钟山，等. 我国稀土资源储备战略思考 [J]. 中国矿业，2015，24 (03)：28 ~ 30 + 48.

[120] 胡海祥，廖作鸿，郑延智，等. 稀土市场回顾及对我国稀土产业发展的建议 [J]. 有色金属科学与工程，2016，7 (04)：147 ~ 156.

[121] Forrester J W Industrial dynamics：A breakthrough for decision makers [J]. Harvard Business Review，1958，36 (4)：37 ~ 66.

[122] 杨姝，谭旭红，张庆华，等. 基于系统动力学的矿产资源补偿体系构成研究 [J]. 资源开发与市场，2012 (6)：501 ~ 503.

[123] 李远，姬长生. 基于系统动力学的矿产资源价值构成研究 [J]. 中国矿业，2010 (7)：18 ~ 21.

[124] 宋杰鲲，张在旭. 石油资源-社会经济系统 SD 模型的建立 [J]. 西华大学学报（自然科学版），2008，45 (3)：6 ~ 7，30，106.

[125] 李君臣，董秀成，高建. 我国天然气消费的系统动力学预测与分析 [J]. 天然气工业，2010，12 (4)：127 ~ 129，151.

[126] 陈海涛. 基于系统动力学的中国石油需求系统模型及预测 [J]. 统计与决策，2010 (20)：98 ~ 101.

[127] 王海宁，薛惠锋. 能源消费需求的系统动力学建模与仿真——以陕西省为例 [J]. 系统仿真技术，2010，6 (02)：158 ~ 163.

[128] 李玮，杨钢. 基于系统动力学的山西省能源消费可持续发展研究 [J]. 资源科学，2010，32 (10)：1871 ~ 1877.

[129] 巩芳，石丽姣. 内蒙古矿产资源开发与生态环境的耦合研究——基于系统动力学模型 [J]. 资源开发与市场，2014，30 (8)：963 ~ 967.

[130] 李爽，汤嫣嫣，刘倩. 我国能源安全与能源消费结构关联机制的系统动力学建模与仿真 [J]. 华东经济管理，2015，29 (08)：89 ~ 93.

[131] 郭玲玲，武春友，于惊涛. 中国能源安全系统的仿真模拟 [J]. 科研管理，2015 (1)：112 ~ 120.

[132] 刘澄，高鑫，刘祥东，等. 基于系统动力学的京津冀区域土地综合承载力评价 [J]. 中国管理信息化，2015 (3)：146 ~ 151.

[133] 仙巍，邵怀勇，武锦辉. 基于系统力学的煤炭固体废物产量模拟与预测——以四川省宜宾市为例 [J]. 国土资源科技管理，2016，33 (1)：9 ~ 15.

[134] 杨桂和，刘波，沈守文．再论矿产资源综合利用的系统功能与社会经济效益 [J]．成都理工学院学报，1997 (04)：110 ~ 117.
[135] 龚信举．浅析如何提高企业经济效益 [J]．科教导刊，2012 (35)：149 ~ 150.
[136] 姜澍．矿产开发中的资源效益 [J]．采矿技术，2006，6 (3)：118 ~ 120.
[137] Anja Brull, Hein van Bohemen, Robert Costanza, et al. Ecological engineering: from concepts to applications Benefits of ecological engineering practices [J]. Procedia Environmental Sciences, 2011 (9): 16 ~ 20.
[138] 邵风雨，周进生．矿产资源综合开发利用效益分析与建议 [J]．矿产综合利用，2013 (04)：5 ~ 8.
[139] 侯晓靖，马悦．矿产资源开发项目绩效审计评价体系构建 [J]．西安石油大学学报 (社会科学版)，2015，24 (01)：45 ~ 49.
[140] 张亮，赵恒勤，李世祥，谭秀民，罗桥．矿产资源基地经济效益评估方法思考——以青海祁漫塔格矿集区为例 [J]．矿产保护与利用，2018 (01)：30 ~ 35，41.
[141] Mikesell R F. Viewpoint : Sustainable development and mineral resources [J]. Resources Policy, 1994, 20 (2): 83 ~ 86.
[142] Santos T M, Zaratan M L. Mineral resources accounting: A technique formonitoring the Philippine mining industry for sustainable development [J]. Journal of Asian Earth Sciences, 1997, 15 (2 ~ 3): 155 ~ 160.
[143] Clark A L, Clark J C. The new reality of mineral development: social and cultural issues in Asia and Pacific nations [J]. Resources Policy, 1999, 25 (3): 189 ~ 196.
[144] Krajnc D, Glavic P. A model for integrated assessment of sustainable development [J]. Resources Conservation & Recycling, 2005, 43 (2): 189 ~ 208.
[145] Krajnc D, Glavic P. How to compare companies on relevant dimensions of sustainability [J]. Ecological Economics, 2006, 55 (4): 551 ~ 563.
[146] Hilson G M. Introduction to this special issue, 'Improving Environmental, Economic and Ethical Performance in the Mining Industry': Part 1: Environmental Management and Sustainable Development [J]. Journal of Cleaner Production, 2006, 14 (3): 225 ~ 226.
[147] 张照伟．矿产资源的最适耗竭分析 [J]．陕西地质，2006 (5)：91 ~ 108.
[148] 于立宏．可耗竭资源与经济增长理论进展 [J]．浙江社会科学，2007 (5)：179 ~ 184.
[149] 魏晓平．矿产资源可持续利用的新探索——评《矿产经济学》一书 [J]．中国地质大学学报 (社会科学版)，2013，13 (04)：41 ~ 44.
[150] 雷佑新，尹斯斯，黄寰．矿产资源可持续利用能力的研究 [J]．经济问题，2013 (06)：36 ~ 39，124.
[151] 黄寰，尹斯斯，雷佑新．我国矿产资源可持续发展水平分析与预测——基于层次分析法的探索 [J]．西南民族大学学报 (人文社科版)，2015，36 (07)：146 ~ 150.
[152] 王国英．可耗竭矿产资源开发配置的研究 [J]．中国矿业，2016，25 (S1)：183 ~ 186.
[153] 薛黎明，崔超群，李长明，等．基于正态云模型的区域矿产资源可持续力评价 [J]．中国人口·资源与环境，2017，27 (06)：67 ~ 74.

[154] 徐强．区域矿产资源承载能力分析几个问题的探讨［J］．自然资源学报，1996（02）：135～141．
[155] 王玉平，卜善祥．中国矿产资源经济承载力研究［J］．煤炭经济研究，1998（12）：16～19．
[156] 徐大富，渠丽萍，张均．贵州省矿产资源承载力分析［J］．科技进步与对策，2004（05）：56～58．
[157] 严也舟，成金华．重点矿业经济区矿产资源承载力评价［J］．国土资源科技管理，2014，31（04）：29～33．
[158] 熊英，黄钞华，马海燕．河南矿产资源的经济承载力评价：基于五种主要矿产资源分析［J］．中国矿业，2014，23（08）：46～49．
[159] 安琪儿，王朗．矿业城市资源环境承载力的系统动力学模拟［J］．资源与产业，2016，18（06）：1～7．
[160] 皮庆，成金华，王小林，等．重点矿业经济区水资源承载力评价与测度［J］．资源开发与市场，2015，31（11）：1338～1342．
[161] 许明军，杨子生．西南山区资源环境承载力评价及协调发展分析——以云南省德宏州为例［J］．自然资源学报，2016，31（10）：1726～1738．
[162] 王小马．可耗竭资源最优消耗问题研究［D］．中国地质大学（北京），2007．
[163] 何贤杰，周进生．矿产资源的耗竭补偿新探［J］．中国工业经济研究，1992（01）：55～59．
[164] 魏晓平，王立杰．矿产资源价值与最佳耗竭速度研究［J］．管理工程学报，1997（02）：122～126．
[165] 魏晓平，谢钰敏．矿产资源与可再生资源之间替代模型研究［J］．管理科学学报，2001（02）：63～66．
[166] 张照伟，李文渊．矿产资源的最适耗竭与可持续发展［J］．地球科学与环境学报，2007（4）：387～392．
[167] 张艺，郁义鸿．市场结构、意外利润税与可耗竭资源的最优开采——以我国原油特别收益金为例［J］．产业经济研究，2009（01）：47～53．
[168] 葛世龙，周德群．税率提高预期下可耗竭资源最优开采研究［J］．中国矿业，2009，18（09）：17～20．
[169] 周伟，武康平．不同承诺能力下可耗竭资源的最优消耗［J］．中国人口·资源与环境，2011，21（05）：21～25．
[170] 闫晓霞，张金锁，邹绍辉．我国可耗竭能源资源最优开采模型研究［J］．中国管理科学，2016，24（09）：81～90．
[171] 梁有彬．白云鄂博矿床中钪的分布特征及综合利用问题［J］．稀土，1986（06）：54～56．
[172] 攀枝花与白云鄂博矿产资源综合利用学术讨论会即将召开［J］．矿产综合利用，1988（03）：77．
[173] 徐惠久．包钢对白云鄂博矿产资源综合利用的开发与进展［J］．包钢科技，1989（01）：1～5．

[174] 肖国望，邢光霞．白云鄂博矿产资源综合利用的前景［J］．包钢科技，2003（05）：9～12.
[175] 徐光宪，师昌绪，等．15位院士紧急呼吁 保护我国白云鄂博矿钍和稀土资源避免黄河和包头受放射性污染［J］．稀土信息，2005（11）：6～7.
[176] 林东鲁．中国白云鄂博矿资源开发及市场前景［J］．四川稀土，2007（01）：24～28.
[177] 余永富．白云鄂博矿稀土、铌资源综合利用研究意义重大［J］．稀土信息，2007（08）：8～9.
[178] 程建忠．白云鄂博矿钍资源及综合利用［A］．中国稀土学会地采选专业委员会．2007年中国稀土资源综合利用与环境保护研讨会论文集［C］．中国稀土学会地采选专业委员会，2007：19.
[179] 赵增祺．关于如何保护和利用好我国白云鄂博稀土矿资源的建议与思考［J］．稀土信息，2011（05）：5～7.
[180] 李春龙，李小钢，徐广尧．白云鄂博共伴生矿资源综合利用技术开发与产业化［J］．稀土，2015，36（05）：151～158.
[181] 马莹，李娜，王其伟，等．白云鄂博矿稀土资源的特点及研究开发现状［J］．中国稀土学报，2016，34（06）：641～649.
[182] 李保卫．白云鄂博多金属矿产资源开发及清洁、综合、高值化利用［A］．中国稀土学会环境保护专业委员会、中国稀土学会化学和湿法冶金专业委员会、中国稀土学会火法冶金专业委员会．2016全国稀土冶炼与环境保护技术交流会会刊［C］．中国稀土学会环境保护专业委员会、中国稀土学会化学和湿法冶金专业委员会、中国稀土学会火法冶金专业委员会：中国稀土学会，2016：27.
[183] 杨占峰．从白云鄂博稀土资源开发利用谈稀土再认识［J］．包钢科技，2017，43（03）：1～7.
[184] 加拿大魁北克发现丰富稀土矿资源 https：//www. alu. cn/aluNews/newsDisplay_906405. html.
[185] 2015 Minerals Yearbook https：//minerals. usgs. gov/minerals/pubs/commodity/rare_ earths/myb1-2015-raree. pdf.
[186] 吕宾．矿产资源补偿费费率调整与征收细化研究［J］．中国国土资源经济，2012，25（7）：25～27.
[187] 赖丹，吴一丁．我国稀土资源税费存在的问题与改革思路［J］．中国财政，2012，4：46～48.
[188] 陶春．中日稀土资源战略比较研究［J］．稀土信息，2009（1）：37～40.
[189] 孙章伟．美国稀土生产、贸易与储备的研究［J］．金融与经济，2010，（12）：27～29.
[190] 邬沛民．我国重要矿产资源的供给安全研究［D］．对外经济贸易大学，2006.
[191] 刘勋涛，靳剑辉．论矿业权价值评估中存在的几个问题［J］．中国矿业，2011，20（2）：49～52.
[192] 苏文清．中国稀土产业经济分析与政策研究［M］．北京：中国财政经济出版社，2009.
[193] 王春秀．矿业权市场及矿业权价值评估研究［D］．昆明理工大学，2003.

[194] 马莉．净现值法与实物期权法在矿业权价值评估中的对比研究［D］．云南财经大学，2013.

[195] 王建华，王方华．中国工业行业利润率变动模式研究［J］．统计研究，2002（5）：13～17.

[196] 王颖．包头稀土高新区稀土产业发展现状与环境保护对策研究［D］．内蒙古大学，2012.

[197] 曹波．矿业权评估中贴现现金流量法主要参数选取研究［D］．中国地质大学，2006.

[198] 汪应洛．系统工程［M］．3版．北京：机械工业出版社，2003.

[199] 王向青．基于系统动力学的我国战略石油储备的规模问题研究［D］．南京航空航天大学，2011.

[200] 杨丽梅，何媛媛，张江朋．运用系统动力学模型预测稀土战略储备规模［J］．中国稀土学报，2015，33（2）.

[201] 裴文琳，孔锐．我国稀土进出口量与价格关联度状况分析［J］．资源开发与市场，2011，07：613～616.

[202] 杨斌清，郑延智．稀土资源收储专项储备量的确定［J］．有色金属科学与工程，2012，（6）：90～94.

[203] 宋金华，李娜．我国实施稀土资源储备的现实困境与出路［J］．有色金属科学与工程，2012，（6）：95～99.

[204] 张玲，林德松．我国稀有金属资源现状分析［J］．地质与勘探，2004，（01）：26～30.

[205] Mineral Commodity Summaries 2018-NIOBIUM https：//minerals. usgs. gov/minerals/pubs/commodity/niobium/mcs-2018-niobi. pdf.

[206] Minerals Yearbook 2015（Niobium）．https：//minerals. usgs. gov/minerals/pubs/commodity/niobium/myb1-2015-niobi. pdf.

[207] 任俊，卢寿慈．世界铌资源概况及其特征［J］．有色矿冶，1997（05）：3～5.

[208] 黄机炎．钪资源开发与工业应用简况［J］．稀土，1988（02）：49～54.

[209] 刘云峰，唐娴敏，陈滨．金属钪资源及我国回收利用技术［J］．湖南工业大学学报，2014，28（02）：56～61.

[210] Glifford F. Systematic mineralogy of uarnium and thorium［M］．Washington：United States Government Printing Office，1958.

[211] 张书成，刘平，仉宝聚．钍资源及其利用［J］．世界核地质科学，2005（02）：98～103.

[212] 孟艳宁，范洪海，王凤岗，等．中国钍资源特征及分布规律［J］．铀矿地质，2013，29（02）：86～92.

[213] Mineral Commodity Summaries 2018-Thorium. https：//minerals. usgs. gov/minerals/pubs/commodity/thorium/index. html#mcs

[214] 要实现雄心勃勃的核能计划，印度还得走多久？http：//business. sohu. com/20151227/n432704316. shtml.

[215] 张去非．白云鄂博矿床铌资源矿物学基本特征的分析［J］．有色金属，2005（02）：111～113.

[216] 林河成. 金属钪的资源及其发展现状 [J]. 四川有色金属, 2010 (02): 1~5.

[217] 林双幸, 张铁岭. 加快钍资源开发 促进我国核能可持续发展 [J]. 中国核工业, 2016 (01): 32~36, 64.

[218] 吴莎莉. 我国铀矿冶工业可持续发展研究 [D]. 南华大学, 2011.

[219] 林东鲁, 李春龙, 邬虎林. 白云鄂博特殊采选工艺攻关与技术进步 [M]. 北京: 冶金工业出版社, 2007: 13~30.

[220] 王海花. 铌矿资源及其选矿工艺 [J]. 有色矿冶, 2011, 27 (6): 21~23.

[221] 郭财胜, 李梅, 柳召刚, 等. 白云鄂博稀土、铌资源综合利用现状及新思路 [J]. 稀土, 2014, 35 (01): 96~100.

[222] 徐光宪. 白云鄂博矿钍资源开发利用迫在眉睫 [J]. 稀土信息, 2005 (05): 4~5, 8.

[223] World Uranium Mining Production. http: //www. world-nuclear. org/information-library/nuclear-fuel-cycle/mining-of-uranium/world-uranium-mining-production. aspx.

[224] 刘增洁. 澳大利亚铀资源及供需现状 [J]. 国土资源情报, 2010 (12): 20~22.

[225] 李强, 王建平, 徐千琰. 世界铀资源概况及供需形势展望 [J]. 中国矿业, 2013, 22 (11): 13~18.

[226] 王世虎, 朱欣然, 袁博. 铀 2009: 资源、生产和需求 [J]. 国土资源情报, 2010 (08): 24~28.

[227] 苏文清, 贺海钧, 宋洪芳, 等. 包头白云鄂博矿钍资源的回收及用于核电燃料的研究现状 [J]. 稀有金属, 2005 (06): 914~918.

[228] 李春龙, 徐广尧. 关于包头钍资源战略储备的剖析 [J]. 稀土, 2014, 35 (04): 115~118.

[229] 马鹏起, 高永生, 徐来自. 包头白云鄂博资源的综合利用与环境保护 [J]. 决策咨询通讯, 2009 (02): 88~91.

[230] Dasgupta. Economic Theory and Exhaustible Resource [M]. Cambridge University Press 1979, 113~116.

[231] 米鹏. 不可再生资源最优利用的数学模型 [D]. 东北大学, 2008.

[232] 栾鹏. 金属钪供需及发展前景分析 [J]. 经济研究导刊, 2015 (19): 70~71.

[233] 刘玉宝. 浅议白云鄂博矿铌资源开发及展望 [J]. 稀土信息, 2015 (09): 30~31.

[234] 廖伍平. 稀土资源中伴生钍的分离纯化与核纯钍制备 [A]. 中国稀土学会. 中国稀土学会 2017 学术年会摘要集 [C]. 中国稀土学会, 2017: 1.

[235] Mineral Commodity Summaries2018-Thorium. https: //minerals. usgs. gov/minerals/pubs/commodity/thorium/mcs-2018-thori. pdf.

[236] 杨丽梅, 马倩. 基于承载力分析的金属钪产业发展探析 [J]. 科技经济市场. 2014 (1): 58~59.